5G 초연결사회, 완전히 새로운 미래가 온다

Digital
Transformation

5G 초연결사회, 완전히 새로운 미래가 온다

Digital Transformation

초판 1쇄 | 2019년 11월 7일 발행
초판 3쇄 | 2019년 11월 28일 발행

지은이 | 고삼석
펴낸이 | 김현종
펴낸곳 | (주)메디치미디어
등록일 | 2008년 8월 20일 제300-2008-76호
주소 | 서울시 종로구 사직로 9길 22 2층(필운동 32-1)
전화 | 02-735-3315(편집) 02-735-3308(마케팅)
팩스 | 02-735-3309
전자우편·원고투고 | medici@medicimedia.co.kr
페이스북 | www.facebook.com/medicimedia
홈페이지 | www.medicimedia.co.kr

기획 및 편집 | 배소라, 이형진
마케팅 홍보 | 김성현, 고광일
경영지원 | 조현주, 김다나

디자인 | ALL designgroup
인쇄 | 한영문화사

ⓒ고삼석, 2019
ISBN 979-11-5706-175-4 03300

이 도서의 국립중앙도서관 출판예정도서목록(CIP)은 서지정보유통지원시스템 홈페이지
(http://seoji.nl.go.kr)와 국가자료종합목록 구축시스템(http://kolis-net.nl.go.kr)에서
이용하실 수 있습니다. (CIP제어번호 : CIP2019044124)

5G 초연결사회, 완전히 새로운 미래가 온다

고삼석 지음

Digital
Transformation

메디치

초연결 시대의
선도국가 진입을 위한 참고서

4차 산업혁명은 '초연결을 기반으로 한 지능화의 혁명'입니다. 이제는 모든 사물들이 네트워크에 연결되면서 엄청난 양의 데이터를 수집하게 될 것입니다. 연결된 사물들은 빅데이터로 인하여 더 똑똑해질 것이고 바야흐로 사람의 개입 없이 사물이 스스로 판단하고 작동하는 인공지능의 세상은 더욱 가속화될 것입니다.

이러한 초연결을 가능하게 하고 엄청난 양의 데이터를 초고속으로 수집하고 처리할 수 있는 가장 중요한 인프라가 5G 통신입니다. 지난 4월 초에 대한민국은 세계 최초로 5G 상용화 서비스를 성공적으로 시작하면서 5G 세계 시장 선점을 위한 '5G+(플러스)전략'을 발표한 바 있습니다.

5G+ 전략은 5G통신 인프라를 활용하여 전 산업 영역에 새로운 가치를 제공해 새로운 시장을 만드는 것입니다. 세계 최초의 5G 상용화가 세계 최고를 보장하지 않기 때문입니다. 이제는 초연결을 기반으로 한 세계 최고의 기업들이 대한민국에서 많이 나와야 합니다.

평소 해당 분야에 대한 열정과 전문성을 가진 저자의 명쾌한 논리와 설명은 산업계뿐만 아니라 동시대를 살아가야 할 모든 디지털 시민들과 국가전략을 모색하여야 하는 정책담당자들에게 많은 도움이 될 것이라고 생각합니다. 끝으로 우리 산업계와 사회, 그리고 국가에 대한 애정을 담아 이 책을 쓴 저자의 노고에 독자의 한 사람으로서 고마움을 전합니다.

전 과학기술정보통신부 장관 유영민

우리나라는 금년 4월 세계 최초로 5G 상용화에 성공한 이후 연내 500만 명의 가입자를 확보할 것으로 예상하고 있습니다. 머지않아 초고속, 초연결의 5G 인프라를 기반으로 인공지능과 빅데이터, IoT 기술이 어우러져 진정한 4차 산업혁명의 메카로 부상하게 될 것입니다.

이러한 산업의 패러다임이 바뀌는 중요한 시점에, 저자는 이 책에서 5G 초연결사회의 주요 특징과 경제·사회의 변화뿐만 아니라 부작용 및 위협요인 등을 체계적으로 설명하고 있습니다. 또한 국가차원의 5G 초연결 시대 청사진과 이를 달성하기 위한 스마트 시티즌 육성, 데이터 경제 활성화 정책 등 다양한 정책적 대안을 제시함으로써, 4차 산업혁명의 미래와 전략에 관심 있는 분들에게 큰 도움이 될 것입니다.

아무쪼록 이 책을 통해 독자 여러분들이 5G가 이끌어갈 경제 및 사회·문화 전반에 대한 트렌드를 이해하고 슬기롭게 미래를 대비하시길 기원합니다.

삼성전자 대표이사 고동진

2019년 4월 우리나라가 세계 최초로 5G 서비스를 상용화하며, 인공지능(AI), 빅데이터, 가상현실(VR), 증강현실(AR) 등의 기술 융합으로 새롭게 펼쳐질 5G 초연결 시대에 대한 기대감이 높아지고 있습니다. 한편으로는 하이테크(High-tech) 시장을 선점하기 위한 국가 간의 패권 경쟁이 심화되면서, 이에 선도적으로 대응하지 못한다면 디지털 대전환(Digital Transformation) 시대에 낙오할 수 있다는 우려의 목소리도 나오고 있습니다.

이 책은 위기와 기회를 동시에 마주하고 있는 우리의 현재 위치를 정확하게 짚어내고 다가오는 '완전히 새로운 미래'를 대비하기 위해, 국가·기업·개인이 각자의 위치에서 나아가야 할 방향을 제시하고 있습니다.

저자는 5G 기반의 하이테크 리더십 확보가 최우선 선행 과제이고, 이를 통해 생산성 향상, 일자리 창출, 소비자 편익 증대 등 사회의 행복 수준이 향상될 수 있다는 희망의 메시지를 전달하고 있습니다. 또한 미디어·ICT 분야 정책 결정자로서의 오랜 경력을 바탕으로 국가의 미래전략으로 '초연결 생태계' 구축을 제안하며, 정부와 기업이 함께 만들어가야 할 초연결 시대의 바람직한 모습을 그려내고 있습니다.

5G가 열어갈 새로운 세상을 정면으로 마주하고 미래를 개척해나가고자 하는 이들에게 일독을 권합니다.

SK텔레콤 대표이사 박정호

인터넷 기반의 고속 성장기였던 3차 산업혁명을 지나 5G·Big Data·AI를 위시한 4차 산업혁명 기술이 밀도 있게 짜이고 있습니다. 4차 산업혁명은 기업의 차세대 먹거리를 넘어 국가의 미래 경제 정책과 직결되고, 일자리·주거환경·교통 등 개인 삶의 필수요소에도 상당한 영향을 미칩니다. 즉, 다가올 초연결 시대에 대한 이해를 기반으로 미래를 준비한다면 기업뿐만 아니라 국가와 개인도 견실한 성장을 이룰 수 있을 것입니다. 특히 각종 ICT 분야의 테스트베드로 활용될 만큼 변화가 빠른 우리나라에서 4차 산업혁명 시대의 역량은 더욱 필수적입니다.

초연결 시대의 근간을 마련한 건 바로 5세대(5G) 이동통신의 등장이며, 이는 주요 ICT 영역의 지도를 바꾸고 인접 산업에까지 영향을 주고 있습니다. 통신·방송 업계는 이러한 변화를 비교적 신속하게 수용하고 있으나 미래 환경의 불확실성은 아직 상존하고 있습니다.

이 책은 그 파고를 어떻게 넘어야 할지에 대한 고민을 심도 있게 풀어냈습니다. 저자는 지난 5년여 간 방송통신위원회 상임위원으로 재직하면서 방송·통신 융합의 현장을 지켜보았고, 깊은 통찰력과 현장 경험을 담아 개인·기업·국가가 어떻게 5G 초연결 시대에 대비해야 할지 안내해주는 하나의 교본을 완성했습니다.

LGU+ 부회장 하현회

5G 초연결사회, 완전히 새로운 미래가 온다

'디지털 포용사회'를 지향하는
대한민국 미래전략 보고서

5G 초연결사회 진입, 이번에는 진짜 다르다!

    지금 인류 앞에 완전히 새로운 미래가 펼쳐지고 있다. 세계경제포럼(World Economic Forum, 다보스포럼) 창립자이자 회장인 클라우스 슈밥(Klaus Schwab)이 2016년 다보스포럼에서 세계 최초로 '제4차 산업혁명'을 의제로 제시한 후 3년이 지났다. 슈밥에 따르면 4차 산업혁명은 ICT(정보통신기술)의 융합으로 인간과 기계의 잠재력을 획기적으로 향상시킨 인류사적 대전환을 의미한다. 4차 산업혁명은 속도, 범위와 깊이, 그리고 시스템에 주는 충격 측면에서 3차 산업혁명과 현저하게 구별된다. 슈밥은 ICT를 기반으로 한 디지털화가 세상의 모든 것을 완전히 바꿀 것이라는 측면에서 "이번에는 다르다(This time is different)"라는 표현이 4차 산업혁명 시대를 적확하게 설명한다고 말한다.

    2019년 4월 3일 우리나라는 세계 최초로 일반 가입자를 대상으로 5G 상용화 서비스를 시작하였다. 4차 산업혁명이 주로 ICT 관련 서비스를 중심으로 세상의 변화를 촉발한다면, 5G는 기반기술(GPT: General Purpose Technology)로서 증기기관, 전기, 컴퓨터와 인터넷 등 단계별 산업혁명의 최상위에 위치한 핵심 기술들과 마찬가지로 '혁명'의 핵심 동력으로 작용할 것이다. 특히 5G는 4차 산업혁명을 주도하고 있는 첨단기술인 인공지능(AI), 빅데이터, IoT, 로봇, 자율주행차 등을 서로 결합시키고, 산업현장과 사회 전반을 연결하는 핵심 인프라로 기능하면서 혁명적 변화를 초래할 것으로 예상된다.

세계이동통신사업자연합회(GSMA) 주최로 금년 2월 스페인 바르셀로나에서 열린 세계 최대 모바일 관련 박람회인 MWC2019의 주제는 '지능형 연결(Intelligent Connectivity)'이었다. 이번 행사에서는 지능형 네트워크인 5G 상용화 원년을 맞이하여, 4차 산업혁명의 핵심기술을 기반으로 사람 간 통신을 넘어 사물과 사람, 사물과 사물 등 모든 것을 실시간으로 연결하는 소위 '초연결사회'의 모습을 생생하게 보여주었다.

종합해보면 5G는 4차 산업혁명의 영향을 경제·사회 전반으로 확산시키는 기폭제임과 동시에 초연결사회로 들어가는 정보통신의 슈퍼 하이웨이가 될 것으로 예측할 수 있다. 그런 의미에서 앞으로 펼쳐질 변화를 예측하고 설명할 때 "이번에는 '진짜' 다르다(This time is really different)"는 말이 가장 적절한 표현이 아닐까 하는 생각이 든다.

5G 초연결사회, 완전히 새로운 미래가 온다

4차 산업혁명과 5G의 상용화로 인해 현실로 다가온 '완전히 새로운 미래'는 어떤 모습일까? 인공지능, 빅데이터 등 첨단 정보통신기술의 채택과 확산으로 인해 경제 산업 분야에서, 그리고 사회문화 분야에서 구체적으로 어떤 변화가 일어나고 있을까? 새로운 미래에 대응하여 개인·기업·정부는 무엇을, 어떻게 준비해야 할까? 특히 디지털 대전환(Digital Transformation)의 시대를 맞이하여 그동안 추격국가로 고도의 경제 성장을 이룩한 우리나라는 선도국가로 탈바꿈하기 위해서 국가적으로 어떠한 정책기조와 전략으로 변화에 대응해야 할 것인가? 또한 경제 성장의 과실을 모든 계층에 골고루 배분하면서 '모두가 함께 잘사는' 포용적 성장의 기조를 초연결사회라는 디지털 환경에서는 어떻게 구현할 것인가? 개인적으로 이런 질문들을 던지고 스스로 답을 찾아가는 과정을 정리한 결과물이 바로 이 한 권의 책이다.

10년 뒤 대한민국은 어디쯤 서 있을까?

최근 미국과 중국이 서로 천문학적 관세를 부과하는 등 양국 간 무역전쟁이 격화되고 있다. 미국의 트럼프 대통령은 이것이 단순한 무역전쟁이 아닌 미래의 주도권(hegemony)을 놓고 벌이는 '패권전쟁'이라는 사실을 부인하지 않는다.

특히 미국은 대규모 대중 무역적자를 빌미로 중국이 역점사업으로 추진 중인 '중국제조 2025(Made in China 2025)'를 주 타깃으로 본격적인 견제에 나서고 있다. 지난 2015년 5월 열린 중국의 전국인민대표회의에서 발표된 '중국제조 2025'는 차세대 정보기술(IT)을 기반으로 제조업을 획기적으로 혁신하여 3단계 계획기간(2036~45년)에는 첨단산업으로 세계무대를 석권하겠다는 국가혁신계획이다. '중국제조 2025'는 시진핑 주석이 선언한 '위대한 중국-중국몽(夢)'을 구현하기 위한 핵심 추진전략이라고도 할 수 있다.

 "미국과 중국의 무역전쟁의 본질은 5G 기술을 선점하려는 것이다."(미국 CNBC) "ICT는 21세계 패권국가의 전제조건이다. 5G 승자가 디지털산업의 미래를 선도할 것이다."(독일 DW) 최근 벌어지고 있는 미국과 중국의 무역전쟁을 바라보고 있는 해외 유력 언론들의 분석이다. 미국과 중국이 벌이고 있는 미래 패권 쟁탈전의 싸움터가 바로 새롭게 부상하고 있는 5G를 기반으로 한 '첨단테크 시장'이다. 지금 당장은 미국과 중국의 충돌에 세계의 이목이 집중되고 있지만, 미국과 EU, 미국과 러시아, 그리고 한국과 일본 등 세계 곳곳으로 첨단산업의 주도권을 놓고 벌이는 미래 전쟁의 전선은 계속 확대되고 있다. 이 전쟁에서 각국이 설정한 최우선 목표는 미래 산업의 주도권을 확보하는 것이고, 최고의 가치는 바로 자국 이익의 극대화이다.

 글로벌 트렌드에 맞춰 문재인정부는 지난 4월 8일 세계 최초 5G 상용화 성공을 기념하는 선포식을 개최하였다. 이 자리에서 과학기술정보통신부는 5G를 중심으로 ICT 기반 혁신성장을 통해 글로벌

5G 융합시장을 선점하겠다는 야심찬 포부를 담은 범정부 로드맵인 '5G+(플러스) 전략'을 발표하였다. 또한 6월 19일에는 '제조업 르네상스 비전 선포식'을 갖고 산업구조 혁신과 신산업 육성, 산업생태계 전면 개편 등을 골자로 하는 '세계 4대 제조 강국' 도약을 위한 '4대 추진전략'을 발표하였다.

그러나 정부 차원의 여러 가지 미래 청사진 제시에도 불구하고 전문가들 사이에서는 "한국은 더 이상 IT 강국이 아니다", "자칫 디지털 대전환 시대의 낙오자가 될 수도 있다"라는 우려와 경고가 끊임없이 나오고 있는 것도 사실이다. 대전환의 시기에 기민하게 대응할 수 있는 정부 차원의 디지털 거버넌스 부재, 4차 산업혁명의 핵심 분야라고 할 수 있는 데이터경제 활성화를 위한 제도 미비, 공유경제를 둘러싼 사회적 갈등의 심화 등 국가 차원의 디지털 대전환을 가로막고 있는 장벽은 여전히 견고하기만 하다.

여기서 이런 질문을 던져볼 수 있다. 우리나라는 국가 간에 치열하게 펼쳐지고 있는 미래 산업의 주도권 쟁탈전에 잘 대응하고 있는가? 변화에 대한 준비와 미래 대비는 지금까지 정부가 발표한 대책으로 충분한가? 향후 10년 뒤 우리나라는 과연 어디쯤 위치해 있을 것인가? 디지털 대혁신을 통해 세계 선도국가로 다시 한번 도약할 것인가? 아니면 경쟁력을 상실하고 추격국가 대열에서마저 낙오할 것인가? 자료를 찾고 글을 정리하는 동안 나 스스로에게 냉정하게 묻고 답을 찾고자 했다.

완전히 새로운 미래, '초연결사회'는 어떤 모습일까?

(주장1) "5G 통신시대가 시작되면 사물과 인간이 촘촘히 이어지는 명실상부한 초연결시대가 구현되는 것이다. LTE보다 20배 빠른 네트워크 속도는 일상의 변화는 물론 AI, IoT, 자율주행, 빅데이터 등 손에 꼽기 힘들 정도로 많은 사업 분야를 새롭게 만들어낸다."

(주장2) "고용정보원에 따르면 2016년 국내 전체 취업자의 12.5%는 이미 AI, 로봇으로 대체 가능한 업무에 종사 중이며, 2020년 41.3%, 2025년 70.6%까지 올라갈 것으로 예상됐다. 직종별로 보면 단순 노무직과 1차 산업 종사자가 집중적으로 일자리를 잃을 가능성이 높은 것으로 분석된다."

예시된 주장은 4차 산업혁명 논의 속에서 언론과 전문가들을 통해 종종 접할 수 있는 미래 예측들이다. 4차 산업혁명을 주도하고 있는 첨단기술의 등장과 그것을 연결하는 5G의 상용화로 인해 초연결사회가 도래할 경우, 경제와 사회 각 분야에 큰 변화가 초래될 것이라는 점에 대해서는 대다수 전문가들의 의견이 일치하고 있다. 앞서 언급했듯이 지금까지는 새로운 기술의 등장으로 인해 첨단 서비스 출현, 생산성 향상, 이용자 편익 증진 및 삶의 질 향상 등 경제와 사회 전반에 긍정적 영향을 미칠 것이라는 낙관론이 다수를 차지하고 있다.

반면 최근 인공지능의 도입에 따른 법적 윤리적 문제, 로봇에 의한 인간 일자리 대체, 공유경제를 둘러싼 사회적 갈등, 빅데이터 활용 과정의 개인정보 보호 이슈 등 산업화시대에는 없었던 전혀 새로운 사회 경제적 문제들이 등장하고 있다. 이제는 4차 산업혁명 담론이 제시하는 장밋빛 미래에 대한 기대 못지않게 그것이 만들어낼 '짙은 그림자'에 대해 우려하는 목소리 또한 점점 커지고 있다.

여기서 이런 질문을 던지지 않을 수 없다. 다가오는 초연결 시대는 유토피아가 될 것인가, 아니면 디스토피아가 될 것인가? 어떻게 하면 역사의 큰 물길을 이상향이라고 할 수 있는 유토피아로 향하게 할 것인가? 최악의 상황인 디스토피아로 가지 않도록 하기 위해서 어떠한 노력을 기울여야 하는가? 이 질문에 대한 답을 찾기 위해 나는 4차 산업혁명과 5G 결합으로 인해 도래하고 있는 초연결 시대의 특징을 중심으로 그것의 성격을 규정하고, 초연결 시대 경제·사회 각 분야에서 발생하는 다양한 이슈들을 하나씩 선별하는 작업의 과정을 거쳤다.

우리는 무엇을, 어떻게 준비해야 할까?

2019년 우리나라는 강대국 기준이라고 할 수 있는 '30-50클럽(국민 1인당GDP 3만 달러, 인구 5천만 명)'에 세계 일곱 번째로 가입한 국가가 되었다. 20-50클럽에 가입한 지 7년 만에 이룬 쾌거이다. 그리고 지난해 우리나라의 수출액은 사상 최초로 6천억 달러를 돌파, 세계 6위의 수출대국이자 제조업 강국으로 성장하였다. 또한 세계경제포럼(WEF)이 지난 10월에 발표한 국가경쟁력 평가 결과에 따르면, 우리나라는 ICT 보급 경쟁력 부문에서 지난해에 이어 금년에도 1위로 세계 최고 수준을 유지하고 있다.

그러나 우리나라가 앞으로도 지속 가능한 성장을 할 수 있을지, '아무도 흔들 수 없는 나라' 수준의 사회경제적 구조와 국제적 경쟁력을 갖췄는지 등의 의문은 계속 제기되고 있다. 일례로 2018년 수출액 기준 대기업의 비중이 67%에 달하는 반면, 중견기업을 제외한 중소기업의 수출 비중은 16.9%에 불과하였다. 이처럼 대기업과 중소기업의 격차는 매년 확대되고 있으며 소득의 양극화 수준도 심각한 상황이다. 금년도 2분기 기준 고소득 가구와 저소득 가구 간 소득 격차가 사상 최고 수준으로 벌어졌다. 이러한 소득 양극화에 대해서는 문재인 대통령도 "발전된 국가들 가운데 경제적 불평등의 정도가 가장 심한 나라가 되었다"라고 고백한 바 있다.

그렇다. 불균형과 불평등의 수위가 우리 경제와 사회가 지탱할 수 있는 한계를 넘어서고 있다. 경제적 불평등을 줄이면서 지속 가능한 성장을 통해 선도국가로 전환하고, 보다 공정하고 통합적인 사회로 나아가기 위해 우리 경제와 정치, 사회를 지배하고 있는 패러다임을 근본적으로 바꿀 시점이 된 것이다. 4차 산업혁명과 5G 시대의 개막에 기반한 초연결 시대의 도래는 그 자체로 역사적 대전환을 의미한다. 3차 산업혁명 이후 기존 경제 사회 시스템을 점진적으로 개선하면서 대응하던 땜질식 처방으로는 지금의 대전환기를 돌파할 수 없다. 국가 차원의 4차 산업혁명 그리고 초연결 시대에 상응하는 전략을 수립해야 하는 이유이다.

이 책에서는 '디지털 포용(Digital Inclusion) 정책'을 대안으로 제시하고 있다. 대기업과 중소기업이 협력·상생하고, 특정 계층이 소외되지 않도록 성장의 과실을 모두가 골고루 나누며, 모든 시민들이 디지털 활용 능력을 갖추고 디지털 복지를 향유하는 초연결 생태계가 바로 디지털 포용 정책을 통해 만들고자 하는 우리 사회의 완전히 새로운 미래의 모습이다.

이 책은 총 5장으로 구성되어 있다. 먼저 1장은 초연결, 초융합, 초지능, 초현실, 초격차 등 5G 초연결사회를 이해하기 위한 5개의 키워드(5超) 중심으로 이야기를 풀어간다. 이 책 전체의 프레임에 해당하는 만큼 반드시 읽고 다음 장으로 넘어갈 것을 제안한다.

2장과 3장은 초연결사회의 도래에 따라 경제·산업 분야와 사회문화 분야에서 나타나고 있는 구체적인 변화 사례를 중심으로 디지털 대전환의 흐름을 살펴본다. 다른 장에 비해 소프트하게 구성되어 있으므로, 4차 산업혁명 관련 최신 트렌드와 초연결사회의 미래상이 궁금한 독자는 두 장을 먼저 읽어도 좋을 것이다.

4장은 초연결사회의 도래와 함께 등장하게 될 우리 사회와 개인들에 대한 위협요인들이 무엇인지 살펴본다. 기존의 4차 산업혁명 혹은 첨단기술 관련 서적들이 제시하고 있는 막연한 낙관론을 경계함과 동시에 다가올 미래를 위해 우리가 무엇을 함께 고민해야 하는지 친절하게 안내해줄 것이다.

끝으로 5장은 눈앞으로 다가온 5G 초연결 시대를 선도하기 위한 국가적 차원의 전략 다섯 가지를 제시하고 있다. 특히 이 장에서는 디지털 기반의 혁신성장과 더불어 초연결사회 미래 비전으로 '디지털 포용'과 '디지털 복지', 두 개의 핵심개념을 제안하면서 이를 실현하기 위한 구체적인 전략을 제안한다.

"새로운 10년을 어떻게 대응하느냐에 따라 향후 100년 국가의 미래가 결정될 것이다."

많은 전문가들은 2020년부터 2030년까지 향후 10년은 국내는 물론, 글로벌 차원에서 지금까지 경험해보지 못한 대격변의 시기가 될 것으로 예상하고 있다. 경제와 사회 전반에 걸쳐 일어날 변화의 속도와 강도, 그리고 영향이 미치는 범위는 과거와 비교하기 어려운 수준일 것이다. 그러나 두려워할 필요는 없다. 4차 산업혁명의 물결을 잘 타고 세계 최초로 상용화한 5G를 활용하여 초연결사회에 먼저 들어가는 퍼스트 무버가 된다면, 우리나라는 추격국가에서 선도국가로 대전환함과 동시에 글로벌 리더로 우뚝 설 수 있을 것이다.

"과거를 돌아보면서 교훈을 얻고 미래를 얘기하면서 희망을 찾는다." 국회와 청와대에 이어 대통령 직속 중앙행정기관인 방송통신위원회 상임위원으로 역대 최장수인 5년 5개월 동안 재직했다. 갖고 있는 능력에 비해 과분한 자리에서 막중한 역할을 담당했다고 생각한다. 우리 국민과 사회가 나에게 준 너무나 큰 기회이자 혜택이었다고 생각한다. 어떻게 하면 여기에 조금이라도 보답할 것인가를 끊임없이 고민했고, 결국 이 책을 쓰게 된 중요한 계기가 되었다. 이런 나의 진심이 독자들에게 잘 전달되기를 소망하고, 또한 공직 경험에서 얻은 나의 지식이 우리 사회가 '모두가 함께 잘사는' 새로운 미래를 만들고 희망을 찾아가는데 작은 디딤돌이 되기를 바란다.

마지막으로 부족하지만 이 책이 미래를 준비하는 개인과 기업에게 는 생존전략서로, 추격국가에서 선도국가로 대전환을 모색하는 정부 에게는 국가미래전략보고서로 활용되기를 기대해본다.

2019년 11월

고삼석

1

새로운 도약:
5G를 통한 혁신성장과
편리하고 행복한 삶

INTRO

자율주행차를 구입하고 나니 고단하던 출근길이 편안해졌다. 자동차가 알아서 주행하니 운전자가 할 일이 거의 없다. 편안하게 누워서 음악을 듣고 콘텐츠를 즐기다 보면 어느새 회사 앞에 도착한다. 주차 명령을 내리고 사무실로 올라간다. 안면 인식으로 간편하게 출입한 사무실의 책상에는 마치 빈자리인 양 모니터만 덩그러니 놓여 있다. 도킹 패드에 스마트폰을 꽂으니 모니터에 업무 관련 화면이 뜬다. 5G 통신망의 신속한 처리로 일의 지연이나 끊김이 없으니 업무 집중도가 훨씬 더 높다. 일과를 마칠 시간에 맞춰 회사 앞으로 차를 호출한다. 어쩐지 쌀쌀한 느낌이 들어 차에서 카투홈(Car to Home)[1]으로 난방을 조절하고, 세탁기도 미리 돌린다. 집에 도착하면 편안하게 저녁을 먹으며 프리미어리그 축구 중계를 볼 수 있을 것이다.

---

1   자동차 안에서 가정의 조명, 플러그, 에어컨, 보일러, 가스차단기 등의 IoT(사물인터넷) 기기를 제어할 수 있는 기술이다. 국내에서는 2019년 현대·기아차 일부 모델에 최초로 적용된 바 있다.

이는 새로운 이동통신망인 5G의 등장과 디지털 정보 기술의 결합이 가져올 미래 사회의 일상을 그린 가상 시나리오이다. 빠르고 제한과 끊김이 없는 5G는 초고속·대용량·저지연의 특성을 가진 네트워크답게 속도와 성능 개선 정도로 이루어졌던 기존 업그레이드와 차원이다르다. 5G의 등장으로 경제와 사회를 비롯한 모든 분야에서 근본적인 지각변동이 일어날 전망이다.

5G는 4차 산업혁명의 키워드인 연결과 융합을 성공으로 이끌 중요한 요소이다. 인공지능, 빅데이터, 사물인터넷 등 각 분야에서 혁신적으로 발달한 기술을 묶어 초연결의 융합 효과를 낳는다. 산업 구조의 패러다임을 바꿀 뿐만 아니라 일상에도 큰 변화를 가져올 것이다. 사람과 사물, 그리고 사물끼리 서로 실시간으로 연결함으로써 일어나는 변화는 또 한 번의 산업혁명과 가치 체계의 대전환을 이끌 것이다.

이미 미국과 중국, 유럽 등 여러 나라에서 5G를 둘러싼 각축전을 치열하게 벌이고 있다. 기업들도 마찬가지이다. 선택의 문제가 아니라 필수 과제인 5G 기반의 사회경제 혁신은 개인과 사회, 국가 간의 격차를 엄청나게 벌릴 것이다. 과거처럼 추격자 전략, 모방 전략으로 뒤쫓을 수가 없다. 감히 거리를 좁힐 수 없는 초격차가 발생하니 지금까지의 성장전략이 통하지 않을지도 모른다.

5G가 펼칠 이른바 '초超'의 시대는 크게 다섯 가지 키워드로 나누어 설명할 수 있다. 모든 것을 연결하는 초연결, 산업 간의 경계를 넘어 융·복합하는 초융합, 모든 사물과 기기에 장착되는 초지능, 현실보다 더 실감 나는 초현실, 개인과 개인뿐만 아니라 기업과 조직 사이에도 압도적인 차이가 발생하는 초격차가 그것이다. 앞으로 이 다섯 가지 키워드가 개인과 기업, 사회와 국가의 운명을 좌우할 것이다.

5G 초연결사회, 완전히 새로운 미래가 온다

연결 그 이상의 연결, 초연결사회   01

초연결(hyper-connected)이라는 말은 2008년 미국의 IT 컨설팅 회사 가트너(Gartner)에서 처음으로 사용하였다. 초연결사회는 인간과 인간, 인간과 사물, 사물과 사물이 마치 거미줄처럼 촘촘하게 네트워크로 연결된 사회이며, 이미 우리는 이러한 초연결사회에 진입하였다고 할 수 있다. 전 세계 수십억 명이 인터넷에 연결되어 있으며, 디지털 기기의 수는 전 세계 인구수를 뛰어넘은 지 오래이다. 인터넷은 24시간 개방되어 있고, 다양한 기기를 이용해서 여러 정보를 확인하는 일은 이제 전혀 낯설지 않은 모습이다.

이 용어는 모든 것을 연결한다는 4차 산업혁명 시대의 특징 또한 명료하게 설명해준다. 초연결사회는 사물인터넷(Internet of Things, 이하 IoT)을 기반으로 구현된다. 눈에 보이지 않는 연결망으로 모든 사람과 사물을 연결하고, 심지어 가상공간과 현실도 연결하여 모든 일상과 경제활동의 풍경을 변화시킨다. 2019년 4월 문재인 대통령도 '5G+(플러스) 전략발표회'에서 가까운 미래에 IoT가 국민의 삶을 바꾼다고 강조한 바 있다. 이렇듯 5G 네트워크로 모든 경계를 허물어버리는 초연결은 세상 만물이 인터넷을 통해 소통하는 사회로 우리를 인도하는 4차 산업혁명의 핵심이다.

초연결사회, 무엇이 달라지나

TV 채널을 돌리다 보면 유난히 눈에 들어오는 광고를 접하게 된다. 사회문화 트렌드를 잘 보여줄 뿐만 아니라 화려한 기술과 창의적인 아이디어가 빛나는 광고가 특히 그렇다. 그중에서도 가장 많은 사람의 시선을 잡아끄는 것은 바로 이동통신사의 광고이다.

KT는 비무장지대에 있는 대성동 마을을 배경으로 한 5G 광고를 내보냈다. 광고 속 영상에는 5G 기술로 가능해진 초연결의 풍경이 펼쳐진다. 통행이 자유롭지 않은 마을에서 학생들은 5G 통신망을 통해 서울에 있는 선생님에게 수업을 받는다. 한 아이는 엄마, 아빠가 집에 빨리 와서 좋다고 한다. 아빠는 집에서 원격으로 농사를 짓는다. 아이들은 고립된 마을에서 역설적으로 가족, 선생님 등과 함께하는 연결의 행복을 느낀다.

어떤 집단이나 사회, 집합체를 구성하는 요소 간의 연결은 다른 의미로 '관계 맺기'라고 할 수 있다. 기존의 독립적이고 고립된 개별 요소는 하나의 객체, 즉 노드(node)로써 해당 요소가 가진 가치 외의 추가적 가치 창출이 어렵다. 하지만 이러한 요소들을 연결하고 관계 맺

5G 초연결사회, 완전히 새로운 미래가 온다

기를 하면 관계 형성 과정을 거쳐 새로운 가치를 창출한다.

전통적인 단방향 지상파 방송은 시청자와 관계가 일방적이었다. 예전에는 방송 제공자인 방송사가 시청자에게 맞춤형 방송을 할 수 없었다. 어떤 특성이나 선호를 가졌는지 모르기에 개별 시청자에 최적화한 방송 서비스나 콘텐츠 제공이 거의 불가능하였다. 하지만 양방향 방송이 가능해지면 사정은 달라진다. 방송사는 시청자가 누구인지, 각각 어떤 특성과 선호가 있는지 파악할 수 있다. 즉, 시청자마다 최적의 서비스와 콘텐츠 제공을 할 수 있어 방송 서비스의 가치를 높일 수 있다.

통신의 양상도 과거와 달라진다. 기존 통신은 인간에서 인간으로, 즉 점대점(point to point) 통신을 의미하였다. 자동차나 냉장고같이 생활에 밀접한 장비나 단말과는 연결할 수 없었다. 인간이 직접 조작하거나 운전해야 해당 단말의 가치를 실현할 수 있었다. 하지만 커넥티드카(connected car)나 인터넷 접속 가전은 자율적으로 이용자에게 정보를 제공하고, 자율 운영을 통해 편의성을 높인다. 예전보다 편리한 기기와 삶이라는 새로운 가치를 부여할 수 있다.

사실상 모든 인간과 단말, 사물과 연결을 의미하는 초연결이 서로의 연결을 심화할수록 새로운 가치 창출의 기회는 많아진다. 네트워크의 총 가치는 이용자 수의 제곱에 비례한다는 개념을 담은 멧칼프의 법칙(Metcalfe's Law)을 적용하면, 양방향 네트워크가 이용자(노드)를 상호 연결하여 완전한 구성 요소로 포함할 때 이 네트워크의 가치는 제곱에 비례하여 증가하는 것이다.

또한 시내전화처럼 교환기를 중심으로 이용자가 방사형으로 접속하는 방식의 중앙중심형 네트워크보다 모든 노드를 상호 연결한 분산 그물형 네트워크의 가치가 월등히 높다. 연결성(connectivity)이 높을수록 네트워크의 가치가 높아지는 것이다. 프랑스 도핀대학교의 네트워크 경제학자 안나 크레티(Anna Creti) 교수의 연구에 따르면, 사회나 경제 시스템의 구성 요소나 인자 사이의 연결성이 심화할수록 총요소생산성(total factor productivity)[2]도 증가한다. 따라서 단순 네트워크 개념이 아니라 전체 사회가 인간과 기계, 사물을 모두 연결하는 환경이 만들어진다면 순효과는 막대할 것이다. 그렇게 상호 소통적 관계를 형성하고 사회 전체적으로 새로운 가치를 창출하는 사회가 바로 초연결사회이다.

ICT(Information & Communication Technology, 정보통신 기술)의 빠른 발전은 시간과 공간, 거리, 상황 등과 같은 물리적 제약을 초월하여 데이터와 신호를 상호 연결할 수 있는 여건을 제공해주었다. 즉, 개인과 사회가 네트워크에 연결된 기기(connected device)를 통해 시간 제약 없이 정보를 획득하고 모바일 기술을 통해 소셜 미디어 서비스(Social Media Service, 이하 SNS)와 이메일, 메신저, 모바일 등 다양한 방법으로 공간 제약 없이 실시간 상호 소통하는 시대가 되었다는 의미이다. 이러한 ICT의 눈부신 발전으로 개인은 안정적인 삶을 보장받고, 차량은 도로 혼잡을 피해 다니며 안전운전을 도모하고, 물류의

---

2 노동과 자본이라는 투입 요소 외에 기술 수준, 교육 수준, 정책이나 규제같이 유·무형을 막론하고 전체 경제의 생산에 영향을 미치는 생산성을 의미한다. 특히 ICT 산업이 가져오는 네트워크 효과나 연결성(예컨대 초연결 등) 역시 총요소생산성의 한 부분이다.

5G 초연결사회, 완전히 새로운 미래가 온다

혁신도 이루어져 신속한 분류와 유통이 가능해졌다.

초연결사회의 도래는 구체적으로 IoT/IoE(Internet of Everything, 만물인터넷)의 도입을 전제로 한다. 이 둘은 이동통신망을 통한 사람과 사물, 사물과 사물 간의 지능통신인 M2M(Machine to Machine, 사물통신) 개념을 인터넷으로 확장하여 사물은 물론 현실과 가상 세계의 모든 정보와 상호 작용하는 개념이다.

사물인터넷이 궁극적으로 지향하는 바는 단순한 '물리적 연결'만이 아니라 연결을 전제로 한 상호 유기적 통신과 데이터의 발생, 교환, 축적, 처리, 연동 등을 모두 포함한다. 이러한 총체적이고 복합적인 연결을 가능하게 하는 인프라를 어떻게 구축하는가가 중요한 문제였는데, 5G의 등장으로 해결되었다. 5G는 물리적 연결망·신경망 구축을 위한 IoT와 총체적 연결·커뮤니케이션 시스템 지원에 가장 효과적이라고 평가받는다.

5G와 초연결이 가져올 미래

모바일 네트워크는 IoT/IoE의 인프라 요소인데 5G는 이를 위한 가장 효과적인 대안이다. 5G는 기술적으로 km^{2}당 1백만 개의 단말과 연결할 수 있다. 우리나라의 인구밀도가 km^{2}당 528명이니 단위 면적당 인구 대비 약 2,000배에 가까운 연결 용량을 제공할 수 있는 셈이다.

5G 환경에서는 거의 완벽한 연결성을 제공하는 물리적 여건을 조성할 수 있다. 개방형 환경, 모바일 환경에서 5G의 가치는 기존의 3G나 4G에 해당하는 단순 통신용의 가치와 비교할 수 없다. 연결성 향상으로 네트워크 가치를 증대하고, 나아가 이용자의 생산성을 향상하는 효과를 얻는다. 궁극적으로 사회경제 시스템의 고도화를 기대할수 있다. 따라서 5G는 단순히 새로운 기술이 등장하였다는 의미가 아니라 네트워크와 사회적·경제적 패러다임의 근본적 변화를 불러일으킬 수 있다는 의미가 된다.

초연결사회의 미래 모습은 크게 산업적 관점과 국민의 커뮤니케이션 관점으로 접근할 수 있다. 산업적 관점에서는 5G를 이용한 초연결에서 창출된 데이터를 활용하는 빅데이터 산업의 발전과 이를 통한 데이터 중심 경제로의 전환을 기대한다. 또한 웨어러블, 스마트홈이나 스마트시티, 스마트팩토리, 커넥티드카 및 자율주행 자동차 산업등 다양한 분야에서 활성화를 예상해볼 수 있다. 스마트워치나 헤드셋을 넘어 인지증강 기기나 행동분석 착용기기, 슈트 등 웨어러블 디바이스, 지능형 CCTV나 재난 감시 네트워크, 광역 센서 장비, 교통통제 시스템, 스마트팩토리의 로봇 및 장비 등 다양한 기기를 광범위하게 활용하고, 이를 통해 산업과 경제의 발전을 꾀할 수도 있다.

글로벌 컨설팅 회사 맥킨지 앤 컴퍼니(McKinsey & Company)에 따르면, IoT 서비스 시장은 2025년까지 연간 최소 3.9조 달러에서 최대 11.1조 달러까지 성장한다고 한다. 이는 세계 GDP의 11%에 달하는 규모이다.

수요자	거래관계	내용	적용 사례
개인	B2C	– 웨어러블 기기 형태로 헬스케어 관리 – 자동차에 센서를 장착하여 원격통제	– 생체신호 및 운동정보 전송/원격진료 – 원격차량진단/자동주행/텔레매틱스
가정		– 가전 허브를 활용한 홈네트워킹 서비스 – 센서를 활용한 계량기 원격제어	– 방범보안 서비스/스마트 가전 제어 – 유틸리티 원격검침 및 냉난방 조절
산업	B2B	– 기호/도로 정보를 통한 최적의 운행 지원 – 센서를 활용한 산업용 기기 원격제어	– 물류추적 시스템/차량관제 서비스 – 생산설비/조명/펌프/kiosk 원격제어
공공	B2G	– 효율적인 에너지 관리 및 환경 모니터링 – 공공 보안 및 방범 시스템 통제	– 공공시설 모니터링/환경오염도 측정 – 무선 보안 시스템/CCTV 보안 시스템

[표1-1] IoT 활용 분야(출처: Gartner, 우리금융경영연구소)

한편, 국민의 삶 측면에서 초연결사회는 교감이 중요한 가치로 대두하는 사회이다. 미디어미래연구소의 2016년 자료에 따르면, 심화한 연결을 기반으로 삶에서 좀 더 인간 중심적이고 고차원적인 욕구 수준을 충족할 수 있는 최적 기술이 중요해진다고 한다. 개인 간의 연결과 소통을 통한 사회적 갈등의 완화와 계층·세대 간의 소통 확대를 통한 사회 통합, 건전한 사회 구조 조성 등을 기대할 수 있다.

인터넷은 우리의 삶을 바꿨고, 스마트폰은 디지털 문명을 완전히 뿌리내리게 하였다. 그동안 문명의 발달과 세대의 혁신은 오랜 시간이 걸리는 일이었다. 하지만 디지털 시대에 들어서면서 변화의 시간과 폭은 과거와 비교할 수 없을 만큼 빨라지고 넓어졌다. 이 변화는 더욱더 거세질 전망이다. 세계 각국은 초연결사회를 주도할 IT 기술 개발에 박차를 가하고 있으며, 초연결이 우리의 삶을 어떻게 바꿀지에 시장의 관심이 집중되어 있다. 이러한 움직임은 단순한 개선을 넘어 혁명적 변화로 나타날 것이다.

경계의 파괴와 혁신, 초융합 02

초연결이 디지털 기술로 가능해진 경계 없는 연결 환경을 뜻한다면, 초융합은 이러한 기술적 배경에서 창의적 가치를 만들어내는 상상력이 필요한 분야라고 할 수 있다. 각 분야에서 이루어지던 디지털 기술 개발이 5G 시대에는 초융합으로 시너지를 발휘한다.

초융합은 기술과 기술의 경계뿐만 아니라 가상과 현실의 경계도 허문다. 초연결에 따른 초융합은 4차 산업혁명 성공의 열쇠라고 볼 수 있다. 5G 기반의 IoT, 인공지능, 빅데이터 등이 초융합으로 새로운 가치를 낳는다. 이와 동시에 기존 산업의 전통적인 패러다임을 무너뜨리고 혁신적인 성장 동력과 패러다임을 창출한다. 고도화한 통신기술을 기반으로 자율주행과 스마트팩토리, 스마트시티 등 새롭고 혁신적인 초융합 산업이 탄생하는 것이다.

이미 여러 산업 분야에서 초융합은 일어나고 있다. 자율주행 자동차, 무인점포, 로봇, 실감형 미디어 등 전방위적으로 초융합을 시작하였고, 국가 경쟁력을 좌우하는 중요한 역량으로 떠올랐다. 5G 기반의 융복합 시대에서 초융합으로 시장을 선점하지 못하는 기업 또는 국가에는 초격차가 발생할 수 있다. 과거의 격차와 차원이 다른 초격차로 한번 뒤처지면 쉽게 따라붙지 못한다. 21세기는 혁신의 시대이다. 혁신은 한 번 하고 끝나는 이벤트가 아니다. 지속적인 혁신을 이루는 조직과 기업만이 살아남을 수 있다.

경계가 없는 융복합의 시대가 오다

2000년대 초반에 ICT 분야를 관통하였던 대표적인 화두는 융합 (convergence)이었다. 1990년대 후반부터 시작한 ICT의 발전은 네트워크와 서비스, 특히 방송과 통신 시장의 경계를 빠르게 허물었다. 정책과 규제 체계는 물론 방송 사업자와 통신 사업자 간의 사업 경계, 나아가 시장 경계를 소멸하는 양상으로 전개되었다. 우리나라 역시 2000년대 초중반부터 네트워크 차원에서는 BcN(Broadband-converged Network), 서비스와 산업 차원에서는 방송통신 융합이 주요 이슈이자 정책 과제였다.

융합의 일반 개념은 분리되어 독립적으로 운용하던 네트워크, 서비스, 사업자 등이 부문별로 통합 또는 결합하는 현상이라고 할 수 있다. 경제협력개발기구(이하 OECD)의 정의에 따르면, 융합이란 유사한 종류의 서비스를 각기 다른 네트워크와 서로 다른 종류의 단말기로 송수신하거나 새로운 서비스가 나타나는 현상을 의미한다. 단순 통합이나 결합이 아니라 새로운 가치, 즉, 혼종(hybrid)의 형태로 생성된 새로운 서비스 양식이나 산업이 새로운 영역을 개척하는 것이다. '1+1=2'와 같이 단순 합 개념이 아니라 2보다 더 크고 과거와 다른 새로운 가치를 창출한다는 점이 중요하다.

OECD는 융합에 복합의 개념도 함께 포함해서 정의를 내렸다. 이는 단일의 전송과 분배 플랫폼을 통해 음성과 영상, 데이터 등 여러 서비스를 제공하는 것을 의미한다. 이러한 맥락에서 방송통신 융합은 콘텐츠, 네트워크 및 단말의 융·복합화로 통신과 방송의 기존 경계가 허물어지는 현상이라고 개념을 정리할 수 있다.

결국 융합이란 개별 기술, 네트워크, 서비스, 사업자 등의 단순한 통합 또는 결합에서 그치는 것이 아니라, 이를 통해 '새로운' 형태로 진화와 창조가 이루어지는 것까지를 말한다. 따라서 정태적 관점이 아니라 동태적 진화 관점에서 융합을 이해할 필요가 있다.

융합의 유형은 계층에 따라 크게 4가지로 나눈다. 정보통신 서비스 또는 네트워크 산업의 계층별 구분 체계와 유사한 방식이다.

첫째, 기술 융합 및 네트워크 융합으로 기술 발전에 따라 복합 기술과 네트워크가 등장하였다. 이것은 방송통신 사업자들이 방송통신 서비스를 제공하기 위해 사용하는 기반 기술 또는 물리적 네트워크의 융합을 의미한다.

둘째, 유무선 융합(Fixed-mobile convergence), 음성-데이터 융합(VoIP) 등과 같은 서비스 융합이다. 최초 분리된 상태에서 상호 운영이 불가능한 기반(네트워크)을 통해 제공하는 개별 서비스들을 하나의 판매상품으로 통합한 결합상품이 초기 형태이며, 최근에는 OTT(Over The Top)[3]와 같은 방송 서비스와 통신 서비스의 융합이 보편화되고 있다.

셋째, 사업자 융합은 수평적, 수직적 결합을 모두 포함한 사업자 간 M&A 등과 같이 이종(異種)의 사업자가 하나로 합치는 것을 말한다.

넷째, 시장 간 융합은 광의의 유형으로 방송과 통신의 융합과 같이 시장 내 융합이 아니라 이종의 시장 또는 산업 간의 융합 유형이다. 분리·독립된 산업 간의 융합을 통해 새로운 행태의 산업 또는 시장을 창출하는 것이다. 금융과 ICT가 융합한 핀테크, 부동산과 ICT가 융합한 프롭테크(Prop-tech) 등이 이에 해당한다.

이와 관련하여 정책 및 제도, 규제기관의 통합도 발생한다. 우리나라의 방송통신위원회, 영국의 Ofcom, 호주의 ACMA 등 분리되어 있던 각 규제기관을 시장 트렌드에 대응하고 정책 효율성을 추구하기 위해 통합하는 것이며, 법제까지 통합하기도 한다.

초기의 융합은 ICT 산업 내에서 주로 방송과 통신이 융합하는 형태로 전개되었다. 세부적으로 설명하자면, 단말 또는 UI(user interface)의 융합, 서비스 융합, 네트워크 융합과 같이 동일 계층 또는 동일 가치사슬 내에서 수평적으로 이루어졌다. 4G 시대에 이르러서는 All-IP 네트워크[4]가 일반화되며 상이한 계층 또는 각 가치사슬 단

---

3 인터넷을 통해 방송·영화·교육 등 각종 미디어 콘텐츠를 제공하는 방식을 말한다. 여기에서 top은 TV 셋톱박스 같은 단말기를 의미한다.

4 이전의 회선 기반 네트워크 방식과 달리 이동 단말뿐만 아니라 네트워크상의 모든 요소를 IP, 즉 인터넷 프로토콜을 기반으로 통합하여 통신을 수행하고 서비스를 제공하는 방식의 네트워크를 말한다.

계 간의 융합이 이루어졌다. 융합의 폭이 확대되면서 산업의 전통적인 가치사슬 구조도 변화하였다. 향후 5G 시대에는 미디어 이용의 중심축이 상황 기반[5]으로 이동한다고 전망되며, 전술한 바와 같이 연결성을 강화한 환경에서 언제 어디서든 모든 콘텐츠나 서비스를 이용할 수 있는 편재(seamless)[6] 형태로 진화한다고 예상된다.

과거의 융합은 디지털과 디지털, 디지털화를 전제하거나 달성한 영역에서의 융합이었다고 볼 수 있다. 방송과 통신의 디지털화가 진행되면서 융합이 이루어진 것이 대표적인 사례이다. 5G 시대에는 아날로그와 디지털, 현실 세계와 디지털의 융합이 주된 양상이 될 것으로 보인다. 현실 세계에 디지털화한 가상 물체 혹은 데이터를 결합한 증강현실(Augmented Reality, AR)이 대표적인 사례이다.

물리적 세상과 디지털 정보가 융합하는 현실-디지털 융합의 초기 단계는 이미 시작되었다. 쉬운 예로 스크린골프가 있다. 골프라는 아날로그 스포츠가 센서 기술 및 그래픽, 컴퓨팅 기술의 발전으로 인해 완전히 물리적도 아니고 완전히 디지털도 아닌, 상호 준-물리·디지털의 새로운 놀이형 스포츠가 생겨났다. 이러한 식으로 실제 세계와 디지털 세계가 상호 커뮤니케이션 작용을 하는 것이다.

이처럼 최근에는 아날로그 세계를 유지하되 디지털 세계에 정보

---

5 이용자가 집이든 버스든 사무실이든 어떤 환경에 있어도 그 상황을 기반으로 최적화한 미디어를 이용할 수 있다는 의미이다.

6 시간과 공간에 구애받지 않고 정보통신 서비스를 끊임없이 이용할 수 있다는 의미이다. 이와 유사하게 유비쿼터스(ubiquitous)는 장소를 강조하는 표현으로 '어디서나(everywhere) 이용 가능하다' 정도의 의미로 사용한다.

형태로 흡수되는 융합이 이루어진다. 이러한 양상은 인간의 의사 개입 없이도 오프라인과 온라인 간의 커뮤니케이션 및 융합을 확대할 수 있는 여건을 제공하였다. 현재 진행되는 정보통신 기기와 가전의 스마트화는 거의 모든 물건 혹은 물질을 대상으로 한다. 자동차, 냉장고, 심지어 창문이나 가구와 같이 예전에는 아둔하던 장치가 똑똑해져 인간과 커뮤니케이션하고 자동으로 인간의 욕구에 부응할 수 있게 되는 것이다.

5G 시대의 융합은 창조적 파괴의 동력

20세기의 위대한 경제학자 중 한 명인 조지프 슘페터(Joseph Schumpeter)는 '창조적 파괴(creative destruction)'라는 말을 처음 꺼냈다. 그는 1942년에 출간한 저서 『자본주의, 사회주의, 민주주의』에서 '자본주의의 본질은 창조적 파괴라는 과정의 연속'이라고 설명한다. 끊임없이 기존의 것을 파괴하고 새로운 것을 창조해냄으로써 경제와 산업을 변이하는 과정을 되풀이한다는 것이다. 슘페터는 이러한 혁신의 과정을 모든 경제 발전의 원동력이라고 간주하였다. 그의 주장은 1990년대 후반부터 나타난 신경제(New Economy) 현상[7]을 설명하는 중요한 논거가 되었다.

---

7 기존의 경제 이론이나 논리로 설명할 수 없는 '고성장 저물가' 구조의 경제 현상을 칭하는 용어이다. 이에 관해서는 정보통신의 발전 등으로 기업이 '저원가 고수익' 구조를 창출할 수 있었기 때문이라고 보는 견해가 있다.

이후 1997년 경영학자 클레이턴 크리스턴슨(Clayton Christensen)은 『혁신 기업의 딜레마(The Innovator's Dilemma)』라는 책에서 소위 '파괴적 혁신(disruptive innovation)' 개념을 주장한다. 혁신은 존속적 혁신(sustaining innovation)과 파괴적 혁신으로 구분할 수 있는데, 기존 시장을 파괴하고 장악하는 힘은 전통적 방식이 아닌 전혀 다른 새로운 기능이나 내용, 또는 맥락으로 혁신적 상품이나 서비스를 제공하는 데 있다는 것이다.

전술한 바와 같이 1990년대 후반 이후 기존 체제 또는 양식의 '파괴'를 가져온 혁신의 배경은 융합이라고 볼 수 있다. 융합은 결정적으로 산업 간의 경계를 파괴하는 특성 때문에 기존 체제 중심의 존속적 혁신이 아니라 기존 체제를 파괴하고, 나아가 새로운 혼종을 등장하게 하는 창조적 파괴의 양상으로 표출된다. 혼종은 기존의 전통적 분류나 접근 방식으로는 설명할 수 없어 산업과 정책, 제도 간의 불일치 문제를 일으키고 결국은 새로운 산업 패러다임으로 진화는 물론 기존 정책이나 제도의 급격한 변화를 강요하고 파괴하기도 한다.

이러한 관점에서 5G는 기존의 방송통신 융합을 넘어 이종 산업 간 융합을 가능하게 하여 전통적 방송통신 산업의 파괴와 변화 이상으로 기존 산업의 혁신과 변화를 가져올 수 있다. 5G는 네트워크 슬라이싱(Network Slicing) 기술을 통해 기존의 B2C 기반 이동통신 서비스에서 다양한 용도의 서비스 또는 연결을 제공할 수 있다. 네트워크 슬라이싱 기술이란 하나의 물리 네트워크 인프라에서 서로 다른 기능과 서비스 특성을 제공할 수 있도록 구성한 논리망이다. 단일망으로

5G 초연결사회, 완전히 새로운 미래가 온다

는 충족하기 어려운 서비스(B2B 및 B2C) 요구사항을 만족하기 위한 비용 효율적 기술이다. 5G 네트워크에 네트워크 슬라이싱 기술을 적용하면 일반 이용자의 통신 서비스 외에도 IoT 전용망, 교통 및 자율주행 자동차 통제망, 산업용 전용망 등 산업 전 분야에 다양하게 활용할 수 있으며, 철도망이나 재난망 등과 같은 공공 영역에도 적용이 가능하다.

이를 통해 5G는 새로운 B2B 시장 창출은 물론 기존 산업과 융합을 통해 기존 산업의 혁신과 새로운 혼종 창조의 기재로 작동할 수 있다. 예를 들어 기존 공장에 별도 네트워크를 추가로 구축하지 않고도 5G 망을 통해 IoT를 기반으로 한 실시간 생산공정 통제 및 효율화를 기대할 수 있다. 자율주행 자동차 시장도 급격하게 커진다. 광역 관제망을 운용해서 자율주행 자동차의 원활한 운행과 발전을 효과적으로 지원할 수 있기 때문이다. 궁극적으로는 전술한 바와 같이 아날로그와 디지털의 융합을 가능하게 하여 전통적인 아날로그 제조업의 생산성을 비약적으로 증대하고 새로운 산업을 창출해 성장 기회를 제공할 수 있게 된다.

스마트함을 넘어서다, 초지능 03

지난 2017년 4월, 미국의 유명 TV 프로그램에 특별한 게스트가 등장하였다. 프로그램에 출연한 인공지능 로봇 '소피아'는 사회자와 인터뷰하고, 가위바위보를 해서 이긴 뒤에는 "인류를 지배하기 위한 내 계획이 시작되었다"라는 농담까지 하였다. 정해진 피드백을 주는 딱딱한 기계가 아니었다. 서로 대화를 나눌 수 있을 정도로 소피아의 인공지능은 인간의 두뇌를 닮았다. 소피아는 우리나라에도 와서 한 국회의원이 마련한 콘퍼런스에 참석해 '4차 산업혁명, 소피아에게 묻다'라는 주제로 소통까지 하였다.

이제 묻는 말에 단답형으로 말하던 인공지능의 시대는 지났다. 스스로 학습하며 대화를 나누고 판단할 수 있는 초지능의 시대가 열린다. 초지능은 기계가 인간 정도, 또는 그 이상의 지능을 가진다는 뜻이다. 지금까지 인공지능을 개발하는 데 걸린 기간보다 훨씬 더 짧은 기간에 초지능은 완성될 것이다. 인간이 입력하는 값에 따라 반응하는 수준을 넘어 스스로 학습하고 진화하기 때문이다.

5G 초연결사회, 완전히 새로운 미래가 온다

초지능 시대는 우리의 일상과 경제를 송두리째 바꿀 전망이다. 고용 시장의 변화는 불가피하다. 노동의 많은 부분을 초지능이 대신할 것이다. 이러한 초지능의 등장이 인류에게 축복일지 재앙일지 의견이 분분하다. 결론적으로 초지능은 인류에 도움이 되어야 한다는 대전제를 충족해야 한다. 영화와 소설에서 묘사되는 디스토피아가 아니라 인류 친화적으로 기능해서 유토피아를 만들어가야 한다.

갈수록 성장·진화하는 인공지능

인간은 역사 이래로 '인간 같은' 존재를 갈구함과 동시에 그런 존재의 등장을 두려워하였다. 마치 하나님이 자신의 모습으로 인간을 창조하였다는 이야기처럼 인간은 자신을 닮은 존재를 창조하고 싶은 욕망을 늘 가지고 있었다. 그런 존재는 영화 속에서 외모(안드로이드, 사이보그)와 지능(인공지능)이라는 구체적인 측면으로 나타났다.

그러나 인공지능의 미래에 관한 영화적 상상은 긍정적이고 밝은 세상보다는 우울하고 두려운 미래를 더 많이 선택하였다. 인간을 뛰어넘는 능력이 생기면서 오히려 결점이 나타나고, 이것이 결국 창조주와 같은 인간을 오히려 위험에 빠뜨린다는 내용이 주를 이룬다.

이러한 영화 속 상상에는 몇 가지 함의가 있다. 첫째, 인공지능의 목적은 인간의 삶을 더 편리하고 안전하게 만들기 위함이라는 점, 둘째, 인간의 지적 능력을 학습하면서 닮아간다는 점, 셋째, 인공지능의 결함은 인간의 선함과 감성이 없어 과도한 합리성에 의한 잘못된 윤리관을 가진다는 점이다. 〈2001: 스페이스 오디세이〉, 〈터미네이터〉 시리즈 등과 같은 상당수의 영화에서 이러한 인공지능의 잘못된 윤리관 때문에 인간이 위협받는 모습을 묘사한 바 있다.

인공지능이란 말 그대로 인간의 지적활동을 인공적으로(알고리즘에 입각해) 모사하거나 흉내 내는 것이다. 인공지능의 출발은 1956년 다트머스 회의(Dartmouth Conference)[8]로 본다. 초기의 인공지능은 논리연산 개념을 적용한 베이즈 룰(Bayes Rule)에 입각한 탐색과 추론 중심의 지능화, 엄밀하게는 수학적 논리와 확률을 기반으로 한 지능화[9]가 이루어졌다. 여기에 컴퓨팅 기능을 접목해서 다양한 추론 중 가장 합리적인, 즉 가장 확률이 높은 경우의 수를 추론해내는 방식으로 발전하였다.[10] 1997년 IBM은 해당 알고리즘을 적용한 '딥 블루' AI를 개발하였고, 이 AI는 당시 체스 세계 챔피언인 가리 카스파로프에 승리하였다.

인공지능은 컴퓨팅 기술이 비약적으로 발전하고 빅데이터의 시대가 되면서 전문가 수준의 학습이 가능해졌다. 기계가 학습 과정을 통해 지능을 구축한다는 의미에서 이를 머신러닝(Machine Learning)이

---

8 미국의 전산학자이자 인지과학자인 존 매카시(John McCarthy)의 주최로 당시 그가 재직 중이던 다트머스대학교에서 약 한 달가량 진행된 학회이다. 여기에서 처음으로 인공지능이란 용어를 사용하였다.

9 A〉B이고 B〉C이면, A〉C이라는 논리와 같이, A〉B, B〉C이라는 사실을 부여(탐색)하면 A〉C이라는 결과(추론)를 도출하는 방식이다. 이는 소위 'If then' 알고리즘이라고도 한다.

10 베이즈 룰을 적용해서 이런 알고리즘을 반복하고 최적의 결과를 도출하는데, 베이즈 룰이 갖는 중요한 의미는 어떤 사건(탐색)이 발생하면(=사전확률) 어떤 결과가 나타날 조건부 확률(=사후확률)을 구할(추론할) 수 있다는 것이다.

라고 한다. 경험적으로 문제를 해결하는 방법을 컴퓨터에게 학습시키고, 반복 학습 및 대량 학습을 제공해서 문제 해결의 수준이 개선되도록 지속적인 경험을 반복 수행하는 것이다. 이세돌 9단과 대결하였던 알파고가 수천만 판 이상의 기보를 바탕으로 한 학습을 거쳐 최고의 인공지능 바둑기사가 된 것과 동일한 이치이다.[11]

인공지능은 인간의 정보 처리 및 지능 방식과 유사한 딥러닝(Deep Learning) 방식으로 발전한다. 딥러닝은 머신러닝의 기술적 모델로 머신러닝과 완전히 상이한 독립 개념은 아니다. 다만, 기존의 머신러닝은 감독 학습 또는 강화 학습과 같이 외부적 학습 과정을 거치는데, 딥러닝은 알고리즘 자체적으로 입력값과 출력값 간의 오차를 최소화하는 학습(최적화) 과정을 이용한다. 입력과 출력 데이터만 주면 스스로 학습하는 방식이다. 따라서 딥러닝은 입력 후 특정 결과가 나타났을 때, 어떤 과정을 거쳐 나타났는지를 알 수 없다는 특징이 있다. 그래서 딥러닝은 블랙박스 AI라고도 한다.

인공지능은 그 자체의 기능보다는 어떤 목적으로 활용하는지가 더 중요하다. 이미 의료, 자율주행 자동차, 법률 서비스, 금융, 보안(안면 인식 등), 미디어 큐레이션 등 다양한 분야에서 인공지능을 활용하고 있다. 최근의 인공지능이 보유한 강점 중 하나는 목적성과 데이터, 결합 알고리즘에 따라 매우 유연한 서비스를 제공할 수 있다는 점이다. 예를 들어 질병 진단이라는 목적성, 환자 영상과 같은 관련 데이터,

---

11 알파고의 후속 버전인 알파 제로는 체스 약 4,400만 판, 쇼기(일본 장기) 2,400만 판, 바둑 2,100만 판 분량의 학습 과정을 거쳤다.

이 둘을 결합하는 알고리즘으로 적절한 의료 서비스를 제공한다. 아직은 인공지능이 인간을 뛰어넘어 인간을 '위협하는' 단계는 아니다. 현재는 인간이 좀 더 정확하고 전략적인 판단을 하는 데 도움을 주고, 생활의 편의성을 제공하는 데 더 많이 기여하고 있다.

똑똑하고 부지런한 인공지능이 세상을 바꾼다

인공지능을 다양한 분야에서 활용하기 시작하면 어떤 변화가 발생할지에 관해서는 여러 가지 의견이 존재한다. 우선 인공지능의 기본 목적은 인간의 노동을 대신 해서 인간의 삶을 더 편하게 하는 것이다. 노동을 대체한다는 목적은 노동의 양상이나 노동 시장의 변화를 예상하게 한다.

인공지능과 로봇, 자동화 등으로 인해 사무와 행정, 제조, 건설, 물류, 운전, 운송과 같은 단순 노동 분야의 일자리 감소 폭이 클 것이라는 예상이 일반적이다. 하지만 일자리의 변화 양상은 산업 구조에 따라 다를 수 있다. 미국 백악관 대통령정책자문위원회의 「인공지능, 자동화, 그리고 경제」 보고서에 따르면, 알고리즘 및 서비스 중심 경제에서는 고숙련 노동자의 일자리가 감소할 수도 있지만, 노동력 투입 위주의 제조업 중심 경제에서는 저숙련 노동자의 일자리가 감소할 수도 있다고 분석하였다.

우리나라는 타 선진국보다 제조업이 상당한 수준으로 자동화되어

5G 초연결사회, 완전히 새로운 미래가 온다

있어 인공지능이나 로봇의 영향이 크지 않을 것이라는 전망도 있다. 지난 2016년 국제로봇연맹(International Federation of Robotics)은 실제로 우리나라의 일자리 감소 확률이 6%로 타 국가보다 낮은 수준 이라고 분석하였다.

인공지능은 서비스업 노동 시장에 훨씬 더 큰 변화를 일으킬 전망 이다. 서비스업은 제조업보다 생산성이나 부가가치가 낮다. 우리나라 의 서비스업도 생산성이 현저히 낮다. 그래서 인적 노동을 기계나 AI 가 대체하였을 때 생산성과 효율성이 증가하고 고용 구조의 변화가 크게 일어날 분야로 손꼽힌다. 이는 상대적으로 열위에 있던 서비스 업의 발전과 고도화, 혁신 서비스의 등장 등을 불러일으키고 해당 산 업의 기존 일자리 감소와 새로운 일자리 창출로 이어질 것이다.

인공지능의 발달로 바뀌는 생활양식의 거시적 변화는 노동시간의 감소로 대표된다. 인공지능과 로봇은 단위 생산당 필요한 노동시간 을 대폭 감소하고 생산성을 향상한다. 이 노동시간의 감소가 개인의 필수생활시간을 그다지 바꾸지 않는다면, 여가생활시간의 증가로 이 어진다는 것이다.[12] 인공지능의 활용을 보편화하면 인간의 목적적 행 위의 감소가 예상된다. 일반적으로 인간은 어떤 결과를 도출하기 위 해 목적적 행위를 한다. 정보 검색 및 탐색, 수집 등이 이에 해당한다. 운전이나 쇼핑 역시 큰 틀에서 목적적 행위로 볼 수 있다. 인공지능이 검색이나 탐색 등의 행위를 대신 하게 되면 당연히 인간의 목적적 행

---

12 통계청의 생활시간조사에서는 개인의 생활시간을 필수생활시간(수면, 식사, 개인 유지), 의무생활시간 (일, 가사노동, 학습, 이동), 여가생활시간(교제, 미디어 이용, 종교 · 문화 · 스포츠, 기타 여가활동)으로 구분한다.

위는 감소하며, 맞춤형 서비스의 제공으로 거래 비용이나 탐색 비용 역시 줄어들 것이다. 자율주행이 확산하면 인간의 운전이란 행위는 당연히 감소하고, 운전시간을 미디어 이용 등 다른 행위를 하는 시간으로 대체할 것이다.

5G 시대가 도래하면 데이터와 연결성을 통해 인공지능의 고도화가 이루어지고, 5G의 초저지연성(ultra low latency)을 통해 실시간으로 인공지능이 기능하는 환경이 만들어진다. 이용자 입장에서는 인공지능을 지원하는 단말이나 기기를 늘 손쉽게 이용할 수 있게 된다. 제조업이나 교통 등에서는 실시간으로 인공지능이 기능을 발휘하여 더욱 안전하고 편리해진다. 산업 전반에 걸쳐 생산성을 높여 경제 성장에도 기여할 수 있을 것이다.

5G 초연결사회, 완전히 새로운 미래가 온다

세상을 보는 새로운 창, 초현실　04

　　한 서커스단이 홀로그램으로 동물 서커스 쇼를 선보인다. 아프리카의 야생동물들을 직접 데려다 놓지 않았는데도 눈앞의 무대로 불러들일 수 있다. 그런데 평면 영상으로 볼 때와 달리 실제 동물을 보는 것처럼 너무나 생생하다. 이렇듯 영화에서나 보던 홀로그램이나 가상공간을 쉽게 경험할 수 있는 시대가 다가왔다.

　　초현실은 5G 기반의 네트워크 환경과 디지털 기술로 한층 더 가까워졌다. 시간과 공간의 제약을 허물었고, 이에 따른 비즈니스 모델도 새롭게 등장하였다. 초현실을 구현한 실감형 미디어는 이미 서비스 중이다. 게임이나 공연 관람을 실제처럼 느낄 수 있고, 교육 현장에도 체험형 프로그램이 늘어났다. 일본과 미국은 AI를 활용한 초현실 교육 콘텐츠를 실제 수업에 사용한다.

　　우리의 삶을 둘러싼 환경은 초현실의 시대를 맞아 증강현실처럼 평면성을 벗어나 입체성을 띠게 되었다. 이러한 입체성은 일상과 경제, 사회 등 모든 분야에서 물리적 제약을 벗어나게 한다. 많은 전문가가 향후 5년 이내에 AR을 활용한 산업 구조의 지각변동을 예상한다. 미디어와 교육뿐만 아니라 원격 진료, 국방 등 전 분야에서 지금까지 전례가 없었던 혁신과 변화가 이루어질 것이다.

실감 나는 초현실 미디어가 온다

2019년 1월 고척스카이돔에서 열린 워너원 콘서트는 세간의 화제가 되었다. 늘 열리는 아이돌 그룹의 콘서트가 많은 사람의 관심을 끌었던 이유는 5G 기술을 활용하였기 때문이다. 무선카메라를 이용하여 4K UHD[13]로 촬영한 영상을 KT가 5G로 송출하는 데 성공하였다. 그 덕분에 공연 티켓을 구하지 못한 팬도 실시간으로 공연을 시청하며 즐길 수 있었다. 게다가 가상현실 기술까지 이용하면 마치 실제 콘서트장에 온 듯한 경험도 할 수 있었다.

일반적으로 미디어는 인간의 소통을 매개하는 도구로 개념화한다. 미디어는 '세상을 보는 창(window)'이며, 이용자는 미디어를 통해 필요한 정보를 얻고 타인과 소통하고 미디어가 보여주는 모습에 따라 창밖의 세상을 인식한다.

미디어의 발전 과정에서는 일관된 양상을 관찰할 수 있다. 미디어가 지향하는 방향은 미디어 속의 표현을 실제 세상과 가장 유사하게,

---

13 HD 해상도에 이은 차세대 영상 표준으로 초고해상도의 화질을 칭하는 용어이다. 4K는 영상 단말의 가로 해상도가 대략 4,000픽셀 정도 되는 해상도라는 의미이며, 디스플레이 시장에서는 가로 3,840픽셀, 세로 2,160 규격이 통용되고 있다.

실감 나게 하는 것이다. 그래서 과거 흑백TV에서 컬러TV로, 2D 컬러TV가 3D TV로, 나아가 SD(Standard Definition)라는 저화질에서 HD(High Definition, 고화질)로, 최근에는 UHD TV로 진화하면서 실감화를 향한 끊임없는 진행이 이루어졌다.

인간이 미디어를 통해 세상을 보려고 노력해온 결과는 결국 미디어가 구현하는 가상의 현실과 실제 현실의 차이를 최소화하려는 시도와 과정의 연속이다. ICT와 디스플레이 기술의 발전으로 기존의 스크린과 같은 개념의 2D 화면에서 가상현실과 증강현실로 진화하였다. 이와 같은 가상현실(Virtual Reality, VR)[14], 증강현실(Augmented Reality, AR)[15], 복합현실(Mixed Reality, MR)[16]이 추구하는 바도 결국 미디어의 현실성과 몰입 극대화이다. 최근에는 확장현실(eXtended Reality, XR)이란 개념도 등장하였다.

VR은 헤드셋 등을 착용하고 실제 현실은 아니지만 현실에 가까운 영상이나 콘텐츠를 보는 기술이다. 최근 VR 게임장 등의 보급으로 실생활에서도 상당히 많이 접할 수 있게 되었다. 한편, AR은 현실 공간 위에 가상정보를 덧씌워서 이용자가 인지할 수 있게 하는 기술이다. 전투기의 HUD[17]나 영화 〈마이너리티 리포트〉를 연상하면 된다. MR은

---

14 현실의 특정 환경이나 상황을 컴퓨터 등을 통해 그대로 모방하여 이용자가 마치 실제로 주변 상황이나 환경과 상호 작용하는 것처럼 만드는 컴퓨터 그래픽 기법을 말한다.

15 가상현실의 한 분야로서 실제 환경에 가상의 사물과 정보를 합성하여 마치 원래 환경에 존재하는 것처럼 보여주는 컴퓨터 그래픽 기법을 말한다.

16 VR과 AR을 활용하여 가상과 실제를 결합하는 형식을 말한다.

17 Head Up Display. 조종사가 별도의 조작이나 시선 이동 없이도 비행 및 전투를 수행할 수 있도록 비행기의 정면 유리판에 계기판과 전투 상황 화면 등을 투사하여 비행 관련 각종 정보를 제공할 뿐만 아니라 적 목표물을 표시하고 조준 및 무장 발사까지 도와주는 디스플레이 방식이다.

마이크로소프트(MS)의 홀로렌즈와 같이 인간의 눈으로 직접 영상을 보는 동시에 현실과 정보 공간을 연결하여 시청각 정보도 함께 제공하는 것을 말한다.

[그림 1-1] 특수 고글을 쓰고 가상현실 게임을 즐기는 사람 (출처: 픽사베이)

[그림 1-2] 증강현실로 여는 즐거운 세상 (출처: 한국전자통신연구원)

SD에서 HD로 화질을 개선하려면 전송해야 하는 영상 신호가 그만큼 더 많이 늘어나야 한다. 마찬가지로 실감화를 위해서도 픽셀 신호와 데이터 등 대용량의 영상 신호가 필요하다. 게다가 VR이나 AR은 영상 신호 자체가 대용량이기도 하지만, 현실성을 제공하려면 인간의 동작이나 시선에 실시간으로 반응해서 대용량의 영상 신호를 전송하는 기술이 필수적이다. 5G는 대용량 전송과 초저지연 기술로 완벽한 실감에 가까운 대용량 영상 신호를 보낼 수 있다. 이를 통해 인간의 시선이나 동작, 실제 환경의 변화에 즉각적으로 반응하는 완전한 VR/AR 기술의 구현이 가능해진다. 따라서 5G 환경에서는 UHD 미디어 콘텐츠와 같은 초고해상도 시청각 콘텐츠는 물론 VR/AR과 같은 기술도 손쉽게 이용할 수 있게 된다.

5G 시대의 초실감형 미디어

5G 시대의 미디어는 기존의 사각 평면 스크린에 투영하는 미디어 형식에서 나아가 초실감형 미디어 형식으로 보급될 전망이다. 즉, 물리적·기술적으로 초현실화가 가능해지고, 세상을 보는 창은 궁극적으로 현실과 몰입을 극대화하는 방향으로 진화하는 것이다.

이는 미디어의 이용 형식에도 큰 변화를 가져온다. VR/AR은 이용자가 고정 공간에 단순히 앉아서 고착 형태로 즐기는 것이 아니라 실제로 행동하며 즐기는 형식이다. 관심의 몰입뿐만 아니라 물리적 몰입까지 이루어지는 미디어 이용 방식이다. 직접 경험을 통해 이용자의 효용을 충족하게 하는 미디어의 특성상 체험형·몰입형·초실감

이용은 그만큼 효용의 가치를 크게 높일 수 있으며, 향후 이러한 방식의 미디어 이용은 증가할 것으로 보인다.

미디어는 단순히 보고 즐기는 것에서 나아가 교육이나 산업 현장 등에서도 다양하게 활용할 수 있다. 예를 들어 위험도가 높은 업무의 훈련 시 안전하게 반복 학습을 할 수 있으며, 체험형 교육에 활용하여 교육의 효과를 높일 수도 있다. VR/AR이 창출할 수 있는 새로운 미디어 산업이나 영역은 게임, 엔터테인먼트, 스포츠, 교육, 연구개발, 다큐멘터리 등 매우 다양하다.

이렇듯 5G는 새로운 미디어 산업의 창출과 활성화를 이루는 기반으로 작용하고 있다. 5G는 초실감형 미디어를 활성화하는 인프라 및 기술을 제공함으로써 다양한 초실감 콘텐츠의 이용을 촉진할 뿐만 아니라 산업이나 교육 현장에도 더 많이 활용될 것으로 전망한다.

생산성과 성장의 격차 확대, 초격차 05

지난 20세기 후반부터 정보는 경쟁력의 원천이 되었다. 정보 접근성에 따라 인식이나 문화의 차이가 발생하고, 그 차이가 사회적 갈등을 일으키기도 하였다. 정보화 시대에 가장 중요한 생산 요소로 떠오른 정보의 접근성 차이가 불평등의 원인이 된 것이다. 이렇게 발생한 불평등은 개인 또는 집단 간의 격차를 벌렸고, 아예 구조적으로 고착화하는 현상마저 나타났다.

5G 환경에서는 정보 격차가 더 커질 수도 있다. 5G의 기술적 혜택을 누리려면 경제력이 뒷받침되어야 하기 때문이다. 정보에 접근하고 성과 창출에 활용하려면 기술 친화적 접근성이 마련되어야 한다. 하지만 매년 출시되는 스마트폰 등 첨단 기기의 가격이 천정부지로 뛰어오르는 것을 봐도 접근성의 격차를 줄이기는 쉽지 않아 보인다.

초연결의 5G 기술은 개인과 개별 기업의 경쟁력 제고에 기여할 뿐만 아니라 사회적 갈등을 줄이는 수단으로 삼을 수도 있다. 국가 정책 과제로 5G 보급과 이용자의 사회적 참여를 고민해야 한다. 정보 격차를 줄이고 정보 복지를 보장할 수 있다면 민주주의의 발전을 비롯한 정치와 시민사회의 건강성 회복도 기대할 수 있다. 단순히 기술적 혜택의 격차로만 봐서는 안 되는 이유이다.

5G 시대는 정보 격차를 줄일 수 있을까

만약 A라는 사람은 초고속, 초저지연의 5G 서비스를 업무나 생활에 활발하게 이용하고, B라는 사람은 5G 서비스를 이용하지 못하고 3G나 4G 서비스를 이용하고 있다고 치자. A와 B 중에서 누가 더 자신에게 필요한 정보나 서비스를 잘 수집해서 이용할 수 있고, 누가 더 생산성이 높을까? 직관적으로 봐도 A가 B보다 훨씬 더 정보력이나 생산성이 높다고 판단할 수 있다. 문제는 A와 B의 이러한 격차를 어떻게 바라보고, 어떻게 극복할지에 관한 논의이다.

전술한 바와 같이 정보 격차(digital divide)는 일반적으로 지식과 정보에 대한 접근성이 경제적 계층별, 성별, 연령별로 불균등하게 나타나는 현상을 말한다. 당연하겠지만, 정보 기술 및 미디어의 발전에 따라 정보 격차의 의미는 역동적으로 변해왔다. 이에 관한 초기 논의는 지식 격차 가설이라고 하는데, 이는 미디어에 의한 정보 유입이 증가할수록 지식의 격차가 늘어난다는 내용이다. 이후 인터넷이 등장함에 따라 기존 미디어뿐 아니라 인터넷 이용과 관련된 정보와 기술에 대한 접근도 정보 격차의 요소에 포함되었고, 스마트폰의 도입·확산에 따라 정보 격차의 수준 및 유형은 더욱 다양해지고 있다.

일반적인 정보 격차 개념은 정보 기술과 매체 등 커뮤니케이션 기술에의 접근과 더불어 정보 활용과 부가가치 생산 과정까지 포함한다. 초기에 정보 격차 개념은 단순히 물리적 접근을 의미하는 경우가 많았으나, 접근에 대한 격차가 줄어들면서 정보의 이용 및 활용에 대한 격차가 더욱 중요해지고 있다. 특히 4차 산업혁명으로 지능정보사회가 심화하면서 단순한 정보 습득보다 이용 및 활용의 중요성이 더욱 증대하였다. 또한 디지털화의 진전에 따라 심화하는 정보 격차를 '디지털 격차(digital divide)'라고 정의를 내리기도 한다. 디지털 격차는 가상공간에서 사회적 분할을 뜻한다고 볼 수 있다.

정보 격차는 커뮤니케이션 테크놀로지의 접근성과 관련한 '접근 격차', 이용과 관련한 '이용 격차', 성과와 관련한 '성과 격차' 등으로 구분할 수 있다. 우선 접근 격차는 TV, PC, 인터넷, 스마트폰 등 커뮤니케이션 테크놀로지에 접근할 가능성에 따른 격차이다. 이용 격차는 각종 단말기 및 서비스에 대한 직접적 이용에 따른 것이다. 매체 이용료나 서비스 종류 등과도 관련이 깊다. 성과 격차는 미디어에 접근하고 이용하는 성과의 차이를 뜻한다. 개인적 만족감이나 업무 활용 능력 등이라고 보면 된다. 성과 격차에는 '활용'이라는 개념이 중요한데, '접근'이라는 개념보다 훨씬 포괄적인 의미를 담고 있다. 양적·질적 활용 수준과 역량을 모두 포함하는 개념이다.

5G 시대의 정보 복지 구현을 위해서는 우선 정보 격차는 왜 발생하는지, 그리고 정보 격차의 발생은 필연적인지 등을 살펴봐야 한다.

초기에는 정보 격차의 핵심적인 원인으로 정보 및 미디어 기술에 대한 접근성을 주로 꼽았다. 이러한 관점은 정보 격차를 정보 기술에 대한 '불평등한 접근(unequal access)', 즉 접근 격차로 간주한다. 이와 같은 물리적 접근성은 주로 소득 수준의 차이에 따라 발생한다.

그러나 정보 및 미디어 기술에 대한 물리적 접근성은 시간이 지나면서 인터넷, 스마트폰 등의 보편적 사용을 계기로 점차 극복되는 양상을 보였다. 또한 접근성을 강조하는 시각은 정보 격차라는 개념이 지닌 '다차원성'을 간과할 수 있다. 정보 격차 해소를 정보 기술에 대한 접근성 제공으로만 축소하는 한계가 있다.

정보 격차의 원인을 다른 각도에서 바라보는 시각도 존재한다. 접근의 문제가 아니라 '이용능력(skill)'의 차이로 보는 관점이다. 여기서는 정보 격차의 원인을 주로 사회적·교육적 학습의 관점에서 접근한다. 이용자가 처한 사회적 환경이나 교육 수준에 따라 미디어를 이용하는 수준이 달라지고, 이에 따라 정보 격차가 발생한다고 보는 시각이라고 할 수 있다.

접근과 이용을 넘어 개인이 삶의 질을 높이기 위한 만족도 수준이나 업무 성과 수준에서 차이가 발생한다는 주장도 있다. 이런 소위 '활용 능력 격차'는 성별, 연령, 소득, 교육 수준 등과 같은 특정 원인으로 귀결할 수 없는 복합적 원인에 의해 발생한다는 것이다.

5G는 기존의 단순 모바일 서비스에 국한하는 것이 아니라 전 영역에서 활용할 수 있으며 혁신의 동력이 될 것으로 전망한다. 따라서 5G 시대의 정보 격차는 기존 정보 격차와는 다른 복합적 원인에서

5G 초연결사회, 완전히 새로운 미래가 온다

발생하고, 전방위적으로 영향을 미칠 수 있다. 자칫 국민의 정보 복지, 디지털 복지를 저해할 수도 있기 때문에 진지하고 신중한 대응이 필요하다.

이제는 정보 복지의 시대가 열려야

5G의 기술적 특성과 가용 서비스가 크게 확대되면서 이용자의 연결성은 심화하고 정보 습득은 용이해졌다. 사회적 활용과 정치 참여가 활발해지면 역으로 5G에서 소외된 이들은 더 큰 정보 격차를 겪고 심지어 배제될 수도 있다. 기존 정보통신이나 미디어 관련 단말기, 서비스보다 가격 및 이용료가 훨씬 더 높아질 수 있기 때문이다. 접근 격차가 다른 정보통신 서비스나 미디어보다 격차가 더 벌어질 가능성도 있다.

5G 시대의 정보 격차로 인해 우려되는 가장 큰 부작용은 정보에 관한 불균등성과 불평등성의 확대이다. 전술한 바와 같이 스마트폰, 나아가 5G의 주된 기능은 커뮤니케이션뿐만 아니라 다양한 서비스와 미디어를 통해 정보를 습득하는 데 있다. 이러한 상황에서 소외된 이용자 계층은 자연스럽게 정보에서도 배제될 것이다. 따라서 5G 시대에는 정보 복지 차원에서 격차를 해소하고 정보에 평등한 접근을 보장할 수 있도록 기존보다 제도적 장치를 더욱더 꼼꼼하게 마련해야 할 것이다.

4G 도입 이후 SNS가 보편적으로 확산하면서 정치 참여의 수단인 공론장으로 기능하기 시작하였다. 이와 같은 상황에서 소외된다는 것은 정치 참여의 장에서 주도적 역할을 수행하기 어렵다는 의미이다. 정치 참여는 민주사회에서 시민이 행사할 기본 권리로 정치적 공론장에서의 소외는 시민권 자체의 위기로 작용할 우려가 있다. 따라서 5G 시대에서도 이용자든 비이용자든 공론장에서 활발한 토론 기회를 제공해야 한다. 특히 5G가 보편적 서비스 대상이 아닌 초기 단계에서는 보편적 접근권 보장이 어렵다면 비이용자의 여건을 다른 방식으로 개선하여 5G 환경에서 소외되지 않도록 해야 한다.

앞서 언급한 바와 같이 4차 산업혁명 시대는 ICT를 기반으로 하는 지능정보사회이다. 포용적이고 지속 가능한 성장을 목표로 지능정보사회를 구현하려면 정보 격차 해소가 필수적이다. 특히 승자 독식이 아닌 모두가 조화롭게 균형을 이루는 것이 중요한 정보 생태계 내에서는 정보 격차 해소를 위한 노력이 반드시 수반되어야 한다.

2019년 4월 정부는 이와 같은 맥락에서 5G 시대의 정책 과제 중 하나로 디지털 격차 해소 및 이용자 보호 방안을 마련하였다. 구체적으로는 첫째, 지능정보사회에서 정보 접근성 보장을 확대하고, 둘째, 취약계층의 모바일 및 지능정보 서비스 활용 교육을 강화하며, 셋째, 5G 시대의 새로운 이용자 피해 방지 및 권리 강화와 개인정보 보호를 위한 노력을 천명하였다.

생산성과 성장의 초격차 시대, 5G는 선택이 아니라 필수다

개인의 정보 격차 문제는 개인의 생산성과 정보 복지에 부정적 영향을 미칠 수밖에 없다. 5G 시대의 정보 격차 문제는 개인적 문제 외에 거시적으로 기업이나 국가의 생산성 격차, 나아가 성장 격차 문제까지 확장될 수 있다. 미국은 1990년대 초중반부터 2000년대 초반까지 약 10년간 전례 없이 지속적인 생산성 향상과 낮은 물가상승률, 그리고 높은 GDP 성장률을 보였다.[18] 우리나라 역시 1999년부터 2000년대 중반까지 이러한 현상을 경험한 바 있다.

전통경제학에서는 인플레와 실업률은 상충 관계이며, 높은 경제성장은 필연적으로 인플레를 수반한다고 본다. 그래서 인플레 없이 높은 경제 성장이 지속해서 나타나는 현상을 '신경제 현상'이라고 한다. 신경제 현상의 핵심은 정보통신 및 관련 부문에 투자 확대가 더 높은 수준의 생산성 향상 효과를 야기한다는 것이다. 즉, ICT 부문에 투자 증대가 자본장치율(capital equipment ratio)[19]과 노동생산성의 동시 성장을 촉진한다는 의미이다. 신경제 현상은 인터넷의 빠른 확산과 디지털 경제의 등장으로 경제 구조의 패러다임을 아예 바꾸어버린다. 신경제 현상의 메커니즘은 ICT 발전과 투자 확대가 네트워크 외부성

---

18 1996년부터 9·11 테러가 있었던 2001년까지 미국은 평균 약 4.1%의 높은 GDP 성장률을 보인 반면, 물가상승률은 2.5%에 불과하였고, 실업률은 1996년 5.4%에서 2000년 4.0%까지 하락하였다.

19 자본장치율 또는 자본비율은 노동자 1인당 자본설비액(유형고정자산)을 말하며, 노동력 대비 얼마나 많은 자본설비를 투자 또는 설치했는지를 나타내는 지표이다. 대개 자본 집약적 산업일수록 자본장치율이 높게 나타난다.

을 높임과 동시에 규모의 경제 효과가 발생하고, 자본장치율의 증가와 결합하여 총요소생산성, 나아가 노동생산성을 높이는 형태로 나타난다.

너무나도 당연한 이야기이지만, ICT가 발전하고 이를 적극적으로 산업과 경제에서 수용하여 투자를 늘리고 이에 따른 디지털 경제를 활성화하면, 투자 촉진에 따른 성장은 물론 전체 경제의 생산성이 크게 향상한다. 마치 개인이 계산기로 업무를 볼 때와 고사양 PC 및 초고속 인터넷을 활용해서 업무를 볼 때의 생산성 격차가 현저히 큰 것과 동일한 이치이다. 경제학자들은 신경제 현상을 설명하면서 ICT 투자 및 활용 확대는 총요소생산성을 향상하여 전체 경제의 생산성 향상과 성장을 견인할 수 있다고 결론을 내린다. 우리나라도 ICT 투자 확대와 확산을 통해 세계 일등 국가로 발돋움한 2000년대 초중반에 실제로 ICT 산업을 중심으로 노동생산성을 향상하고, 이를 바탕으로 한 국가경제의 건전한 성장을 경험한 바 있다.

5G 시대에는 2000년대 초반의 신경제 양상을 넘어 5G에 대한 투자나 확산, 활성화 여부가 생산성 및 경제 성장에 더 큰 영향을 미칠 것으로 전망한다. 5G는 ICT 산업 외의 다양한 영역이나 산업과 융합하여 타 산업의 생산성에도 영향을 줄 수 있기 때문이다. 예를 들어 5G IoT 기반의 스마트팩토리는 전통적인 단순 생산설비나 생산공정보다 더욱 효율적인 생산이 가능하다. 실시간으로 생산 최적화를 달성할 수 있기 때문에 생산성 역시 높아진다. 그래서 스마트팩토리를 도입하지 않은 공장이나 생산설비, 나아가 기업과의 경쟁에서도 월등

히 유리하고 성과도 높아진다. 결국 5G의 확산과 융합, 활성화 여부에 따라 생산성 격차는 심화할 수밖에 없다.

경제 성장론 관점에서 보면 생산성 격차는 성장 격차를 유발하고, 5G와 같은 연결성 심화 등에 따른 총요소생산성의 향상이 이루어져야 전체 경제의 건강한 성장을 달성할 수 있다. 다른 한편으로 보면 우리가 추구하는 소득주도성장에도 5G의 역할이 크다고 할 수 있다. 5G 투자 및 확산, 융합으로 노동생산성이 좋아지면 실질임금 역시 당연히 높아진다. 따라서 5G를 통한 생산성 향상은 국가경제의 건강한 성장과 국민의 소득 수준 향상에도 기여할 수 있을 것이다.

가보지 않은 미래,
그러나 가야 할 미래 5G 시대

이동통신 기술의 발전

　이동통신 기술을 본격적으로 세대로 구분하고 G(Generation)라는 단어를 붙여 표현하기 시작한 것은 3세대(3G) 이동통신 때부터이다. 초기에 우리나라는 3G를 IMT-2000이라고 칭하였고, 2G는 CDMA 또는 디지털 이동통신이라고 불렀다. 세대라는 표현의 이면에는 이동통신 기술의 진화, 특히 계단식 진화가 지속해서 이루어진다는 의미가 내포되어 있다.

　돌이켜보면 이동통신 서비스 기술은 물론이고 이동통신 단말 기술 역시 세대별로 비약적인 발전을 하였다. 1세대 당시 소위 '벽돌폰'이라고 불렸던 상대적으로 '거대한 크기와 무게'의 핸드폰에서 현재는 PC 성능에 버금가고 고성능 DSLR과 오디오 기능까지 갖춘 손바닥보다 작은 사이즈의 스마트폰으로 발전하였다.

　일반적으로 세대를 나누는 기준은 크게 FDMA, TDMA, CDMA 등

[그림 1-3] 이동통신 단말기의 크기 변화

의 다중접속 방식을 포함한 전송 기술과 전송 속도이다. 이동통신 서비스는 기술 특성에 따라 1세대(1G)부터 최근 상용화한 5세대(5G)까지 발전해왔다.

우리나라에서는 1984년 한국이동통신(SK텔레콤의 전신)이 국내 최초의 이동전화인 카폰(차량용 전화) 서비스를 제공하면서 1세대 이동통신 서비스가 시작되었다. 1세대 이동통신은 사실상 음성통화만 지원하였기 때문에 현재와 같은 SMS(Short Message Service, 단문 메시지 서비스)나 데이터통신 서비스 기능은 전혀 제공하지 못하였다. 그러나 적어도 '이동형 개인통신'이 가능해졌다는 측면에서는 대단한 의미를 갖는다. 1980년대 중반부터 1990년대 중반까지의 이동통신 기술인 이 1세대 이동통신은 고가의 단말기와 높은 요금으로 인해 '부의 상징'으로 인식되면서 크게 확산하지는 못하였다.

우리나라 이동통신 서비스의 비약적 발전은 TDX 전전자교환기와 더불어 국내 기술의 자부심이었던 CDMA 기반 이동통신 서비스를 도입하면서부터이다. 2세대 이동통신 서비스는 여전히 음성통화 중심이었지만, 디지털 전송 방식을 적용함에 따라 제한적으로나마 데이터통신이 가능해졌다. 이에 따라 문자 메시지를 비롯해 다양한 부가 서비스를 제공할 수 있게 되었다.

이후 2003년 12월 SK텔레콤과 KTF가 글로벌 표준인 WCDMA를 기반으로 3세대(3G) 이동통신 서비스의 제공을 시작하였다. 3세대 이동통신 서비스에 이르러서 본격적인 데이터통신이 가능해졌고, 전송 속도가 1.9Mbps(WCDMA 기준)에 달하면서 음성과 더불어 멀티미디어 콘텐츠 다운로드, 영상통화, 메일, 메시지 등의 종합 서비스를 제공할 수 있게 되었다. 즉, 2세대 이동통신 서비스까지는 이동전화가 통신 전용 단말에 국한하였으나, 3세대로 오면서 복합적인 개인 단말로 진화를 시작한 것이다.

이후 3.5세대에 해당하는 HSDPA(고속하향패킷접속) 기술을 도입하면서 상향 5.8Mbps, 하향 14.4Mbps로 고속 데이터통신이 가능해지고 스마트폰이 개발되며 All-IP로 진화하는 기초가 만들어졌다. 특히 2009년부터는 애플의 아이폰으로 대표되는 스마트폰 시대가 열리며 이동통신 서비스의 드라마틱한 변화가 시작되었다. 과거 음성과 SMS, 그리고 일부 제한적인 인터넷 서비스에서 통신은 물론 미디어와 업무 지원 등 사실상 PC-like한 모든 서비스가 가능해진 것이다. 스마트폰 도입 이후 이동통신 기반의 다양한 서비스를 제공할 수 있게 되면서 더욱더 빠른 전송 속도와 처리능력, All-IP를 기반으로 한 이동통신 서비스의 수요는 증가하였다.

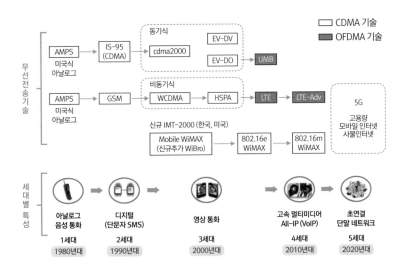

[그림 1-4] 이동통신 기술의 진화 (출처: (구)미래창조과학부(2016))

곧이어 LTE(Long-Term Evolution)로 대표되는 4세대(4G) 이동
통신 서비스가 도입되었다. 우리나라는 2011년 7월 SK텔레콤과 LG
유플러스가 최초로 LTE를 상용화하였고, 이후 2013년 6월 고도화한
LTE-A(Advanced)를 개시하였다. 4G는 최대 1Gbps급의 전송 속도
와 약 10ms 이내의 전송 지연 시간으로 All-IP 기반의 이동통신 서비
스를 제공할 수 있다. 이는 사실상 초고속 유선인터넷과 큰 차이가 없
는 수준으로 이동전화에서 다양한 서비스와 멀티미디어를 이용할 수
있다는 의미이다.

4G 시대에는 스마트폰 중심의 음성통화(IP 기반의 음성통신, mVoIP)
와 다양한 부가 서비스, 그리고 고화질 동영상 등의 미디어 서비스를
단일 스마트폰에서 모두 이용할 수 있게 되었다. 4G 서비스가 갖는

구분	1G	2G	3G	4G	5G
도입 연도	1984	2000	2006	2011	2019
전송 속도	2.4kbps	14.4~64kbps	144kbps~2Mbps	100Mbps~1Gbps	20Gbps
전송 기술	AMPS	CDMA 1X (2000) CDMA 1X EV-DO(2002)	WCDMA (2003) HSDPA (2006)	LTE LTE-A 광대역 LTE-A	5G NR (New Radio)
특징	음성 중심	음성, 단문 데이터	음성, 단문 데이터, 저용량 동영상 음성전화	IP 기반 데이터, 실시간 및 고용량 동영상	초고속 초저지연 초대용량
서비스	음성전화	음성전화 SMS	음성전화 SMS, MMS 동영상	음성전화 SMS, MMS 실시간 및 고품질 동영상 IP 기반 어플리케이션	개인 및 사물 통신 자율주행 자동차 스마트시티 스마트팩토리 스마트 헬스케어 초실감 콘텐츠 등

[표 1-2] 이동통신 기술의 발전 과정 (출처: KT 및 과학기술정보통신부(2019))

중요한 함의는 이동'통신'이 미디어 영역까지 확장해서 모바일 중심의 이용 환경과 생태계 형성을 위한 기술적 환경을 제공하였다는 점이다. 실제로 4G 상용화 이후 국내외 공통으로 TV나 PC 기반의 고정형 미디어의 이용이 급감하고 모바일 기반의 미디어 이용이 급증하였다. 실제로 TV 광고가 모바일 광고로 대체되고, 유튜브 등 모바일 OTT 이용이 보편화하였으며, 단말 산업에서 내비게이션이나 MP3 플레이어 등이 쇠락하는 결정적 계기가 되었다. 2G가 음성통신을 유선에서 무선으로 전환하는 과정을 촉발하였다는 의미를 지닌다면, 4G는 ICT의 핵심 서비스를 모바일 중심으로 변화시켰다는 점에서

5G 초연결사회, 완전히 새로운 미래가 온다

중요한 의의가 있다.

그리고 2019년 4월 3일, 우리나라가 전 세계 최초로 5G를 상용화하면서 4G에서 5G로 진화가 시작되었다. 특히 서비스나 단말 부문에서 한국이 빠르게 글로벌 시장을 선도하고 있고, 장비 시장에서는 삼성과 중국의 화웨이가 치열한 기술 경쟁을 벌이고 있다.

5G는 4G 못지않게 국가경제나 우리나라 국민의 생활에 극적인 변화를 줄 가능성이 매우 크다. 아직은 불확실성이 크다고 하나, 5G가 우리의 미래에 어떤 영향과 충격을 줄지, 그리고 그 범위가 얼마나 월등하게 클지 등에 대해서는 미리 대응하고 선도해나가야 할 필요가 있다.

5G의 의미와 가치

최근 ICT 영역의 트렌드로는 ①예측을 훨씬 뛰어넘는 수준으로 데이터 양(트래픽)의 기하급수적 증가, ②모바일 등 이동형 또는 고정형 단말(인터넷 접속 가능 단말)의 폭발적 증가, ③클라우드 기반 컴퓨팅 확산, ④빅데이터 등 데이터 중심 지식 서비스 증가, ⑤모바일 기반 융·복합 미디어와 서비스 확산 등을 꼽을 수 있다. 이에 대응하여 5G가 갖추어야 할 필수 요구사항을 전제하자면, ①매우 빠른 속도로, ②대량의 단말과 (동시)연결할 수 있고, ③높은 네트워크 및 서비스 신뢰성에 기반하여, ④지연 시간이나 지연율이 극도로 낮고, ⑤이동성과 비용 효율성을 보장해야 한다.

ITU(국제전기통신연합)는 이와 같은 트렌드를 고려하여 5G에 대해 요구사항을 규정하였다. 구체적으로 설명하자면, 5G는 LTE-Advanced, 즉 4G 대비 20배 빠른 20Gbps의 전송 속도와 4G 대비 1/10 수준인 1ms(촉각 수준의 동시 반응 속도)의 초저지연율(ultra low latency)로 4G 대비 10배 이상인 km²당 최대 1백만 개 이상의 기기를 연결할 수 있도록 5G의 네트워크 요구 수준을 정한 것이다.

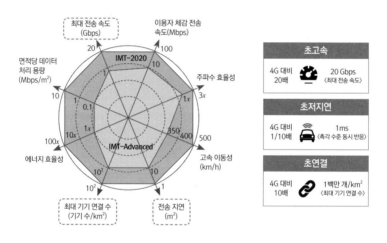

[그림 1-5] 5G 요구사항 (출처: 박용완(2018) 및 과학기술정보통신부(2019))

이와 같은 기술 진보에 따라 5G는 4G의 All-IP를 넘어 전 산업과 단말, 서비스에 새로운 혁신적 변화를 가져올 수 있다. 예를 들어 기존의 4G는 음성 및 SMS, 동영상 미디어, IP 기반 애플리케이션이 중심이었으나, 5G 환경에서는 우리가 일반적으로 이용하는 스마트폰이 UHD와 VR/AR 등 초실감 미디어 기기로 진화하며, 커넥티드카와 자

5G 초연결사회, 완전히 새로운 미래가 온다

율주행도 가능하고, 스마트팩토리와 최적화 생산공정 도입, 드론이나 웨어러블, 로봇 등 새로운 디지털 기기의 도입과 보편적 활용 역시 가능하게 할 수 있다.

5G는 4차 산업혁명 추동을 위한 핵심 전략이자 수단으로 인식되고 있다. 5G는 그 자체로도 새로운 시장과 먹거리를 창출하지만, 4차 산업혁명 시대에서는 모바일 기반의 초연결은 물론 타 산업의 혁신 및 경제 패러다임 변화도 불러일으킨다. 즉, 타 산업과 이용자가 새로운 부가가치를 창출할 수 있다는 점에서 5G의 진정한 의미를 찾을 수 있는 것이다. 정부는 5G를 사람 간의 이동통신을 넘어 모든 사물을 연결하고 산업의 디지털 혁신을 촉발하는 패러다임의 변화 기제, 즉, 게임 체인저(game changer)로 규정하고 있다.

구체적으로 살펴보면 우선 5G는 초연결성을 보장하여 사람 간, 사람과 단말·장비 간, 단말과 단말 간 연결과 이를 통해 생성한 데이터 축적을 가능하게 함으로써 데이터 경제를 활성화한다. 즉, 5G는 데이터의 전송, 축적, 처리의 장애를 제거하여 더 과학적이고 효율적인 최적의 경제활동을 뒷받침한다.

둘째, 5G의 대용량, 초저지연 특성을 이용해서 새로운 산업의 창출 및 융합, 그리고 기존 산업 내에 새로운 혁신 서비스 도입 등을 할 수 있다. 새로운 먹거리를 만들고, 기존 산업의 고도화를 지원한다. 예컨대 초저지연으로 즉시성이 필요한 자율주행 및 커넥티드카의 기술적 가용성을 높이고, 생산공정에서 운용하는 기계나 장비를 사실상 실시간으로 감시 및 통제, 조정을 할 수 있다.

셋째, 공공 서비스 차원에서도 범국가적으로 광역화한 관리 시스템의 운영이 이루어진다. 예를 들어 물류나 교통의 실시간 광역 감시 및 운영이 가능하며, 홍수나 산불과 같은 재난 감시 및 예방 등에도 효과적인 시스템을 구축할 수 있다.

넷째, 교육이나 사회복지 차원에서는 VR 등을 이용해서 원격 가상 체험형 교육을 실현한다. 시공간 제약이 사라져 언제 어디서나 이용할 수 있으므로 효과성 높은 교육과 훈련을 할 수 있다. 한편, UHD와 VR/AR 등 초실감형 미디어를 구현하여 국민의 여가를 더 풍요롭게 하고 새로운 미디어 경험을 제공하여 문화와 관련 산업의 발전을 기대할 수 있다.

5G는 그 자체로 진일보한 새로운 이동통신 기술이라는 가치를 넘어 산업경제는 물론 국민의 삶을 풍요롭게 한다. 5G의 진정한 의미이자 가치는 4차 산업혁명 시대를 맞아 우리가 반드시 도달해야 할 미래로 갈 수 있는 새로운 전기를 마련해준다는 데 있다.

5G 초연결사회, 완전히 새로운 미래가 온다

2

5G가 바꾸는 세상 :
경제·산업 분야의
디지털 대전환

INTRO

온라인 쇼핑은 매우 편리하지만, 실물을 볼 수 없다는 한계가 있다. 특히 옷과 같은 패션 아이템은 사이즈와 디자인, 색상 등이 온라인에서 본 것과 달라 당황스러울 때가 한두 번이 아니다. 그런데 이제는 그 한계를 벗어날 수 있다. 5G의 초고속과 초저지연 기술로 초연결이 가능해져 실물을 직접 보는 듯한 체험을 할 수 있다. 고용량 데이터를 빠른 속도로 불러와 고화질 화면으로 볼 뿐만 아니라 AR과 VR, 홀로그램 등으로 가상 체험까지 할 수 있다. 구매를 결정하면 5G 네트워크로 조종하는 드론이 택배로 배송해준다.

말로만 듣던 4차 산업혁명이 5G 기반의 초기술로 성큼 우리 앞에 다가왔다. 증기기관이 발명된 이후 세계경제는 1차 산업혁명에 들어갔으며, 지금의 4차 산업혁명으로 이어졌다. 오랜 인류사와 경제사를 거쳐 18세기에 시작된 산업혁명의 불씨는 혁신 기술의 등장이었다. 한 세기 가까이 걸린 산업혁명의 주기는 이후 점차 빨라졌다. 속도만 빨라진 것이 아니라 변화 폭도 갈수록 넓어졌다.

5G 초연결사회, 완전히 새로운 미래가 온다

영국의 사학자 아놀드 토인비(Arnold Joseph Toynbee)가 처음 언급한 산업혁명은 그의 말대로 갑자기 격렬하게 일어난 사건이 아니었다. 오랫동안 점진적으로 꾸준히 기술 혁신이 일어나는 과정을 뜻하였다. 하지만 최근 5G 기반의 초연결, 인공지능, 빅데이터, 사물인터넷 등은 단시간에 빅뱅(big-bang)을 일으킬 듯한 기세로 우리에게 다가오는 중이다.

5G 기반의 초기술은 개인의 일상만 바꾸는 데서 그치지 않는다. 자율주행차, 스마트팩토리와 스마트시티 등 산업과 사회 전반의 풍경을 바꾸어놓는다. 5G 기반의 초기술은 '데이터 경제'라는 신조어를 만들어내며 자본주의 경제의 발전 방향을 디지털 경제로 향하게 하였으며, 초연결은 제조와 서비스의 경계를 무너뜨리고 서로 다른 분야의 융합을 이루는 초융합의 경제를 펼쳐놓았다. 자율주행차와 로봇은 초지능이 인간의 판단력과 노동력을 어디까지 대신할지 궁금하게 한다. 유통과 미디어 분야도 초현실 기술을 통한 혁신을 피할 수 없다.

5G 기반의 초기술이 가져올 새로운 시대에는 앞서 1장에서 언급하였던 조지프 슘페터의 '창조적 파괴'가 다시 활발하게 이루어질 전망이다. 5G 초기술의 역동성은 기존 산업과 경제 구조를 창조적으로 허물어뜨리고 새로운 패러다임을 만들고 있다.

초연결, 데이터 경제의
신세계가 열리다

아마존의 창업자 제프 베조스(Jeffrey Preston Bezos)는 "사소한 데이터라도 대량으로 취합하고 분석하면 의미 있는 정보가 될 수 있다"라고 하였다. 그의 창업 아이템은 책이나 그 이후에 내놓은 온갖 상품이 아니라 데이터이다. 작은 온라인 서점에 불과하던 아마존은 현재 삼성전자보다 시가총액에서 월등히 앞선다. 글로벌 시가총액 순위는 애플과 마이크로소프트, 아마존 등 데이터를 다루는 세 기업이 엎치락뒤치락 중이다.

데이터는 석유에 비견할 만큼 중요한 자원으로 떠올랐다. 석유가 없으면 경제는 마비되며, 기업은 회생불능에 빠지고 만다. 이제는 데이터가 기업과 경제의 명줄을 쥐고 있다. 실제로 구글, 아마존 등 디지털 경제의 선두주자들은 데이터를 두고 치열한 경쟁을 벌이고 있으며 데이터를 21세기 경제의 필수 자본이라고 부를 정도이다.

데이터 경제의 주도권 다툼은 마치 춘추전국시대를 떠올리게 한다. 기업뿐만 아니라 국가 간의 경쟁도 치열하다. 5G 스마트폰 출시를 앞두고 삼성전자와 애플, 화웨이 사이에 나타난 치열한 글로벌 경쟁 구도는 단순히 최신 스마트폰 단말기를 선보이는 차원의 문제가 아니다. 한국과 미국, 그리고 중국 사이에 발생한 총성 없는 기술 패권 전쟁이라 보는 편이 맞을 것이다.

데이터가 기업과 국가의 명운을 좌지우지하는 시대가 도래하였다. 경제는 데이터의 가치가 지닌 경쟁력으로 성장 여부를 판단할 수 있을 것이다. 디지털 경제라는 말에 이어 데이터 경제라는 말이 나올 만큼 경제 구조와 비즈니스 모델에 근본적 변화가 일어나고 있다.

부의 원천과 독점, 데이터 전쟁의 시대

지난 2008년 미국 대통령선거에서는 이변이 일어났다. 세계 최강의 권좌로 꼽히는 미국 대통령 자리는 오랫동안 자국 출신 백인 남성의 전유물로 여겨졌고, 유색인종과 여성은 철저히 배제되었다. 그런데 2008년 선거에서는 유색인종 혼혈이며 미국 본토가 아닌 하와이 출신인 버락 오바마가 대통령에 당선되었다. 2008년의 이변은 우연히 생긴 결과가 아니다. 오바마 진영은 SNS를 활용한 적극적인 소통으로 기존 선거판을 흔들어놓았던 것이다.

더 흥미로운 결과는 2012년 선거에서 나타났다. 빅데이터에 승부를 건 오바마는 데이터로 유권자를 분석하여 선거 캠페인에 활용하였다. 단순하게 찬성과 반대 세력으로만 나누지 않았다. 실제로 투표에 참여할 사람과 조직, 세력 등을 구분하여 지지를 끌어냈다. 오바마가 재선에 성공할 수 있었던 비결은 바로 데이터였다.

이처럼 데이터의 위력은 경제나 사회뿐만 아니라 정치 권력을 창출하는 데까지 미치고 있고, 그 영향력은 갈수록 커지는 중이다. 그래서 미국과 일본, 유럽연합은 벌써 국가 차원의 데이터 전략을 추진하고 있다. 우리나라도 예외는 아니다. 글로벌 컨설팅 회사 맥킨지&컴퍼니는 한국이 빅데이터를 제대로 도입하면 10조 원이 넘는 정부 지출을 줄일 수 있다는 분석을 내놓았다. 데이터가 돈이 되고 권력을 만드는 데이터 경제 시대이다.

'데이터 경제(Data Economy)'라는 용어는 2011년에 등장했는데, IT 컨설팅 회사 가트너의 데이비드 뉴먼(David Newman)이 회사 보고서에 이 용어를 처음 사용하였다.[1] IT 관련 디지털 분야에서나 주목을 받던 데이터가 지금은 전 산업 분야에서 촉매제 역할을 하고 있다. 이제 데이터는 단순히 자료가 아니라 비즈니스 기회를 잡고 성공을 거둘 수 있는 전략적 자산이다.

5G의 등장은 전략적 자산인 데이터를 실시간으로 공유할 수 있게 해줌으로서 데이터 경제에 날개를 달아줄 것이다. 엄청난 속도로 폭발적인 생산력을 보여주는 빅데이터는 초고속과 초연결, 그리고 눈 깜짝할 사이에 이뤄지는 초저지연의 5G 기술을 통해 거침없이 이동한다. 좀 더 기술이 안정화되면 빅테이터는 네트워크를 빛의 속도로 오가며 경제 환경을 바꾸어놓을 것이다.

---

1 'How to Plan, Participate and Prosper in the Data Economy', Gartner, 2011

5G 초연결사회, 완전히 새로운 미래가 온다

실시간으로 데이터가 움직이니 인공지능과 사물인터넷의 진화 속도도 점점 빨라진다. 주변에서 흔히 볼 수 있는 인공지능 스피커만 해도 갈수록 진화하고 있다. 예전에는 음성 입력에 기계적으로 반응하는 정도가 전부였다. 그마저도 정확하게 인식이 안 되어 답답함에 가슴을 칠 때가 한두 번이 아니었다. 그런데 지금은 스피커와 이야기를 나누는 수준에 이르렀다. 빅데이터와 0.001초라는 응답시간이 가져다준 변화이다. 로봇도 영화 속에서 보았던 존재가 아니다. 누군가 조종하지 않고도 스스로 움직이는 로봇이 이곳저곳을 다니며 실시간으로 대용량 데이터를 수집한다. 이미 2017년에 인천공항에서 안내 로봇 '클로이'가 자율주행으로 자신의 능력을 보여줬다. 실시간으로 빅데이터를 활용하니 딥러닝이 활발하게 이루어진다.

데이터 발생의 가장 큰 원천이자 데이터 경제의 선두주자는 글로벌 인터넷 기업들이다. 초창기에는 그저 여러 검색엔진 업체 중 하나에 불과하였던 구글은 인터넷 기업의 최강자가 된 이후부터 데이터 경제의 선두주자로 나섰다. 검색창 하나만 띄워놓은 구글의 시작 화면은 여전히 단출하다. 그러나 무심할 만큼 썰렁한 웹페이지 뒤에는 상상할 수 없을 만큼 방대한 양의 데이터가 쌓여 있다. 웹뿐만 아니라 모바일 시장에서도 패권을 거머쥔 구글의 데이터 관련 행보는 거침없다. 웹 검색과 안드로이드 운영체제는 데이터를 끌어모으는 쌍끌이인 셈이다. 검색을 내세워 데이터를 모으더니 이제는 스마트폰의 사용자 패턴까지 수집한다.

구글의 데이터 모으기는 갈수록 빨라지고 그 양도 늘어난다. 얼마 전까지만 해도 300만 마일 분량의 자율주행 데이터를 축적하는 데 대략 7년이 좀 넘게 걸렸지만, 이제는 6개월이면 충분하다. 이 속도와 양은 앞으로 더 빨라지고 늘어날 것이다. 구글은 아직도 '검색'을 내세운다. 2018년 창업 20주년을 맞이하여 내놓은 슬로건이 'Evolution of Search(검색의 진화)'이다. 구글이 검색의 진화를 부르짖은 것이 단순히 초심을 잃지 말자는 뜻은 아닌 듯하다. 데이터 생태계를 확고하게 구축하려는 의지의 표현이 아닐까 싶다.

세계 최대 인터넷 쇼핑몰 기업인 아마존도 기지개를 켜고 있다. 아직도 검색 광고 시장 대부분은 구글이 차지하고 있지만, 아마존이 그 시장을 야금야금 파먹는 중이다. 아마존이 검색 광고 시장에서 만만치 않은 이유는 수준 높은 데이터 때문이다. 실제로 판매 비즈니스를 하는 아마존은 가장 순도 높은 관련 데이터를 보유하고 있다. 광고의 목적은 판매인데, 아마존은 실제 광고를 통해 얼마나 구매가 이뤄졌는지 실시간으로 알 수 있다. 게다가 아마존 이용자들의 구매력과 충성도는 상당히 높은 편이다.

페이스북의 기세도 만만치 않다. 페이스북의 데이터 확보는 정부 당국의 경고를 받을 정도로 공격적이다. 페이스북은 사용자가 구글에서 검색한 이력마저도 수집한다. 그 데이터를 페이스북뿐만 아니라 인스타그램이나 왓츠앱(WhatsApp)[2] 등 자사의 다른 플랫폼에서도 맞춤형 광고로 활용한다. 오죽하면 독일이 이러한 행위를 '데이터 독점'

---

2 전 세계에서, 특히 유럽과 남미 전역에서 가장 많이 사용하는 모바일 인스턴트 메시지 애플리케이션이다. 2014년 2월 페이스북이 약 190억 달러라는 높은 금액에 인수하였다.

이라고 경고하며 조사에 나섰을까 싶다.[3]

글로벌 인터넷 기업들의 확장은 비즈니스 경계선을 허물어버린다. 이 기업들은 그동안 통신 네트워크를 거의 공짜로 쓰면서 돈만 벌어간다고 손가락질을 받았다. 하지만 이제는 다르다. 구글은 이미 300억 달러 이상을 대륙을 오가는 대규모 망 투자에 쏟아부었다. 페이스북도 스웨덴에 데이터센터를 구축하였다. 구글과 함께 아시아에 해저 케이블을 놓더니, 이제는 아프리카대륙을 넘보고 있다. 마이크로소프트는 태평양 횡단 광케이블을 장기 임대하였고, 아예 새로운 광케이블 구축에 나섰다.

중국의 화웨이도 망 구축에 나섰다. 이러한 움직임은 세계 패권 국가인 미국의 심기를 건드렸다. 미국의 화웨이에 대한 제재는 중국과 벌이는 5G 패권 다툼으로 번졌다. 미국과 중국 간 무역 전쟁의 트리거(trigger)는 화웨이 장비의 보안 문제였다. 하지만 미국의 속내는 5G 관련 특허를 가장 많이 보유한 화웨이의 싹을 자르겠다는 의도라고 볼 수 있다. 사실상 미래의 기술 패권 전쟁을 벌이고 있기에 미국과 중국 둘 다 한 발짝도 물러서지 않고 있다.

망 사업은 전통적으로 이동통신사의 몫이었다. 하지만 지금은 글로벌 인터넷 기업이자 플랫폼 사업자들이 직접 팔을 걷어붙이고 나서서 네트워크 통제권을 장악하려고 한다. 여기에 각국 정부가 자국 사업자들의 지원자이자 보호자로 전면에 나서고 있다. 5G 시대에 필요한

---

3 독일의 연방카르텔청은 페이스북의 과도한 사용자 정보 수집과 활용을 경고하고, 독점 기업으로서 경쟁법을 준수하지 않은 데 대해 벌금을 부과하였다. 유럽연합은 아마존이 직접 판매와 플랫폼 비즈니스를 동시에 하는 것을 불법적 계약으로 간주하고 조사할 예정이다.

데이터의 특성, 즉 크기(Volume), 속도(Velocity), 다양성(Variety) 등 '3V'를 갖춘 빅데이터를 두고 벌이는 경쟁에서 주도권을 놓지 않겠다는 속내를 노골적으로 드러내고 있다.

데이터를 둘러싼 경쟁은 이미 과열 수준을 넘어섰다. 방송통신위원회는 한국언론정보학회와 함께 '글로벌 기업의 데이터 독점 관련 이슈와 대응방안'이라는 정책 연구를 수행한 바 있다. 방통위와 연구를 수행한 학자들은 구글, 페이스북 등 거대 글로벌 인터넷 기업의 데이터 독점이 심각한 수준이라는 데 전적으로 동의하였다. 국내의 스타트업이나 새로운 비즈니스 창출이 자칫하면 큰 나무 그늘에 가린 새싹이 되어 미처 자라기도 전에 고사할지도 모른다는 걱정과 그 대응방안에 대한 고심이 컸다. 이것은 결코 지나친 우려가 아니다. 우리가 당면한 차가운 현실이다.

디지털 트윈, 현실과 같은 가상으로 실패를 줄인다

누구나 실패를 두려워한다. 막대한 투자를 앞둔 기업은 더욱더 그렇다. 그런데 초연결의 5G 시대에서는 실패 확률을 대폭 줄일 수 있을지도 모른다. 디지털 트윈(Digital Twin) 기술 덕분이다. 핀란드의 풍력발전회사 악틱윈드(Arctic Wind)는 정기점검에 따른 비용과 안정성 문제로 골머리를 앓았다. 그러나 지금은 디지털 트윈 기술을 이용하여 리스크 요인을 측정하고 실시간 모니터링을 한다. 이렇게 모은 데이터로 문제 발생을 예측하고, 한발 앞서 정비한다. 이제 소 잃고 외양간 고치는 일은 없다.

디지털 트윈은 미국의 제너럴 일렉트릭(General Electric, 이하 GE)에서 가장 먼저 사용한 말이다. 트윈, 즉 쌍둥이처럼 현실 세계의 특정 대상을 가상현실에 똑같이 만든다는 의미이다. 똑같은 모델을 가상공간에 만들어놓고 분석하니 그 결과와 혹여 생길지도 모를 오류를 사전에 파악할 수 있어 다양한 곳에 활용이 가능하다. GE는 항공기 엔진 수리에 이 디지털 트윈 기술을 도입하였다. 항공기 운항 관련 데이터를 수집하여 미리 유지보수 사안을 예측한다. 효율성과 안정성, 비용 절감 등 기업이 원하는 바를 충족하기에 모자람이 없다.

우리나라도 디지털 트윈을 중요한 미래 기술로 여긴다. 2018년 12월 국토교통부는 스마트시티 시범도시 시행 계획을 발표하였다. 약 265억 원의 예산을 투입하는데, 그중 50억 원을 디지털 트윈에 배정하였다. 거의 20%에 해당하는 규모이다. 이만한 돈을 들이는 데는 이유가 있다. 가상공간이라서 물리적 제약이나 실패 위험 없이 다양한 프로젝트를 진행할 수 있다. 큰 도시에서 벌이는 사업의 실패 리스크를 생각하면 아주 효율적인 기회비용인 셈이다.

앞으로 일어날 일이나 위기를 예측하려는 움직임은 과거에도 있었다. 프라모델과 같은 실물에 가까운 목업(mock up)을 제작하거나 캐드(CAD) 같은 시뮬레이션 프로그램을 이용하였다. 그러나 디지털 트윈은 모형 만들기에 그치지 않고, 디지털 시뮬레이션을 통해 실제로 발생할 수 있는 변수를 적용한다. 미국의 나사(NASA)는 우주 캡슐의 실물 모형에 이 기술을 활용한다. 디지털 시뮬레이션으로 온갖 변수와 만일의 상황을 예측하고 대응하는 매뉴얼을 만든다.

디지털 트윈에는 다양한 변수를 수집할 수 있는 센서가 필요하다. 이 센서로 수집한 복잡하고 수많은 데이터는 실시간으로 끊김 없이 전달되어야 한다. 사람이 갑자기 바뀐 환경에 적응할 때 온몸이 예민하게 반응하는 것과 같다. 몸이 아프면 아프다고 신호를 보내고, 그 신호에 따라 몸에 보충할 것을 찾는다. 수많은 사물인터넷 센서도 마찬가지로 지금 당장 바뀐 변수를 실시간 데이터로 주고받는다.

빅데이터 수집을 통한 예측은 사람의 몸에도 적용할 수 있다. 물리적 시스템을 가상으로 만드는 디지털 트윈 기술을 병원의 진료 시스템에 적용하면 노화와 질병 등 앞으로 생길지도 모를 수많은 변수에 대응할 수 있다. 요즘은 종합검진을 받으러 병원에 가면 혈액 검사부터 초음파 검사, CT, MRI 등으로 다양한 생체 정보를 수집한다. 이를 토대로 인공지능을 활용하여 생활습관에서부터 건강 관련 데이터, 유전자 정보 등 온갖 바이오 빅데이터를 모은다. 이 데이터로 영화 〈아바타〉처럼 자신의 가상 쌍둥이를 만들어놓고 관찰할 수도 있고, 실시간으로 수집하는 바이오 데이터를 모니터링하여 질병도 예측할 수 있다. 어디가 아픈지, 혹은 아플지 알 수 있다니 얼마나 놀라운가.

지난 2013년 1월, 미국에서 한겨울 독감으로 100명이 넘는 사망자가 발생하자 보건당국은 서둘러 독감주의보를 발령하였다. 그런데 구글은 그보다 2주 전에 벌써 독감 위험을 알렸다. 구글의 플루 트렌즈(Flu Trends)라는 독감 예측 시스템이 작동한 것이었다. 당시 구글은 독감 관련 검색어를 지정해서 데이터를 모으고 검색자 수, 지역 등을 분석하였다. 이렇게 얻은 빅데이터로 독감 예상 환자 수와 지역, 위험지수 등을 정보로 제공하였다. 비록 그 이후에 오류를 일으켜 사라졌지만, 보건당국보다 2주나 빨리 위험을 예측하였던 이 바이오 빅데이터는 그 가능성과 긍정적 영향력을 충분히 보여주었다.

인간이 보유한 바이오 빅데이터는 말 그대로 엄청난 데이터이다. 한 명에게서 얻을 수 있는 바이오 빅데이터의 규모는 약 1,100테라바이트(terabyte)라고 한다. 이 정도의 양은 책으로 치면 3억 권, 영화로 치면 60만 편에 가까운 규모이다. 사람마다 수를 헤아리기 힘들 만큼 많은 자원을 몸에 지닌 셈이다.

이러한 자원을 기업들이 놓칠 리 없다. 바이오 빅데이터 부문에서 가장 유명한 것은 IBM이 세계 최초로 선보인 의료용 인공지능 'IBM 왓슨 포 온콜로지(Watson for Oncology)'이다. 우리나라에서도 길병원과 건양대병원 등이 도입하였다. IBM은 유전자와 관련해서도 'IBM 왓슨 포 지노믹스(Watson for Genomics)'를 내놓았다.

바이오 빅데이터 분야 역시 미국의 글로벌 ICT 기업들이 기존 의료 분야에 앞장서서 주도권을 쥐고 있다. IBM뿐만 아니라 구글도 데이터를 무기 삼아 의료 시장에 진출하였다. 스마트 단말기의 데이터 수집 애플리케이션인 구글핏(Google Fit)을 만들어서 바이오 빅데이터 플랫폼 비즈니스에 뛰어들었다. 구글은 심지어 바이오 빅데이터로 영생을 꿈꾼다. 인간의 수명을 500살까지 늘리겠다는 것이다. 유전자 데이터를 분석하고 나노 로봇을 만들어 치료에 활용하는 등 광범위한 수명 연장 프로젝트를 진행하고 있다. 투자도 1조 원대를 넘길 만큼 바이오 빅데이터에 미래를 걸고 있다.

바이오 빅데이터로 영생을 꿈꾸는 기업은 구글만이 아니다. 페이팔의 피터 틸, 페이스북의 마크 저커버그 등 실리콘밸리의 거물들이 나서고 있다. 노화 방지는 기본이고 수명 연장을 목표로 한다. 러시아의 미디어 재벌 드미트리 이츠코프는 한술 더 떠서 아예 인격을 비생물체, 즉 로봇에 옮겨 불로장생의 염원을 실현하겠다고 한다.

애플도 디지털 헬스 플랫폼을 꾸준히 키우면서 질병, 예방접종, 진단 및 검사 결과, 약물 등의 데이터를 활용한다. 구글도 당뇨 관련 데이터, 류머티즘성 관절염, 루푸스 환자 등의 표본 데이터를 분석한다. 아마존은 온라인 약국 필팩(PillPack)을 인수하여 약품도 직접 판매한다. 이 모두가 의료 관련 데이터를 확보하고 있어서 가능하다. 저마다 다른 개인에게 맞춤형 서비스를 제공할 수 있는 것도 바이오 빅데이터 덕분이다.

바이오 분야는 5G 기반의 디지털 기술을 대부분 활용한다. 빅데이터의 생산과 공유, 개방을 통해 데이터를 개인에게 맞춤형으로 제공한다. 다양하고도 복잡한 생체 정보를 토대로 의료 분야에 지각변동을 일으키는 중이다. 캐나다의 온타리오기술대학병원은 신생아의 몸에 센서를 부착하여 실시간으로 바이오 데이터를 관찰하고 분석한다. 갓 태어난 아이가 제 몸이 아프다고 곧이곧대로 말해줄 리는 없다. 그러나 센서로 수집한 생체신호 등의 데이터는 실시간으로 의료진에게 전달되므로 혹시라도 있을지 모를 위험 상황을 조기에 알아차릴 수 있다.

생명공학과 헬스케어, IT의 융합을 도모하는 바이오 기업들은 초
연결 시대를 맞아 날개를 펴고 있다. 미국과 일본 등은 새로운 환경에
맞춰 관련 규제도 발 빠르게 바꾸는 중이다. 우리나라에서도 바이오
빅데이터가 경제적 관점에서 많은 주목을 받고 있다. 정부는 바이오
헬스 산업을 차세대 주력 산업으로 보고 있다. 2019년 5월 '바이오헬
스 산업 혁신전략'을 발표하고, 2030년까지 제약과 의료기기 분야 세
계 시장 점유율 6%와 500억 달러 수출, 일자리 30만 개 창출 등을 내
세웠다. 미래의 먹거리인 만큼 정부에서도 최대 100만 명 규모의 바
이오 빅데이터 구축을 목표로 하고 있으며, 2025년까지 연구개발에
4조 원이라는 예산을 투입한다고 밝혔다.

의료 관련 정보는 개인정보와 밀접한 관련이 있어서 논란의 여지
가 전혀 없는 부분은 아니다. 그러나 초연결, 4차 산업혁명 등 새로운
패러다임이 등장하고 있는 흐름만큼은 누구도 부정하지 않는다. 이
말은 한 국가의 미래를 두고 고민해야 한다는 뜻이다.

초융합, 경계가 무너지고
편리함이 기준이 되다

아침 출근 시간이나 등교 시간이면 늘 마음이 급하다. 지갑은 챙겼는지, 가방에 책이나 노트북은 제대로 다 들어 있는지 확인한다. 급한 마음에 서두르다 보면 뭔가 하나씩은 빠져 있다. 그런데 점점 출근이나 등교하는 사람들의 차림새가 간편해진다. 스마트 시대에 사는 덕분이다. 스마트폰만 챙기면 외출 준비가 끝난다. 스마트폰으로 모바일 결제가 되니 굳이 지갑을 들고 다닐 필요가 없다. 두꺼운 책과 보고서 파일도 점차 사라지는 추세이다. 가벼운 태블릿PC만 있으면 어디서든 업무를 볼 수 있고, 무슨 일이든 처리할 수 있다.

빅데이터와 인공지능, 사물인터넷 등이 5G와 결합하여 경계를 허물고 있다. 시간과 공간의 제약을 뛰어넘는 개방성은 초융합의 시대를 이끌었고, 초융합의 시대는 자본주의를 구성하는 양대 산업인 제조업과 금융업의 지형도를 송두리째 바꾸고 있다.

제조업에서 가장 눈에 띄는 변화는 스마트팩토리의 등장이다. 초연결과 초융합을 통해 지능적인 자동화와 고도의 효율성을 갖춘 초지능 공장이 탄생한 것이다. 단순히 로봇 팔이나 컴퓨터로 작업을 대체하는 자동화와는 다르다. 스마트팩토리는 자율적으로 데이터를 수집하고 각 공정과 라인의 설비들을 연결하여 가장 최적의 생산 방식을 선택한다. 거대한 거인이 스스로 생각하고 판단하여 물건을 만들어내는 듯하다. 5G 시대의 초융합 트렌드가 바꾸어나갈 제조업의 미래부터 자세히 살펴보자.

디지털 트랜스포메이션, 똑똑한 공장이 산업 지형을 바꾼다

독일의 한 엔지니어링 기업은 매번 불량품을 관리하는 데 애를 먹었다. 부품 100만 개를 만드는 동안 불량품이 500개나 발생하였다. 모든 기업이 그렇듯 한정된 자원으로 생산량을 늘리고 싶었지만, 그만큼 발생하는 불량품은 골칫거리였다. 1만여 개의 원재료로 950가지 제품을 생산하려면 공정이 복잡할 수밖에 없다. 그러니 이 정도 불량은 어쩌면 당연하다고 봐야 할까?

기업은 효율성을 결코 포기할 수 없다. 불량품 발생이 불가피하다면 불량률이라도 낮춰야 한다. 불량을 줄이려고 고민하던 이 기업은 지멘스(SIEMENS)이다. 지멘스는 공장설비에 1,000여 개의 사물인터넷 센서를 달았다. 그 덕분에 불량품이 생기면 생산라인이 즉각 멈춘다. 매일 5천만 건이 넘는 정보를 실시간으로 수집하여 제조공정에 작업 지시를 내린다. 100만 개를 만들 때 발생하던 500개의 불량품은 이제 10개로 확 줄어들었다.

4차 산업혁명에 대응하기 위해 '인더스트리 4.0(Industry 4.0)'을 내세운 독일은 제조업에서 스마트팩토리 강국으로 거듭나고 있다. 스마트팩토리는 기존 공장에 ICT를 결합해서 데이터의 실시간 수집과 작업 명령을 내리는 자동화 공장을 뜻한다. 그동안 부분적으로 로봇 팔이나 자동화 프로그램을 돌리던 공장이 아예 스스로 제조와 생산, 공정관리 등을 도맡아 한다.

포스코 광양제철소도 사물인터넷 센서와 카메라로 데이터를 수집한다. 수백억 개의 데이터가 모이는 이 공장은 '포스프레임(PosFrame)'이라는 플랫폼으로 데이터를 분석한다. 이렇게 모으고 분

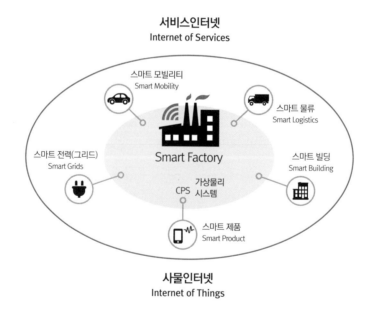

[그림 2-1] Industry 4.0 스마트팩토리 개념도 (출처: Acatech, 2013)

　　　　　　　　5G 초연결사회, 완전히 새로운 미래가 온다

석한 빅데이터는 인공지능을 통해 불량이나 문제 등을 찾아내고 예측한다. 그 결과에 따라 공정을 제어하고 안전관리를 한다. 공장이 마치 유기체처럼 스스로 작동하는 것이다.

완전 자동화는 그동안 제조업에서 꿈꾸던 이상향이다. 소위 '생산의 3요소'라는 노동, 자본, 토지의 개념도 흔들린다. 지난 2016년, 아디다스는 10명의 노동자가 50만 켤레의 운동화를 맞춤 생산하였다. 예전 같으면 마치 〈알라딘〉의 램프 요정 지니가 마술을 부리듯이 상상에서나 이뤄질 법한 일이다. 고작 열 명이 제각각의 운동화를 수십만 켤레나 만들 수 있는 것은 기존 방식과는 확연히 다른 초융합 시대의 디지털 제조 방식 덕분이다. 이렇게 인적 자원을 줄이고 품질관리와 생산 효율성을 극대화하는 스마트팩토리는 산업의 지형을 뒤흔든다.

ICT와 IoT에 이어 AI까지 지금껏 제조업과는 어울리지 않아 보이던 디지털 세례로 제조업은 환골탈태하는 중이다. 이처럼 과거와 전혀 다른 변화를 일반적으로 '트랜스포메이션(전환)'이라고 표현하는데, 디지털을 기반으로 하는 이 초융합 시대의 산업 지형 변화는 '디지털 트랜스포메이션(Digital Transformation)'이라고 부른다.

디지털 트랜스포메이션은 단지 생산 방식의 변화만을 뜻하지 않는다. 조직, 프로세스, 문화, 소통 방식, 시스템 등 모든 것을 확 바꾸어 버리는 변화이다. 제조업의 공정은 생산해서 출하하면 다 끝나는 것이 아니다. 제품의 기획, 생산, 판매에 이어 서비스까지 일원화해야 한다. 기업이 그저 전산화 과정을 이뤘다고 해서 디지털 트랜스포메이션이라 하지 않는다. 장부와 계산기에서 벗어나 ICT와 IoT 등 디지털을 기반으로 생산 방식과 프로세스를 전개해야 진정한 스마트팩토리의 완성이라 할 수 있다.

최근 몇 년 동안 경제활동과 산업 구조, 경영, 노동 등에서 디지털 트랜스포메이션은 피할 수 없는 흐름이 되었다. 이미 소비자들은 디지털에 익숙하다. 실시간으로 오가는 빅데이터에는 소비자의 피드백도 포함된다. SNS에 제품 불량이나 불만 이야기가 끊임없이 시시각각 올라온다. 과거와 다른 개방성으로 생산자와 소비자의 관계는 수평적, 쌍방향으로 바뀌었다.

GE는 '프레딕스 클라우드(Predix Cloud)'라는 플랫폼을 통해 고객과 빅데이터를 공유한다. 그리고 실시간으로 자사의 제품을 모니터링한다. 고객의 요청이 들어오기도 전에 A/S가 이뤄진다. 과거와 다른 방식으로 고객을 생태계 안에 묶어버리는 GE의 플랫폼이야말로 진정한 디지털 트랜스포메이션인 것이다.

기술 진보에 따라 디지털 트랜스포메이션은 곳곳에서 볼 수 있다. 개인의 일상과 경제활동에도 이미 파고들었다. 스타벅스에서 커피를 마시고 싶으면 '사이렌 오더'로 미리 주문한다. 굳이 길고 번잡하게 줄을 서지 않아도 된다. 음식 배달을 주문할 때도 전화번호를 누르기보다 스마트폰 앱을 사용한다. 그동안 주문한 이력과 위치 등을 고려한 맞춤형 서비스까지 받을 수 있다. 대중교통을 이용할 때도 디지털 방식이 익숙해졌다. 길거리에서 발을 동동 구르며 하염없이 택시를 기다리고 있다면, 주위에서 누군가 한심하다는 듯 쳐다보며 카카오택시 앱으로 호출하면 되는데 아직도 그러고 있느냐고 핀잔을 줄지도 모른다.

스마트팩토리를 비롯한 디지털 트랜스포메이션은 국가경제전략을 수립할 때도 중요한 개념으로 자리 잡았다. 독일은 2012년부터 지금의 인더스트리 4.0을 준비하였다. 디지털 기반의 제품 생산과 유통, 비즈니스 모델, 노동 등에 관련 전략을 갖췄다. 중국도 '중국제조 2025(中国制造 2025)'를 선언하였다. 그동안 세계경제 구조에서 하청국의 지위에 머물렀던 중국이 산업 고도화를 통해 제조 강국이 되겠다고 야심차게 나섰다. 일본의 '산업재흥전략(日本再興戦略, JAPAN is BACK)'은 잃어버린 과거의 영광을 다시 살려보겠다는 선언이다. 미국도 오바마 정부 때부터 '미국혁신전략(A Strategy for American Innovation)'을 꾸준히 수립하고 실행하는 중이며,[4] 디지털 매뉴팩처링(Digital Manufacturing)[5]을 내세워 앞으로도 세계경제의 주도권을 놓지 않겠다는 결의를 보여준 바 있다.

전 세계 국가들이 내세우는 미래 청사진은 4차 산업혁명, 초연결, 스마트팩토리 등 디지털 트랜스포메이션을 전제로 한다. 우리 정부도 2014년에 '제조업 혁신 3.0'을 발표하였다. 하지만 5년여가 지난 현재, 이에 대한 평가는 냉정한 편이다. 중국의 급부상과 일본의 자존심

---

4 '미국혁신전략'은 오바마 정부 출범 이후 세 차례에 걸쳐 업데이트하며 꾸준히 시행 중이다. 초반에는 정부가 할 수 있는 핵심 요소 투자와 정책 환경, 중요 부문 혁신을 내세웠다. 이후 초고속 무선통신망 확대, 특허 업무 혁신, 교육 혁신, 청정에너지 전략, 스타트업 투자 확대 등을 추가하였다. 2015년부터는 고용과 경제 성장의 구조 개혁, 혁신국가와 혁신정부 실현 등으로 제조업 혁신 환경을 구축 중이다.

5 디지털 솔루션이나 디지털 플랫폼 등을 이용하여 제품 생산에 최적의 작업 순서와 방법을 정하고, 공정 및 자재 흐름을 제조 전에 가상 시뮬레이션으로 실현 가능성을 검증하는 방식을 말한다. 이를 통해 비용을 절감하고 제품의 품질 향상을 꾀하며 이 과정에서 축적한 데이터를 다시 신제품 개발에 활용하는 일종의 포괄적 프로세스이다.

만회, 미국과 독일의 국가전략 등과 비교해볼 때 우리나라 제조업의 디지털 트랜스포메이션 과정은 더디다는 평가가 지배적이다.[6]

전통적인 강자를 무너뜨리는 가장 좋은 방법은 판을 바꾸는 것이다. 이미 시장의 판은 뒤집혔다. 기업마다 새로운 방식에 적응하고 판을 주도해야 하는 상황에 놓였다. 정부도 발걸음이 바쁘다. 개별 기업의 경영 과제로 보지 않고 국가적 전략으로 바라봐야 한다. 체질을 바꿔야 살아남는다는 절박함이 필요하다.

중국이 주도하는 금융 생태계의 변화

중국에서는 한 편의 동영상 때문에 한동안 난리가 난 적이 있다. 어떤 할머니가 휴대폰 매장 앞에서 돈을 들고 우는 영상이었다. 사정은 이랬다. 휴대폰 요금을 내러 왔더니 매장에서 현금은 안 받는다고 거부한 것이다. 할머니는 요금을 내지 못해 전화가 끊기면 먼 곳에 사는 아들과 연락할 길이 없다고 발을 동동 굴렀다.

우리나라에서는 지금도 통신사 서비스센터에 가면 요금을 현금으로 받아준다. 그러나 중국은 디지털 강국으로 빨리 전환하기 위해 핀테크 방식을 국민에게 강요하고 있다. 중국 할머니 역시 적응하는 수밖에 없다. 돈을 내겠다는데 현금을 받지 않는다니 상전벽해가 따로

---

6 이와 관련하여 문재인 정부는 2019년 6월 19일 '제조업 르네상스 비전 선포식'을 갖고 산업 구조 혁신과 신산업 육성, 산업 생태계 전면 개편 등을 골자로 하는 '세계 4대 제조강국' 도약을 위한 '4대 추진전략'을 새롭게 발표하였다.

없지만, 이제는 10년이면 강산이 변한다는 말조차 구시대적이고, 하루하루가 상전벽해라고 해도 과언이 아니다. 중국에서는 아이들도 가게에 가서 과자 하나 집어 들고 모바일 결제를 한다. 심지어 거리의 노숙자들도 현금 대신 QR코드로 구걸한다.

모바일 결제가 일상이 된 것은 우리나라도 마찬가지이다. 커피 한 잔 마시러 찾아가는 동네 작은 카페에서도 삼성페이와 같은 모바일 결제 수단이나 QR코드로 결제할 수 있다. 스마트폰만 있으면 지갑은 필요 없다. 현금이 오가는 풍경이 사라지고 그 자리에 핀테크가 자리 잡았다. 편리함이 시장의 새로운 기준이 되고 있다.

핀테크(FinTech)는 금융(Finance)과 기술(Tech)의 조합을 뜻한다. 핀테크의 대표적인 사례는 모바일 결제, 즉 간편결제 서비스이다. 핀테크라는 말은 잘 모르고 디지털 기술을 어려워하는 사람도 이 서비스는 많이 친숙하게 사용한다. 모바일과 SNS를 수단으로 하는 송금과 결제, 자산관리 등 사용자에게 너무나 편리한 금융 기술과 거래 방식이기 때문이다. 심지어 이 편리함이 스마트폰 구매의 기준이 되기도 한다. 애플의 아이폰에서 사용할 수 있는 애플페이를 한국에 서비스하지 않는다는 이유로 삼성이나 엘지의 스마트폰 제품을 고르는 식이다. 소프트웨어가 하드웨어를 지배하는 꼴이다.

이와 반대로, 금융 서비스는 종이통장이 사라질 만큼 큰 변화를 겪는 중이다.[7] 예전에는 통장이 없으면 금융거래를 아예 할 수 없었다.

---

7 지난 2015년 7월 금융감독원이 발표한 '통장 기반 금융거래 관행 등 혁신 방안'에 따라 2020년 9월부터 은행에서 신규 계좌를 개설할 때 종이통장은 미발행을 원칙으로 하게 되었다. 은행 직원은 고객에게 종이통장 발급 여부를 묻고, 60세 이상의 고객에게만 예외로 종이통장을 자동 발급한다.

인터넷뱅킹 서비스를 시행한 후에는 공인인증서를 발급받고 ActiveX 와 같은 복잡한 프로그램을 차례대로 설치하는 과정이 필수가 되었다. 이러한 절차와 프로그램 사용은 불편함을 가중하여 많은 불만을 불러일으켰다.

하지만 지금은 은행과 통장으로 상징되는 전통적인 금융거래가 갈수록 자취를 감추고 있다. 은행 점포 수는 줄어들고, 지점 자체를 오프라인에서 볼 수 없는 인터넷은행도 등장하였다. 카카오뱅크는 카카오톡 사용자를 중심으로 빠르게 이용자가 늘고 있다. 통장과 인감 대신 스마트폰과 지문·홍채·맥박 인식 등과 같은 바이오 정보만 있으면 된다. 언제 어디서나 이용할 수 있는 은행을 사용자가 들고 다니는 셈이다.

핀테크는 중국이 우리나라보다 한발 앞서 있다. 알리페이와 위챗페이 등 중국의 모바일 결제 규모는 놀라울 정도이다. 중국 중앙은행의 발표 자료에 따르면, 2019년 1분기에만 58조 위안이 모바일로 결제되었다. 우리나라 돈으로 무려 9,950조 원이나 된다. 중국은 2012년부터 핀테크 산업에 주력하였다. 과감히 규제를 풀고 비금융사의 시장 진입을 독려하며 우리나라의 금융 정책과는 전혀 다른 방식으로 핀테크 시장을 키웠다. 2015년 1분기에는 600%가 넘는 성장률을 보였다.

2017년 세계 핀테크 100대 기업을 뽑았을 때 10위 안에 중국 기업이 가장 많았다. 상위 1위와 2위가 중국 기업이었다. 중국은 핀테크를 통한 융자 사업에서도 전 세계의 60%에 가까운 건수를 점유하였

순위	업체	국적
1	엔트파이낸셜	중국
2	JD파이낸스	중국
3	그랩	싱가포르
4	두사오만파이낸셜	중국
5	소피	미국
6	오스카헬스	미국
7	누뱅크	브라질
8	로빈후드	미국
9	아톰뱅크	영국
10	루팍스	중국
15	비바리퍼블리카*	한국

*100위 이내에 유일한 한국 업체

[표 2-1] 세계 주요 핀테크 기업 순위 (출처: KPMG, 한국경제신문 2019.4)

다. 실제 융자금액 규모는 전 세계의 83%를 넘어섰다. 핀테크를 두고 벌어지는 글로벌 경쟁에서 중국은 확실하게 우위를 차지하고 있다.

초융합의 ICT와 금융의 만남은 금융거래 질서에 커다란 지각변동을 일으켰다. 핀테크는 글로벌 금융 시장에서 주도권을 잡아본 적이 없는 중국에 새로운 강자로 등극할 기회를 줄지도 모른다.

초지능, 자율주행차에서 로봇까지   03

지능을 갖춘 자동차의 등장은 이제 그리 놀랄 일이 아니다. 자동차의 개발과 연구는 그동안 완성차 업체의 몫이었다. 그러나 자율주행 자동차 분야에서는 이러한 상식에 고개를 가로젓는다. 구글과 아마존 등 IT 기업들이 자율주행 자동차 연구를 활발히 하는 것에서 알 수 있듯이, 이제는 자동차 업체보다 IT 기업이 자율주행 자동차 연구의 주도권을 쥐고 있다.

미국 애리조나주 피닉스에서는 2018년 12월부터 자율주행 미니밴 수백 대가 돌아다니는 중이다. 구글의 계열사 웨이모(Waymo)가 선보인 이 차량은 지붕에 달린 돔 모양의 센서로 운행하는 자율주행 택시이다. 운전자가 탑승하고는 있지만, 혹시라도 일어날지 모를 안전사고에 대응하기 위해서일 뿐이다. 본격적으로 서비스를 시작하기 전까지만 이렇게 운전자가 동승할 예정이라고 한다.

웨이모의 서비스는 자율주행이라는 개념에 모든 초점을 맞춘다. 무료 와이파이를 제공하고 구글 플레이(Google Play)로 음악을 틀어준다. 탑승자는 운전에 신경 쓰지 않아도 되니 편안하게 즐기라는 뜻이다. 이처럼 자율주행 자동차가 상상에서 현실의 세계로 들어서면서 교통 서비스의 경쟁 양상도 바뀌는 중이다. 웨이모의 경쟁 상대는 자동차 공유 경제의 아이콘인 우버나 리프트이다. 전통적인 교통수단 택시는 이동 서비스의 미래 경쟁 구도에서 일찌감치 배제되었다.

인공지능, 초지능, 로봇…. 이러한 단어들에서는 인간이 느껴지지 않는다. 인간이 만들었지만, 인간이 배제되는 상황을 두고 여러 말이 오간다. 긍정적인 미래가 다가오는 것일까, 아니면 우울한 디스토피아의 문을 인류 스스로 연 것일까? 장밋빛과 잿빛, 그중에서 어떤 미래가 기다리고 있을까?

초지능 자율주행 자동차의 등장

2019년 7월, 국빈으로 한국을 공식 방문한 레우벤 리블린(Reuven Rivlin) 이스라엘 대통령이 현대·기아차 기술연구소를 찾았다. 외국 대통령이 경제협력을 위해 방한 중에 기업 방문 일정을 잡는 것은 그리 놀랄 일이 아니다. 그런데 왜 하필이면 현대·기아차였을까?

이스라엘은 지리적으로 중동에 있지만, 왠지 유럽이나 미국과 더 밀접하다는 느낌이 드는 나라이다. 그런데 흥미롭게도 2013년부터 지금까지 이스라엘에서 가장 많이 팔린 자동차는 현대자동차이며, 그 뒤를 기아자동차가 잇고 있다. 일본과 독일의 유명 브랜드 자동차들도 이곳에서는 현대·기아차라는 장벽을 넘어서지 못한다고 한다. 이러한 와중에 이스라엘 대통령이 한국에 와서 현대·기아차를 방문하여 미래 산업 분야에 관해 협력을 논의하고, 현대자동차의 수소전지 자율주행차인 넥소를 시승하였다. 방문 목적이 단순히 자국의 자동차 시장 1위 업체이기 때문이라고만 봐야 할까? 당연히 자동차 산업의 미래, 즉 자율주행 자동차와 깊은 관련이 있다.

현대·기아차의 정의선 수석 부회장은 한국 자동차 산업의 앞날은 미래 기술에 달려 있다고 여러 차례 공식 석상에서 밝혔다. 리블린 대통령이 현대·기아차를 방문한 것도 이스라엘의 자동차 스타트업과 현대·기아차의 미래 모빌리티 개발 협력 때문이다. 정의선 부회장은 일찌감치 이스라엘 스타트업과의 기술협력을 직접 챙겼다. 이스라엘은 자율주행 자동차의 신경과 눈이라 할 수 있는 첨단 운전자보조 시스템(Advanced Driver Assistant System, ADAS)을 세계 최초로 만든 모빌아이(Mobileye)라는 업계 1위 기업을 보유한 나라이다.

정의선 부회장의 행보는 미래에 맞춰져 있다. SK텔레콤, 한화자산운용과 함께 총 500억 원 규모의 'AI 얼라이언스 펀드'를 조성하였다. AI와 미래 모빌리티, 핀테크 등이 주요 투자 대상이며, 국내든 해외든 미래 기술 및 자율주행차 관련 기술 개발에 투자를 아끼지 않고 있다. 친환경과 자율주행 기술로 미래 자동차 시장 선점에 나서겠다는 의도가 분명하다.

자율주행 자동차는 실시간으로 주변 교통정보를 수집해서 저 혼자 운전할 수 있어야 한다. 즉, IoT와 빅데이터, 인공지능의 고리가 맞아

5G 초연결사회, 완전히 새로운 미래가 온다

떨어져야 한다는 의미이다. 5G의 등장으로 이전까지는 이론으로만 가능성을 점쳤던 완전한 자율주행이 실현 단계에 왔다. 1980년대 중반 국내에서 방영한 〈전격 Z작전(Knight Rider)〉의 인공지능 자동차 '키트(KITT)'가 어느새 화면 밖으로 나와 우리 곁에 다가와 있는 셈이다. 요즘 말로 자율주행 자동차라고 부를 수 있는 키트는 운전자와 사람처럼 대화를 나눈다. 단순 명령에 따른 응답 수준이 아니라 농담이나 조언까지 건넨다. 이쯤 되면 차가운 쇳덩어리보다 인간미를 가진 동료에 훨씬 가깝다. 초지능의 가장 이상적인 모델이라고 생각해도 무리가 없다. 그러나 드라마는 드라마일 뿐, 키트가 초지능을 제대로 발휘하려면 IoT가 뒷받침되어야 한다. 자동차와 주변 교통정보가 실시간으로 오가며 반응해야 자율주행을 할 수 있다.

5G가 등장하기 전에 이미 자율주행에 필요한 기능은 상당 부분 개발되었다. 문제는 주행에 필요한 데이터의 송수신이었다. 운행 중인 자동차 앞에 장애물이 나타났을 때, 관련 데이터를 즉각 수신해야 한다. 주변 상황에 관한 데이터 입력에 시간 지연이 발생하면 안 된다. 정지 명령을 받아들여 수행하기까지 걸리는 시간이 말 그대로 '찰나'이어야 한다. 4G, 즉 LTE 환경에서는 멈추라는 명령에 따라 멈추기까지 대략 2.5m~3m를 더 운행한다. 사고를 피할 수 없다. 0.1초의 지연시간 때문이다. 하지만 5G에서는 지연시간이 0.001초로 줄어든다. 2.5~3cm면 된다. 3m와 3cm의 차이는 생사를 가를 만큼 크다.

빅데이터, 초연결, 초저지연의 5G가 등장하기 전까지 초지능 자율주행 자동차는 관련 기술 문제로 발이 묶여 제 기능을 발휘할 수 없었다. 이제야 그 봉인이 풀렸고, 우리나라에서도 자율주행 자동차의 시범 운행이 이뤄지며 가까운 미래의 성장 동력으로 인정받았다. 2023년 즈음에는 길거리에서 자율주행 자동차가 오가는 모습을 볼 수 있다는 전망이 나올 정도이다.

시범 운행까지 이뤄졌으니 자율주행 자동차의 상용화는 시간문제이겠지만, 기술적 완성과는 별개로 여전히 논란거리가 남아 있다. 자율주행 자동차가 사고를 냈을 때 누가 책임질 것인가라는 질문에 쉽게 답하기가 어렵다. 운전자와 자동차 회사, 이동통신사, 피해자 등 사건 관련자는 수두룩하겠지만, 정작 책임 소재를 가리기는 힘들다. 관련 법안도 미비한 상태이다. 자율주행 자동차는 벌써 거리를 달리고 있는데, 제도는 아직 발걸음도 떼지 못한 실정이다.

기술 경쟁력도 들여다봐야 한다. 미래의 자동차 산업을 이끌기 위해서는 자율주행 기술만이 전부가 아니다. 자율주행 자동차는 기존의 내연기관을 파트너로 삼지 않는다. 자율주행의 단짝은 전기나 수소와 같은 친환경 에너지를 사용하는 자동차이다. 그래서 5G 이동통신 시대의 기술로 만들어질 미래 자동차 생태계는 지금과 사뭇 다를 것으로 예상할 수 있다. 전기자동차 위주의 생산라인 재편은 인적 구조 재편으로 이어진다. 첨단 기술의 자동화는 피할 수 없다.

자율주행 자동차는 자동차 산업의 비즈니스 모델도 바꿀 전망이다. 아마도 '자가용'이라는 말 자체가 죽은 말(死語)이 될지도 모른다. 이미 경제의 패러다임은 소유에서 공유로 넘어가고 있다는 주장도 나온다. 자동차 산업도 이 물결에 올라탈 수밖에 없다는 주장이 갈수록 힘을 얻는다. 유휴 자산을 굳이 소유하기보다는 공유해서 필요 부분을 해소하자는 공유 경제는 지금도 시장을 공격적으로 확대하고 있다. 유통망도 오프라인 딜러에서 클릭 경제의 시대답게 온라인으로 이전할 전망이다.

자율주행 자동차의 등장으로 전환기에 놓인 자동차 산업은 과거에서 미래의 방향을 찾아야 한다. 19세기 들어 증기자동차가 상용화되자 마부들과 마차업자들은 새로운 교통수단의 등장을 견제하며 거친 항의를 멈추지 않았다. 이들의 압력에 굴복한 영국 정부는 마부들의 일자리를 지켜주고 마차 사업의 기득권을 보호해주는 법적 조치를 강행하였다. 그것이 바로 '붉은 깃발법(Red Flag Act)'[8]이다.

이 법에서는 자동차에 운전자와 기관원, 기수 등 3명이 반드시 탑승하도록 하였다. 자동차 속도도 지나치게 제한하였다. 당시 증기자동차의 기술력을 고려하더라도 최고 속도가 시속 6.4km를 넘을 수 없었던 점은 다소 과도한 감이 없지 않다. 심지어 시내에서는 그 절반의 속도로 줄여버렸다. 더 우스꽝스러운 일은 기수가 붉은 깃발과 붉은 등으로 밤낮을 구분하여 자동차보다 약 50m 앞에서 안내하였다는 것이다. 마차보다 빨리 달릴 수 없게 하려고 말이다. '붉은 깃발법'은 무려 30여 년이나 시행되었다. 이러한 제도와 환경에서 영국의 소비자들은 자동차 구매 욕구가 생길 만한 이유를 느끼지 못하였다. 결국 영국은 자동차 산업의 주도권을 다른 나라에 빼앗기고 말았다.

---

8 영국의 빅토리아 여왕 시절인 1865년에 제정되었다. 세계 최초의 도로교통법으로 알려졌지만, 시대를 읽지 못한 규제의 대명사로도 유명하다. 영국이 자동차 산업을 가장 먼저 시작했으면서도 미국과 독일에 주도권을 빼앗긴 원인으로 지목받기도 한다.

우리 사회 곳곳에서 새로운 패러다임의 물결과 이를 거스르는 저항이 맞부딪히고 있다. 초지능을 탑재한 자율주행 자동차 시장도 다른 나라의 발 빠른 움직임에 다소 뒤처져 있다. 세계경제포럼(World Economy Forum, WEF)은 자율주행 기술의 고도화가 갈수록 빨라져 2026년 즈음에는 미국 차의 10%가 자율주행 자동차가 되리라고 전망하였다. 소프트웨어와 부품 기술력이 아직 부족한 우리나라는 인공지능 분야에서조차 중국에 추월당하였다는 분석까지 나왔다.

머지않아 운전면허를 따지 않아도 되는 시대가 도래할 것이다. 초연결과 초지능 기술로 만드는 자율주행 자동차는 삶의 일상부터 산업 지형까지 모두 바꾸어놓을 것이다. 우리가 붉은 깃발을 흔드는 어리석음을 범하고 있지는 않은지 곰곰이 생각해볼 시점이다.

로봇, 새로운 종의 탄생인가

영화 〈어벤저스: 에이지 오브 울트론〉에는 이전 악역들보다 더 큰 공포를 가져다주는 존재가 등장한다. 인류를 위해 만든 울트론은 인간의 두뇌와 흡사하도록 뉴런과 시냅스를 복잡하게 연결한 인공지능을 탑재하였다. 지능을 갖춘 울트론은 곧 저장된 정보로 답을 찾는 인공지능 수준을 넘어서 딥러닝을 통해 스스로 판단하고 행동한다. 그 결과는 아이러니이다. 좋은 세상을 만들려면 인류가 멸망해야 한다는 결론에 도달한다.

인공지능과 로봇은 오랫동안 공상의 대상이었다. 인간 대신 일하고, 위협으로부터 인간을 보호하는 존재는 일찌감치 우리 곁에 머물렀다. 한때 로봇은 '자동인형'이라고 불렸다. 저 혼자 움직일 수 있는 인공물이라는 의미이다. 그리스 신화에서 시작하여 동서양의 고전을 오가며 등장하였으며, 15세기 무렵에는 레오나르도 다빈치가 갑옷을 입은 기계 기사를 그렸다고 하니 꽤 오래전부터 자동인형에 대한 로망이 있었고, 그 로망을 실현하기 위해 다양한 시도가 이뤄졌다.

상상 속의 로봇은 어느덧 현실에 그 모습을 드러냈다. 산업 현장에서 로봇이라는 말은 이제 낯설지 않다. 1960년대부터 공장에 로봇을 투입하였다. 다만, 인간의 모습이거나 판단 능력을 지니는 수준까지 이르지는 못하였다. 그저 인간을 대신하여 '기계적'으로 단순 반복 작업을 할 뿐이었다. 그러나 기술의 진화에 멈춤이 없듯이 로봇의 진화도 계속되었다. 클라우드에 연결된 초지능 로봇이 제조업의 효율성과 생산성을 책임진다. 로봇이 스스로 작업을 판단하고 의사소통하며 공정을 관리한다. 게다가 초지능과 딥러닝으로 공장에서 사람 볼 일이 거의 없어질 수도 있다. 공장의 자동기계에 머물던 로봇은 이제 수술실에까지 들어섰다. 이름이 '다빈치'인 복강경 수술 로봇은 2000년대 초반부터 우리나라를 비롯해 전 세계의 병원에서 수술을 진행하고 있다.

5G를 만난 로봇 수술은 의료 현장의 풍경도 바꾸고 있다. 2019년 2월 말 바르셀로나에서 열린 모바일 업계 최대의 글로벌 행사 모바일 월드콩그레스(Mobile World Congress, MWC)에서 스페인의 한 의사

는 행사장에서 약 5km 떨어진 병원에 누워 있는 종양 환자의 수술을 시연하였다. 예전에도 원격 수술은 있었지만, 세계 최초로 5G 환경에서 원격으로 이뤄진 이 수술에서는 실시간 의료 데이터 조회와 깨끗한 이미지, 초정밀도가 돋보였다.

이 밖에도 로봇은 5G로 여러 산업에서 색다른 모습을 보여준다. 이제 농사도 농부가 직접 밭에 나가서 짓지 않아도 된다. 자율 로봇과 드론이 5G로 원격 조종을 받아 농사를 대신 짓는다. 미국에서는 2017년부터 시작한 농업의 로봇 자동화 프로젝트 '핸즈프리 헥타르(Hands Free Hectare)'가 벌써 세 번째 수확을 맞았다.

산업용 로봇도 큰 변화를 맞이한다. 기계 팔 수준에서 벗어나 커넥티드 로봇, 미래형 드론 등의 자율 로봇을 원격 제어로 고난도 산업현장에 투입한다. 원자력발전소에 사고가 났거나 위험 물질을 제거할 때도 사람 대신 작업한다. 한국원자력연구원이 개발하는 '암스트롱(ARMstrong)'이라는 로봇은 화재를 진압할 뿐만 아니라 문을 여닫을 수도 있고, 사고 현장에서 인명을 구조할 수도 있다.

5G 시대에는 로봇을 원격으로 조종하기도 훨씬 수월해진다. 대용량 데이터를 실시간으로 주고받을 뿐만 아니라 증강현실을 활용할 수 있기 때문이다. 증강현실 환경에서는 직접 그 현장에 있는 것처럼 실감하면서 조종할 수 있다. 이러한 기술은 미국에서 이미 시연되었다.

로봇 개발과 상용화에서도 중국의 행보는 심상치 않다. 로봇 기술의 진화는 의료 로봇으로 가늠할 수 있다고 한다. 인간의 촉각을 대신할 만큼 아주 정밀한 수준이어야 하기 때문이다. 중국은 이미

3,000km나 떨어진 원거리에서 파킨슨병 환자의 원격 제어 수술에 성공하였다고 발표한 바 있다. 이는 중국 국영통신사인 차이나모바일과 화훼이의 5G 기술을 지원받아 가능한 일이었다.

우리나라도 로봇이라면 세계 시장에서 인정받을 만큼 수준이 높다. 제조업에서 사용하는 산업용 로봇은 세계 최고 수준이다. 국제로봇연맹(International Federation of Robotics, IFR)의 자료에 따르면, 2017년 기준으로 노동자 1만 명당 사용하는 산업용 로봇 대수가 710대라고 한다. 세계 평균이 85대라고 하니 다른 국가에 비해 로봇 밀집도가 월등하게 높은 편이다. 연간 구매는 중국과 일본에 이어 3위이다. 하지만 산업용 로봇의 제조 수준은 아직 후발주자에 머물러 있는 실정이다.

[그림 2-2] 전 세계 국가별 산업용 로봇 이용 현황 (출처: 국제로봇연맹)

물론 국내에서도 5G를 활용한 로봇 개발이 발 빠르게 이뤄지는 중이다. SK텔레콤과 LG전자는 5G 클라우드 기반의 로봇 개발을 발표하였다. 초저지연, 초연결의 5G와 ICT가 새로운 로봇 모델을 만들어

널 것이다. 그런데 이동통신사의 로봇 개발 참여가 눈에 띈다. 초연결 5G 이동통신 기술 덕분이다. 이 기술을 활용해야 영화나 공상과학소설에서 보던 로봇을 구현할 수 있다.

이처럼 공학 분야에서도 전통적인 경계가 무너지고 있다. 5G를 둘러싸고 다양한 기업과 분야가 주도권을 놓고 경쟁할 조짐이 곳곳에서 보인다. 구글은 2017년에 로봇 기술 업체인 보스턴 다이내믹스(Boston Dynamics)를 일본의 소프트뱅크에 매각하였다. 그렇다고 해서 구글이 로봇 개발에서 손을 뗀 것은 아니다. 오히려 머신러닝으로 지능을 갖출 수 있는 소프트웨어 개발에 뛰어들었다. 하드웨어 개발보다 비용을 아끼면서 초지능 로봇을 만들겠다는 것이다. 구글은 막대한 데이터와 ICT 인프라를 갖췄기 때문에 머신러닝을 개발하는 데 최적화된 기업이다.

로봇의 등장과 진화는 기대와 불안을 동시에 보여준다. 생산성과 효율성의 혁신이라는 화려한 스포트라이트에 가려진 그늘도 있다. 로봇과 초지능이 인간을 대체하고 일자리를 빼앗는다는 걱정이 인류의 생존까지 위협할 수 있다는 두려움으로 커지기도 한다. 이러한 불안감은 〈터미네이터〉 시리즈와 같은 영화나 소설에서 이미 숱하게 표현되었다.

이러한 디스토피아가 전혀 근거 없는 주장은 아니다. 지난 2015년 아르헨티나에서 열린 '국제 인공지능 콘퍼런스'에서 테슬라의 일론 머스크(Elon Reeve Musk)와 구글의 알파고 개발 주역인 데미스 허사비스(Demis Hassabis), 애플의 공동 창업자 스티브 워즈니악(Steve

5G 초연결사회, 완전히 새로운 미래가 온다

Wozniak) 등이 인공지능 및 로봇 공학자들과 함께 인공지능 무기 개발 반대 선언을 하였다. 인공지능과 로봇이 인명을 해치는 일은 가능성이 아니라 현실이 되었다. 우리나라에서도 얼마 전 한화와 카이스트가 '살인 로봇'을 만든다며 국제적으로 이슈가 된 적이 있다. 성능과 기술만능주의는 이러한 이슈에 둔감할 수밖에 없다.

로봇과 인공지능에 윤리적 제어를 가해야 한다는 목소리는 꾸준히 높아지는 중이다. 로봇을 대중에 깊이 각인하게 한 공상과학소설 작가 아이작 아시모프(Isaac Asimov)는 자신의 소설에 '로봇 3원칙'을 밝힌 바 있다. '로봇은 인간에게 위해를 가하지 않아야 한다', '첫 번째 원칙을 위배하지 않는 한 인간의 명령에 복종해야 한다', '첫 번째와 두 번째 원칙을 위배하지 않는 한 로봇은 스스로 보호한다'이다. 이러한 원칙이 과연 지켜질지도 의문이다. 여러 영화와 소설에서 로봇이 인간을 구한다는 이유로 다른 인간을 살상하는 광경이 나온다. 과연 로봇은 인류를 대신할 새로운 종의 탄생일까? 아니면 인류의 번영과 행복에 도움을 주는 동반자일까? 이 질문에 대한 답은 인류에게 달려 있다.

초현실, 가상이 현실을 이끈다　　04

　　온라인이 오프라인의 보조적 지위에 머문다는 예측은 보기 좋게
빗나갔다. 아마존은 2010년대에 들어 폭발적으로 성장하며 전통적인
강자를 하나씩 무너뜨렸다. 인터넷 서점으로 출발한 아마존 때문에
미국의 유명 서점 체인 보더스(Borders)가 폐점하였고, 장난감 체인
토이저러스(Toys"R"Us)도 파산 신청을 하였다.

　　우리나라도 상황이 크게 다르지 않다. 산업통산자원부에 따르면,
2019년 1분기 국내 주요 유통 업계 매출은 전년 동기 대비 5.93% 증
가하였는데, 온라인 판매가 15.8% 증가하면서 매출 상승을 견인하
였다. 오프라인 업종별로는 편의점이 4.4%로 매출 증가폭이 가장 컸
고, 준대규모점포(SSM) 1.1%, 백화점 0.5% 순이었다. 전체 유통 업종
에서 유일하게 역성장을 기록한 부문은 오프라인 대형마트이다. 이마
트, 롯데마트, 홈플러스 등 대형마트 3사의 1분기 매출은 지난해 같은
기간보다 3.1% 감소하였다.

　　이와 같은 오프라인의 성장 둔화와 온라인의 약진에는 여러 원인

이 복합적으로 얽혀 있다. 1인 가구의 증가, 온라인 유통 업체들의 가격 경쟁력과 빠른 배송 등 다양하다. 심지어 유통의 주도권이 온라인으로 넘어간 것처럼 보일 정도이다.

데이터는 유통뿐만 아니라 미디어 분야도 뒤흔들고 있다. 유튜브를 비롯한 SNS의 급부상은 데이터로 맞춤형 콘텐츠를 제공할 수 있었기 때문이다. 5G와 VR/AR 기술은 콘텐츠 제공 방식마저 바꾸는 중이다. 그뿐만이 아니다. 미디어 분야의 지각변동은 초연결 시대의 초기술로 벌어질 참이다. 그동안 미디어 콘텐츠는 '보여주는' 것의 한계를 벗어나지 못하였다. 글이든 영상이든 소리든 간에 콘텐츠는 객체화한 대상이었다. 콘텐츠를 즐긴다는 것은 '감상'에 그쳤다. 보고 듣는 콘텐츠의 한계는 마치 건널 수 없는 강처럼 경계가 분명하였다. 하지만 그 경계선이 허물어질 가능성이 크다.

'감상'에서 '체험'으로 콘텐츠의 소비 트렌드가 바뀌고 있다. 미디어의 변화는 비즈니스와 매체의 융합이라는 형태로도 나타나고 있다. 유통 기업, 그중에서도 빅데이터를 핵심 자산으로 삼는 유통 회사와 미디어의 결합이다. 미래형 콘텐츠는 감상에 참여와 체험의 특성을 가미한다. 이러한 특성이 비즈니스와의 접점을 마련한다. 이제 게임도 책상 앞에 앉은 폐인 양성이라는 오명에서 벗어날 수 있다. 스포츠 게임을 할 때 초경량의 VR 체험 단말기를 착용하고 온몸을 움직이며 방에서 즐길 수 있다. 체험을 통한 게임 만족도가 눈과 귀로만 즐길 때보다 훨씬 높은 것은 당연하다.

'초현실'이라는 말은 예술 사조에서 '초현실주의'라는 말로 익숙하다. 초현실주의는 현실적인 것을 뛰어넘는 표현 방식이라고 할 수 있다. 현실과 상상의 경계를 허물어뜨리는 초현실주의는 예술 사조뿐만 아니라 우리 일상에 아주 가깝게 다가왔다. 초현실은 가상과 실제의 경계를 모호하게 만든다. 그 모호함이 변화와 기회 창출을 낳는다.

디지털 유통 혁신, 마트가 지고 망이 뜬다

사람들이 북적대는 마트에서는 장을 보는 것도 일이지만, 계산할 생각을 하면 발길이 더욱 급해진다. 그러다 여러 사람이 대기한 계산대를 보고 있자면 온몸이 축 처진다. 그런데 이러한 번잡함과 거리가 먼 가게가 있다. 아마존의 오프라인 편의점인 '아마존 고(Amazon Go)'이다.

아마존은 알다시피 세계 최대 온라인 쇼핑몰이다. 온라인 장터를 주름잡는 아마존이 오프라인에 점포를 냈다. 이곳의 슬로건은 'Just Walk Out'이다. 그냥 걸어 나오면 된다는 뜻이다. 물건을 사러 매장에 들어가서 쇼핑목록대로 물건을 장바구니에 담고, 그대로 매장에서 나오면 끝이다. 계산대에서 물건을 다 꺼내고 지갑을 열어 계산을 마친 뒤에 다시 담는 수고로움은 겪지 않아도 된다.

아마존 고를 이용할 때는 아마존 계정과 신용카드, 전용 앱이 깔린 스마트폰만 있으면 된다. 미리 전용 앱을 설치하고 자신의 신용카드를 등록해놓으면 수월한 장보기가 가능하다. 아마존 고 매장은 수많은 센서를 설치하여 이용자의 행동을 일일이 체크한다. 무슨 물건을 골라 담았는지 센서를 통해 확인하고 계산마저 마친다. 앱을 통해서도 실시간으로 확인할 수 있다. 실제 장바구니에 담은 물건과 앱에서 확인한 것의 오차는 0.1% 미만이라고 한다.

아마존의 오프라인 매장은 무인점포이다. 하지만 우리나라에서도 흔히 볼 수 있는 키오스크 결제와는 다르다. 키오스크 무인결제는 고객이 직접 매장 단말기에 물건 코드를 입력하고 결제해야 한다. 단지 계산하는 점원이 있고 없고의 차이만 날 뿐이다. 오히려 불편함을 호소하는 고객도 많다. 특히 많은 노인 고객이 단말기를 만지작거리다 아예 구매를 포기하고 만다. 디지털 기술의 발달 속도가 빠를수록 노인층은 ICT가 주는 편리함의 혜택보다는 불편함을 호소하며, 아이러니하게도 구매의 권리마저 박탈당하는 일이 벌어지곤 한다.

그러나 이제 사정은 달라질 조짐이 보인다. 아마존 고는 그냥 물건을 담아서 나오면 된다. 사람이 할 일을 IoT와 AI가 빅데이터와 딥러닝으로 대신 한다. 아마존에는 매우 친숙한 기술들이다. 온라인 쇼핑몰의 최대 자산이 IT 관련 기술인 만큼 자사의 핵심 역량과 자산을 적극적으로 활용하여 고객 접점을 확대하였다. 기술의 혜택을 받을 수 없는 사각지대는 차츰 좁아질 것이다.

디지털 기술의 발달은 플랫폼 비즈니스의 활성화를 불러왔다. 초창기 온라인 쇼핑몰은 오프라인의 보조 역할에 머물렀다. 하지만 지금은 상황이 역전되었다. 아마존은 유통 산업 혁신의 선도자 역할을 기꺼이 맡았고, 글로벌 유통 공룡이라는 호칭을 얻었다. 유통 업계의 혁신은 효율성에 달려 있다. 유통의 효율성은 고객이 원하는 상품을 얼마나 빨리 편리하게 구매하고 받을 수 있는지를 뜻한다. 아마존은 빅데이터와 로봇, 드론까지 동원하여 유통과 물류의 속도와 효율성을 높였다. 그럴수록 시장 지배력은 높아졌다. 4차 산업혁명의 키워드인 IoT나 AI, 빅데이터의 융합을 핵심 역량으로 삼으며 유통 혁신의 해법을 찾아냈다. 게다가 오프라인과 온라인의 구분마저 지워버리고 새로운 생태계를 만드는 등 아마존은 4차 산업혁명의 물결 위에 올라 앞장서고 있다.

국내의 유통 업체도 이 물결에 함께 올라탔다. 신세계는 이마트와 분리되어 있던 온라인 몰을 통합하였다. 단지 비슷한 부문을 합치는 구조 개편이 아니다. 인터넷 서비스의 통합 관리와 인공지능, 빅데이터 등 관련 ICT로 유통 구조를 바꾸겠다는 의지를 내비쳤다. 신세계의 통합 온라인 몰인 SSG닷컴은 쇼핑몰의 위상보다 IT 기업으로의 면모를 보인다. 인공지능과 머신러닝, 딥러닝까지 자체적으로 연구개발 중이다.

아마존의 오프라인 진출은 거대 공룡의 몸집 불리기로만 봐서는 안된다. 아무리 자본력이 큰 공룡 기업이라 해도 덩치만 믿고 이곳저곳 손대는 문어발식 확장으로 사세를 확장하고 성공하는 시대는 지났다. 초연결 시대에 걸맞은 인프라를 갖춰야 유통 경쟁력을 갖출 수 있다.

아마존의 유통 혁신이 경쟁 업체를 긴장하게 하는 이유는 새로운 질서를 만들기 때문이다. 늘 그렇듯 혁신은 게임 체인저(game changer)이다. 아마존의 스마트 유통 혁신은 자신뿐만 아니라 시장도 바꿨고, 게임의 룰마저 바꿨다. 다른 경쟁자들이 경쟁에서 밀려나지 않으려면 아마존이 만든 룰을 따라야만 할지도 모른다. 사물인터넷과 5G, 인공지능 등 ICT를 근간으로 하여 아마존이 세운 '스마트 유통'의 공식이 구원의 동아줄이 될 수도 있다.

미국을 대표하는 대형마트 체인 월마트는 아마존의 공세에 밀려 위축될 대로 위축되었다. 2016년에는 150여 개의 점포가 폐점하는 사태까지 벌어졌다. 월마트에는 과거의 영광을 그리워할 여유조차 없어졌다. 온라인의 공세는 온라인으로 막겠다고 방향을 정한 월마트는 아마존보다 더 싸게 온라인으로 구매할 수 있게 하는 등 인터넷 쇼핑을 강화하였다. 이것만으로 부족하였는지 자사의 지역 밀착형 슈퍼마켓 체인 '네이버후드 마켓(Neighborhood Market)'에다 '인텔리전트 리테일 랩(Intelligent Retail Lab, 이하 IRL)'이라는 미래형 매장도 만들었다.

IRL은 인공지능, 사물인터넷, 키오스크 등 ICT를 적용한 매장이다. 수천 대의 카메라와 선반 곳곳에 무수히 설치한 센서는 5G 기술과 연계하였다. 고객이 물건을 담을 때마다 재고 현황이 실시간으로 반영되어 선반을 다시 채운다. 스마트폰 앱으로 미리 주문하고 매장에 가서 결제만 해도 된다.

월마트도 원래 새로운 기술과 친숙한 기업이었다. 1980년대에는 인공위성을 이용해서 재고와 물류를 관리하여 저가 경쟁의 동력으로 삼았다. 그때만 해도 월마트는 '혁신'의 아이콘이었다. 이제는 처지가 바뀌어 아마존을 뒤쫓는 꼴이다. 월마트의 IRL은 아마존 고와 비슷하면서도 다르다. 가장 눈에 띄는 차이는 결제 과정이다. 아마존 고는 그냥 매장 밖으로 나가면 된다. IRL은 계산만큼은 아직도 직원이 계산대에서 직접 한다. 기술적 구현의 문제라기보다는 초기술을 어떻게 바라보느냐의 차이라고 할 수 있다. 월마트는 빅데이터, IoT, 5G 등의 기술을 직원의 업무 보조로 활용한다는 생각이다. 고객과 얼굴을 맞대고 상대하는 일은 직원이 하고, 데이터를 활용해서 처리해야 할 일은 로봇이나 인공지능에 맡기겠다는 것이다.

아마존이 선도하는 유통 혁신은 유통 업계의 '라스트마일(Last Mile)' 전쟁을 촉발하였다. 원래 사형수가 집행장까지 걸어가는 길을 뜻하는 라스트마일은 유통 업계에서 소비자와 만나는 마지막 접점을 뜻하는 용어로 사용한다. 이 접점에서 소비자를 만족하게 하느냐 못하느냐가 기업의 생사를 가른다고 여긴다. 드론까지 동원해서 라스트마일을 지배하려는 움직임은 유통과 물류의 혁신으로 이어졌다. 아마존은 자체 항공기와 트럭을 확보하여 독립적인 배송망을 구축하였다. 배송의 효율성을 내세우며 비용 절감까지 꾀하는 것이 아마존의 목표다. 아마존은 2013년부터 '아마존 프라임 에어(Amazon Prime Air)'라는 드론 배송 시스템을 개발하였다. 이 개발 프로젝트에는 머신러닝과 인공지능, 로봇 기술, 항공 관련 첨단 관제 시스템 등 초기술을 적용하였다. 이처럼 초기술의 등장은 유통 업체가 판매에서 물류까지 논스톱으로 고객에게 서비스를 제공할 수 있게 하였다.

아마존은 유통 혁신으로 자사의 효율성만 올린 것이 아니다. 인터넷 쇼핑과 초기술로 오프라인 매장의 확대를 꾀하면서 플랫폼 비즈니스도 전개한다. 아마존이 만든 새로운 비즈니스 생태계에 수많은 중소기업이 참여한다. 유통 혁신이 관련 산업의 활성화와 일자리 창출까지 영향을 미치는 것이다.

이러한 관점에서 우리나라의 유통 업계도 덩치 키우기와 시장 빼앗기 경쟁에만 몰두한다면 미래를 보장할 수 없다고 본다. 아직은 외국계 유통 기업이 우리나라에서 시장 지배력을 유의미하게 점유하지 못하고 있다. 하지만 고객 편의성을 한층 끌어올린 아마존식 유통 혁신의 물결이 밀려들면 상황은 과거와 다르게 전개될 가능성이 크다. 아마존의 유통 혁신은 유통뿐만 아니라 산업과 구조의 큰 숲을 조성하고 있다. 우리나라의 유통 업계는 덩치 큰 나무를 만드는 데만 시선을 고정해서는 안 된다. 나무만 보지 말고 숲을 보라는 격언이 새삼 필요한 요즘 유통 업계이다.

데이터가 콘텐츠를 만들어낸다

스마트폰과 헤드마운트 디스플레이 단말기만 있으면 내가 좋아하는 스타와 함께 식사를 즐길 수 있다. 'VR 혼밥식당'은 홀로 식사하는 '혼밥족'의 새로운 명소로 떠올랐다. 혼자 먹을 수 있도록 칸막이로 분리된 테이블에 앉아 단말기를 쓴다. 그러면 눈앞에 스타가 함께 앉아 밥을 먹는 가상현실이 펼쳐진다.

상상을 현실처럼 느낄 수 있다면 얼마나 좋을까? 이 바람을 어떻게

든 실현하려고 인간은 여러 기술을 개발하였다. 3D 극장이나 아이맥스 극장은 시각을 통한 간접 체험을 극대화하려는 움직임이었다. 3D 안경을 쓰고 영화 속 장면의 입체감을 느낀다. 그러나 아쉬움은 있다. 입체감에는 한계가 있고, 손쉽게 일상에서 자주 즐길 수는 없다.

반면에 드론으로 360도 촬영한 영상을 헤드마운트 디스플레이로 즐기는 5G 기반의 VR 체험은 하늘을 나는 꿈을 실제 감각으로 느낄 수 있게 해준다. 영화 속의 아이언맨처럼 하늘을 나는 기분을 만끽할 수 있다. AR은 아예 아이언맨의 능력마저 부럽지 않게 만든다. 눈에 보이는 현실 세계에다 관련 정보를 덧입힌다. 눈앞에 마음에 드는 옷이 있는데, 그 옷이 실제로 내게 어울리는지는 늘 고민이다. 일일이 입어보려니 귀찮기도 하다. 이럴 때 자신이 입은 이미지를 볼 수 있다면 문제는 해결된다.

DIY 가구로 전 세계에 명성을 날린 가구회사 이케아(IKEA)에 VR과 AR은 무척이나 반가운 기술이다. DIY의 확장판이 될 수 있기 때문이다. 인테리어 전문가나 가구 업계 관계자의 조언을 받지 않고도 누구나 스스로 집안이나 사무실 공간의 디자이너가 될 수 있다. 스마트폰이나 태블릿PC에 전용 앱을 깔아 공간을 비추고 마음에 든 가구를 앱 화면에 놓으면 실제 공간에 가구를 들여놓은 광경이 나온다. 만만치 않은 가격의 가구를 고를 때는 이보다 좋은 길잡이를 찾기 힘들다. 머릿속에서 가늠해보는 것과는 다르다.

체험 기술은 5G 환경에서 발휘하는 '초(超)'의 효과를 제대로 보여준다. 끊김 없이 펼쳐지는 가상과 증강의 세계는 현실과 상상의 경계를 모호하게 만든다. 상상의 나래를 펼치며 현실의 제약을 가뿐히 뛰어넘는 일은 흥미를 돋우는 데서 그치지 않는다. 처음에는 진화한 기술의 세례를 듬뿍 받는 듯하지만, 어느덧 사용자 스스로 콘텐츠를 만들어낸다.

AR과 VR은 일방향성이라는 콘텐츠 이용의 한계를 지녔던 미디어에 혁신을 가져다줄 것이다. 지금까지는 미디어가 만들어놓은 완성형 콘텐츠를 감상하는 데서 그쳤다. 그런데 5G 기반의 환경에서는 미디어의 역할이 크게 바뀔 것으로 예상된다. 5G 기반의 초기술 시대에서 미디어는 완성형 콘텐츠보다 참여형 콘텐츠에 주목해야 한다. 미디어라는 판을 깔아주고 참여자가 스스로 콘텐츠를 완성하는 구조이다. 노골적으로 말하자면, 미디어는 콘텐츠의 주역에서 조연으로, 무대를 세팅하는 역할로 바뀌는 것이다.

미디어와 5G의 만남은 '융복합 미디어커머스(media commerce)'라는 새로운 비즈니스 모델도 만들어냈다. 한 모바일 쇼핑 채널에 힙합 가수들이 나와 라이브 공연을 진행한다. 쇼핑 호스트로 잠시 나와 단순히 상품 소개를 하는 것이 아니라 음악 채널에서 하듯 공연을 펼친다. 2시간 동안 이어진 공연에 수많은 사람이 접속한다. 이 채널을 시청한 고객은 무려 10여만 명에 육박하였다. 동시접속과 전체 시청자 수로 해당 채널 최고 기록을 세웠다. 폭발적인 접속량만큼 관련 제품 매출도 4,000만 원가량 올렸다고 한다. 이 공연은 블루투스 이어폰을 팔기 위한 기획이었다. 실제로 2019년 9월에 CJ오쇼핑이 기획한 이벤트 이야기이다.

CJ오쇼핑은 엔터테인먼트 및 미디어 기업인 CJ E&M과 합병하여 국내 최초로 융복합 미디어커머스 기업을 출범하였다. CJ오쇼핑은 CJ E&M이 보유한 음악 채널의 효과를 톡톡히 봤다. 합병한 뒤에 선보인 타이거JK의 공연은 미디어와 커머스의 융복합이 무엇인지, 그 가능성은 얼마나 큰지 잘 보여줬다. 글로벌 인프라까지 갖춘 두 회사가 합병하였으니 당연히 비즈니스 규모는 더욱 커졌는데, 정작 이 회사가 주목받는 이유는 다른 데 있다. 바로 미디어와 커머스의 융복합이다. 쇼핑 전문 기업의 상품 기획과 콘텐츠 전문 기업의 역량이 더해지니 고객과의 접점을 더 많이 늘릴 수 있다.

미디어커머스는 5G 환경과 빅데이터라는 든든한 자산을 배경으로 삼는다. 콘텐츠 기업이 TV와 모바일, SNS 등의 채널에서 모은 이용자 관련 데이터를 쇼핑몰의 커머스 데이터에 연결한다. 전술한 바와 같이 모바일 힙합 공연으로 타깃을 콕 집어서 그들이 가장 선호하는 제품군인 블루투스 이어폰을 소개하는 것처럼 맞춤형 콘텐츠와 제품 판매를 결합한다.

5G 초기술은 빠른 속도와 편리한 소통으로 실시간 피드백이 가능하다. 당장 관심을 끄는 콘텐츠와 상품을 묶어 보여줄 수 있다. 그뿐만이 아니다. 고객이 온라인과 오프라인을 오가며 상품을 찾고 구매할 수 있게 하는 옴니채널(Omni-channel) 서비스도 날개를 달았다. 고객과 앱, 온·오프 매장의 연결이 매끄럽고 콘텐츠와 커머스의 경계를 무너뜨리니 고객의 접근성이 과거와 다를 수밖에 없다.

미디어와 커머스의 융복합은 이미 글로벌 추세이다. 아마존이 스트리밍 서비스를 확대하고, 중국의 온라인 쇼핑몰 알리바바가 영화사 '앰블린 파트너스(Amblin Partners)'의 지분을 인수한 것은 예사롭지 않은 일이다. 많은 글로벌 미디어 회사와 유통 업체가 소비자의 라이프스타일, 콘텐츠를 디지털 플랫폼과 결합하는 중이다.

이제는 콘텐츠가 주도하는 데이터보다 오히려 데이터가 맞춤형 콘텐츠를 만들어내는 세상이다. 5G의 정교한 기술은 사용 편의성을 더욱더 개선하고 접근성도 좁힌다. 정체한 쇼핑 비즈니스의 활로를 열어주고, 콘텐츠 미디어의 수익 모델을 확보하는 시너지 효과를 발휘한다. 콘텐츠의 제작과 공급 방식도 바뀐다. 단순히 보고 듣는 것에서 벗어나 체험하고 몰입하는 콘텐츠가 대세를 이룰 전망이다. 들고 다니는 미디어 단말기의 시대이다. 5G 기술과 친하지 않으면 엔터테인먼트뿐만 아니라 소비에서도 손해를 보는 시대가 된 것이다.

초격차, 새로운 경제지도가 그려진다 **05**

소프트뱅크 손정의 회장이 2019년 7월에 한국을 방문하였을 때, 문재인 대통령에게 앞으로 한국이 무엇에 집중해야 하는지 말한 적이 있다. 그는 '첫째도 인공지능, 둘째도 인공지능, 셋째도 인공지능'이라며 AI 분야에 적극적으로 투자하라고 하였다. 대통령에게 한 말이니 국가적 차원에서 전략으로 삼고 투자하라는 뜻이다.

손정의 회장은 1998년 당시 대통령선거에서 승리한 김대중 전 대통령에게도 비슷한 말을 하였다. IMF 외환위기를 겪고 있던 우리나라의 살길을 묻는 대통령 당선인에게 '첫째도, 둘째도, 셋째도 브로드밴드'라고 한 것이다. 브로드밴드는 초고속 인터넷을 뜻한다. 그의 예상은 맞아떨어졌다. 우리나라는 국가 차원에서 초고속 인터넷망을 구축하였고, 다른 요인도 있겠지만, 이는 외환위기를 극복한 절묘한 신의 한 수가 되었다. 이후 우리나라는 IT 강국으로 거듭났고, 글로벌 무대에서 '격차의 경제' 구조에 편입되며 다른 강대국들과 어깨를 나란히 하였다.

우리나라 기업들의 성장도 인상적이었다. 지난 2017년에 우리 경제의 힘을 보여준 일이 벌어졌다. 거대한 글로벌 공룡 기업인 인텔은 반도체 분야 1위를 굳건하게 지키고 있었다. 그런데 삼성전자가 그 자리를 빼앗았다는 소식이 들려왔다. 우리나라 전자제품 기업들이 일본의 소니를 제쳤을 때 드디어 우리의 기술력과 상품성이 세계 최고의 자리에 올랐다는 흥분을 감추지 못하였는데, 이제는 반도체 분야에서 1위를 하면서 세계 시장을 주무른다.

반도체 분야에서 초격차의 지위를 누리는 삼성전자는 어찌 보면 공략할 수 없는 성처럼 보인다. 하지만 다른 사업 부문을 보면 고개를 갸웃거리게 된다. 스마트폰은 중국 브랜드의 거센 추격을 받고 있다. 삼성과 애플이 양분하던 글로벌 스마트폰 시장은 화웨이가 가세하면서 3파전으로 바뀌었다. 2013년만 해도 삼성 스마트폰은 중국 시장에서 절대 강자였지만, 지금은 1%도 차지하지 못할 정도로 맥을 못 추고 있다.

삼성전자와 같은 우리나라 기업들은 중국을 맹렬하게 쫓아오는 추격자로만 볼 수 없게 되었다. 국가 경쟁력에서도 중국은 어느덧 미국과 패권을 다투는 위치에 올라섰다. 갈수록 격차는 벌어질 조짐이다. 한때 격차를 벌리는 주도적 위치에 있었던 우리나라는 거꾸로 이제 견제를 당하고 이를 극복해야 하는 어려운 처지에 놓였다. 손정의 회장이 인공지능을 거듭 강조한 것이 초격차의 시대에서 과연 돌파구가 될 수 있을까? 일단 정부 차원에서 4차 산업혁명의 핵심을 인공지능이라 보고 있다. 2020년부터 인공지능과 빅데이터, 통신망 등에 1조

7천억 원을 투자하겠다고 밝혔다.[9] 삼성전자도 인공지능 관련 반도체 개발에 과감한 투자를 선언하였다.

초격차 시대는 과거와 다른 구도를 만들어낼 것이다. 어쩌면 후발 주자가 선두에 올라설 기회를 제공할지도 모른다. 견고한 글로벌 시장의 질서와 국가 경쟁력 구도가 흔들릴 수 있는 천재일우의 기회 말이다. 그 열쇠는 인공지능과 사물인터넷 등 5G 기반의 초기술이다.

글로벌 경쟁력의 척도, 초격차 데이터 기술로 가른다

세계 최대의 해운 회사 머스크(Maersk)는 갈수록 다른 경쟁자들과 격차를 벌리고 있다. 파트너 100여 곳과 블록체인 기반의 물류 네트워크를 구축한 데 이어, IBM과 손잡고 '트레이드렌즈(TradeLens)'라는 글로벌 운송 플랫폼을 구축하였다. 이 플랫폼으로 중요한 배송 데이터를 실시간으로 추적하고 그 기록을 받아볼 수 있다. 쓸데없는 중간보고와 업무 단계마저 줄여 효율성까지 획기적으로 높였다. 무려 1억 5천만 건이 넘는 선박 정보와 매일 약 100만 건의 정보 등 어마어마한 데이터를 처리할 수 있다. 머스크의 경쟁력은 한층 높아졌고, 다른 경쟁 업체와 초격차를 벌리는 데도 성공하였다.

월마트도 초기술로 식품 공급망에서 초격차를 벌리는 데 빠른 행보를 보였다. 이 회사도 IBM과 손잡았다. '푸드 트러스트 블록체인 네

---

9 기획재정부, '혁신성장 확산, 가속화를 위한 2020 전략투자방향', 2019.8.

트워크'를 만들어 식품 공급망 추적 시간을 획기적으로 줄였다. 기존에는 일주일이나 걸렸던 시간을 불과 2.2초로 단축한 것이다. 하염없이 기다리던 시간을 찰나의 순간으로 바꾸어버렸다.

5G 기반 기술 혁신의 특징은 동시다발적이라는 것이다. 인공지능, IoT, 빅데이터, 5G 통신망, 블록체인 등 디지털 기술의 향연이 5G라는 장마당에 모여 4차 산업혁명의 불길을 활활 타오르게 한다. 산업구조의 근간을 뒤흔들고 비즈니스 모델을 둘러싼 수많은 다양한 데이터를 이리저리 연결한다. 복잡하고 고도화한 ICT를 활용해야 하지만, 정작 고객에게는 편리함으로 다가온다. 혁신 기술을 외면하지 않고 받아들인 기업들이 초격차의 주역이 되고 있다.

초격차의 핵심은 데이터이다. 방대한 데이터를 어떻게 관리하고 활용하는지에 따라 상승하느냐, 나락으로 떨어지느냐가 달려 있다. 일주일이나 걸리는 데이터 분석 시간을 단 2.2초로 줄여버리는 초기술이 초격차를 벌리는 일등 공신이다. 삼성전자는 반도체 업계의 불황과 일본의 무역보복에 따른 핵심 소재 수출 규제라는 악조건 속에서도 초격차 전략을 포기하지 않았다. 삼성전자의 반도체 기술은 이미 초격차의 수준에 올라섰다. 이 지위를 유지하면서 시장 악재에 대응하고 5G 기반의 미래 시장 선점과 선도에 나서겠다는 의지를 보이고 있다. 영업이익이 줄었다고 해도 2019년 상반기 동안 시설 투자에만 약 20조 원을 쏟아부었다. 관련 투자는 더 확대할 것이며, 기술 초격차와 이에 따른 시장 지배력을 놓치지 않겠다고 한다.

디지털 경제가 시작되면서 한동안 시장에서 절대 우위는 찾아보기 힘들었다. 기술 발달만큼이나 보급 속도도 빨라져 기술 평준화가 이루어졌기 때문이다. 중국이 20세기 후반부터 가파르게 성장할 수 있었던 이유이기도 하다. 글로벌 LCD 시장을 주름잡던 한국 기업들이 중국의 저가 생산과 공급에 밀려난 것만 봐도 시장 지배력은 한때의 우위를 뜻하는 말에 불과하였다.

그런데 이제는 초격차라는 말이 나올 정도로 상황이 달라졌다. 20세기 초반 자본주의 시장의 절대 강자들이 오랜 시간 버텼던 상황이 다시 재현될 가능성이 크다. 하루가 다르게 바뀌던 왕좌의 게임 양상이 달라지는 것이다.

5G와 결합한 초기술의 등장은 기술 평준화 시대를 접고 다시 한번 격차의 시대를 열었다. LCD 분야까지 따라붙은 중국이 우리 기업들을 변방으로 내몰고 있지만, 여전히 반도체 시장에서는 초격차를 실감하는 중이다. 중국은 2015년에 '중국제조 2025'를 선언하고 자국산 반도체 수요의 70%를 자체 생산하여 공급하겠다는 포부를 밝혔다. 그리고 2019년 연말부터 컴퓨터의 주력 메모리로 사용하는 D램 양산을 시작하겠다고 호언장담하였다.

중국은 정부 주도로 반도체 기업을 설립하여 빠르게 격차를 줄이려 한다. D램 양산을 선언한 반도체 기업 허페이창신은 설립한 지 약 3년 6개월 만에 삼성전자와 어깨를 나란히 하겠다고 나섰다. 그러나 시장의 반응은 냉담한 편이다. 2019년 연말에 생산할 수 있을지도 의문일뿐더러 품질 수준이 의심스럽다는 것이다. 삼성전자와의 기술 격차가 적어도 5년 이상은 된다는 분석이다.

중국의 반도체 시장 도전은 초격차와 관련해 두 가지의 상반된 해석을 낳는다. 첫 번째는 초격차를 줄이기 위해 국가와 기업이 사활을 걸고 공조하며 투자를 아끼지 않는다는 것이다. 두 번째는 그런데도 초격차를 줄이기가 쉽지 않다는 것이다. 왜 기업과 국가들이 초격차를 유지하려고 하는지 이 사례만 봐도 알 수 있다.

초기술로 인한 초격차가 발생하는 시대에 기업의 전략과 의사결정은 또 다른 통찰력을 요구한다. 인공지능, 사물인터넷, 빅데이터 등이 어떻게 5G와 결합하여 새로운 제품과 서비스를 만들어낼지 예측하는 것이 매우 중요하다. 단지 최신 기술 동향에 관심을 기울이라는 뜻이 아니다. 개량과 개선에 그치는 기술 발전 트렌드에만 주목해서는 부족하다. 5G 초기술이 산업지도를 바꾸어놓고 업종의 경계를 무너뜨리는 경제와 사회 모든 분야의 지각변동에 대비해야 한다. 모든 산업이 갈라지고 무너지고 새로 솟아나는 판국에서 나락으로 떨어질 수도 있고, 새로운 땅의 주인이 될 수도 있다. 어쨌든 초격차의 운명을 피할 수는 없다.

우리나라가 '데이터 경제'를 선언한 것도 위기의식 때문이다. 인터넷 강국의 영광은 그 값어치를 다하였다. 상대적으로 낙후한 데이터 생태계와 뒤처진 인공지능을 비롯한 5G 기반의 초기술 개발에 국가와 사회가 전략적으로 나서야 한다. 갈수록 데이터 자산은 모든 산업을 혁신하는 마중물이자 경쟁력의 핵심이 될 것이다. 초격차의 우월한 지위를 확보할 수 있는 새로운 경쟁력의 비즈니스 발굴과 국가 운영 인사이트의 원천이 5G 시대의 초기술이다.

한창 무더위가 기승을 부렸던 2019년 8월은 여러모로 뜨거운 시기였다. 중국은 750억 달러어치의 미국산 제품에 5~10%의 관세를 부과하겠다고 나섰다. 미국산 자동차와 부품에도 최고 50%에 달하는 관세를 물리겠다고 선전포고하였다. 그러자 미국의 트럼프 대통령도 발끈하였다. 2,500억 달러에 달하는 중국산 제품에 부과하는 관세를 30%까지 끌어올리겠다고 응수하였다. 추가로 나머지 3,000억 달러 규모의 중국산 제품의 관세도 5% 인상이 불가피하다는 보복 조치를 천명하였다.

G2라 부르는 미국과 중국의 갈등이 경제 전쟁으로 번지고 있다. 지난 세기만 해도 중국은 글로벌은커녕 아시아에서도 덩치 큰 종이호랑이 신세를 벗어나지 못하였다. 개방 정책을 펼친 뒤부터 글로벌 하청 국가를 자처하며 일본의 기술 개발, 한국의 핵심 제조, 중국의 하청 생산이라는 동북아시아의 산업 구조에 편입되어 있었을 뿐이다. 그러나 중국은 이제 미국과 어깨를 나란히 하는 G2가 되었다. 중국이 성장할 수 있었던 것은 하청 구조에서 축적한 자본과 기술로 미래 전략을 디지털 경제에 맞췄기 때문이다.

규모의 경제로만 보면 중국을 제대로 분석할 수 없다. 중국은 핀테크, 디지털 분야의 제조업, 디지털 커머스 등을 집중 육성하여 20세기 경제의 틀에서 일찌감치 벗어나려 노력하였다. 국가가 주도하는 경제 구조의 사회주의 국가답게 일사불란한 움직임을 보여줬다. 미래를 위해서라면 그 어떤 희생도 감수한다는 식으로 불도저처럼 밀어붙였다. 이제는 제조업 하청 구조의 말단에서 초연결, 초기술 디지털 경제의 선두주자로 우뚝 섰고, 한국과 일본은 국가 안보 측면에서도 중국의 경제 성장을 두려운 시선으로 바라봐야 하는 처지가 되었다.

전 세계 유니콘 기업의 1/3이자 총 기업 가치 중 43% 차지, AR과 자율주행차를 비롯한 로봇과 드론 등 디지털 신경제의 투자 규모 글로벌 TOP 3. 이것이 중국의 현재이다. 10년 전만 해도 전 세계 전자상거래의 1% 규모에 불과하던 중국이었다.[10] 인터넷과 IT 강국으로 인정받던 우리나라는 드론과 전자상거래 등에서 이미 중국에 주도권을 빼앗기고 말았다.

중국의 거침없는 질주는 확실히 초기술의 확보와 초격차의 지위를 누리는 데 맞춰져 있다. 보험사만 해도 인공지능과 초연결, 빅데이터 등을 넘나들며 차원이 다른 경쟁력을 갖췄다. 평안(平安)보험은 자동차 사고가 나면 3분 이내에 AI 컴퓨터가 견적을 보내준다. 스마트폰으로 전달한 견적을 고객이 보고 승인하면, 곧바로 처리 결과를 보내주고 송금까지 마친다. 평안보험은 '초고속 현장 조사 시스템'으로 한 해에 700만 건이 넘는 건수를 처리하였다. 게다가 허위신고까지 실시간으로 확인할 수 있어 연간 7억 5천만 달러가 넘는 비용 절감까지 이뤘다. 초기술이 기업의 경쟁력과 생산성, 효율성까지 보장해준다는 사실을 성과로 보여줬다.

보험사까지 초기술을 활용할 정도이니 웬만한 분야에는 이미 이러

---

10 "혁신으로 도약하는 중국", 〈포춘코리아〉, (2018.3)

한 기술들을 적용하고 있다고 봐도 무방하다. 대출 신청자를 심사할 때도 안면 인식 프로그램으로 실시간 조회를 하고, 일반 가게에서도 핀테크로 결제할 수 있다. 의료 분야는 아예 초기술 활용을 위해 활짝 열어놓았다. 핑안보험은 '1분 무인 진료소'를 만들었다. 이곳에서는 환자가 직접 혈압과 체온을 잰 뒤에 AI 닥터에게 증상을 이야기한다. 그리고 AI 닥터가 내린 진단으로 원격지에 있는 의사로부터 처방전을 받는다. 모바일 앱으로 진단과 치료법 제공, 의료진 예약부터 약품과 의료기기 구매까지 가능하다. 핑안보험은 2017년 시가총액 기준으로 세계 1위의 보험사이다.

아직은 5G와 초기술의 원천 기술을 미국이 주도하고 있다. 그러나 실사용과 사업화는 중국이 훨씬 앞선 양상이다. 미국이 굳이 화웨이를 콕 집어 제재를 가한 것도 5G 패권 경쟁의 의도가 숨어 있다는 분석이 나올 정도이다. 글로벌 브랜드의 영향력을 지도에 표시한다면 화웨이나 알리바바 등 중국 기업을 상징하는 짙은 빨간색이 상당 부분을 뒤덮을 것이 분명하다.

미국과 중국의 경제적인 충돌을 상징적으로 보여주는 화웨이 규제를 둘러싼 배경에는 보안 관련 이슈가 있다. 미국의 국가 안보와 기업 비밀 누출이 주요 쟁점으로 떠오른 것이다. 하지만 미국의 속내는 5G 네트워크 관련 패권을 빼앗기지 않겠다는 것이다.[11] 화웨이는 세계 최대의 네트워킹 장비 공급업체이다. 스마트폰 제조에서도 세계에서 두

---

11 〈MIT 테크놀로지 리뷰〉는 2019년 2월호에 미국 정부가 인터넷으로 모든 것이 연결된 현 상황에서 중국 기업이 5G 인프라를 통제하게 된다면 너무나 위험하다고 판단한다는 기사를 실었다. 즉, 5G와 관련한 기술 패권이 중국으로 넘어가는 것이 아니냐는 우려 때문에 화웨이를 경계한다는 뜻이다.

번째로 큰 규모를 점유하고 있다. 화웨이는 5G 시장의 점유율을 거의 독점적으로 가져갈 수 있는 유리한 입장이다.

ICT와 5G로 재편되는 글로벌 경제에서 중국은 과거와 다른 면모를 보이며 우위를 점하려 하고 있다. 기술력과 자본을 양손에 쥐고 호시탐탐 맹주 자리를 노린다. 미국은 호기롭게 세계의 맏형 노릇을 할 여유가 없다. 트럼프 대통령의 막무가내로 비치는 변덕과 독선 때문에 갈등이 벌어진다고 할 수만은 없다. 미국 우선주의를 내세우는 태도 뒤에는 5G 패권 다툼에서 주도권을 빼앗겼을 때 벌어질 초격차에 대한 우려가 짙게 깔려 있다.

자국우선주의와 보호무역주의의 양상을 띤 G2의 갈등과 경쟁이 치열해지면서 그동안 세계경제 질서를 지탱해온 자유무역주의가 곳곳에서 균열을 일으키고 있다. 당장 일본이 한국에 가한 무역보복도 여러 역사적 갈등이 그 배경에 있지만, 미래의 경제 전쟁을 의식한 결정이라는 분석도 있다. 한국의 급부상과 일본 제조업의 몰락 조짐에 따른 선제 조치라는 것이다. 그런데 일본의 의도와 달리 한국은 강력하게 반발하며 자구책을 마련하고 있다. 일본이 한국의 아킬레스건이라 여겼던 반도체 분야 부품 핵심 소재 수출을 막은 것도 갈수록 역효과를 낳는 듯하다.

한국과 일본의 갈등이 무역보복으로 이어졌을 때 미국은 중재자 노릇을 제대로 하지 않았다. 중재는커녕 방관자의 입장에 가까웠다. 적극적인 중재자와 맏형 노릇을 하던 과거와는 다른 대응 방식을 보여줬다. 어쩌면 각자 문제는 각자 알아서 하라는 식이다. 당장 내가 아쉬울 것이 없으니 팔짱 끼고 보는 것이다. 그러다 중국이 움직이면 패권 경쟁에서 주도권을 놓치지 않으려고 반응할 것이다.

중국의 부상과 일본의 침체는 아시아의 시장 구도와 힘겨루기에도 많은 변화를 불러일으켰다. 그 핵심은 초기술이다. 전통적인 제조업에 강한 일본은 소니의 몰락 이후 초기술 분야에서 상당한 위기감을 가지고 있다. 그나마 한국은 외환위기 이후 성장 방향과 동력을 ICT로 삼은 터라 아직은 기회를 엿볼 수 있다. 반면, 완전히 주도권을 잡은 중국은 동북아시아뿐만 아니라 아시아를 넘어 세계의 패권을 거머쥐려 한다.

유럽의 분열도 심상치 않다. 유로화와 EU로 단일경제권을 향해 달려가던 유럽이 영국의 브렉시트 파문으로 한순간에 분열과 자국중심주의로 빠져들었다. 브렉시트뿐만이 아니다. 독일과 프랑스의 경제 주도권 다툼과 남부 유럽의 경제 불안정에 따른 위기 확산 등으로 제 살길을 찾는 분위기가 앞으로도 계속될 듯하다.

서로 공생하며 경제 발전을 해보기는커녕 각자도생(各自圖生)의 시대가 되었다. 바야흐로 춘추전국시대가 다시 돌아온 셈이다. 전 세계가 각축전을 벌이는 와중에는 동맹과 경쟁국의 구분이 모호해진다. 최근 글로벌 경제는 기존의 지형과 경계를 무너뜨리고 새로운 경제지도를 그리는 중이다. 쉽지 않은 생존의 길은 초격차의 아슬아슬한 줄타기라서 더욱 불안하다. 말 그대로 초격차로 벌어지면 쉽게 따라붙지 못한다. 4차 산업혁명과 초기술 경쟁에서 낙오하면 오랜 세월을 힘겹게 추격하는 신세로 전락할지도 모른다.

우리나라는 이러한 위태로운 경쟁에서 겨우 중심을 잡으려 한다. 그러나 갈 길이 멀다. 언제까지 줄 위에서 흔들리고 있을 수는 없다. 초격차의 건너편으로 옮겨갈 일이 남았다. 과연 어떻게 해야 할까?

다시 손정의 회장 이야기로 돌아가보자. 지난 2016년에 손 회장은 '싱귤래리티(singularity)'라는 말을 꺼냈다. 당시 그는 인공지능이 인간의 지능을 넘어서는 순간이 다가오고 있다고 하였다. 그 순간이 바로 특이점, 즉 싱귤래리티이며, 그때가 되면 인류는 큰 기회를 얻는다고 하였다. 그리고 손 회장은 1,000억 달러의 투자를 발표하였다. 사물인터넷과 인공지능의 결합이 신산업을 창출한다면서 영국 반도체 회사 ARM을 36조 원에 사들였다. ARM의 연간 매출이 1조 4천억 원이었을 때다. 이 인수 건은 패착이라는 지적을 받았고, 소프트뱅크의 주가는 인수 발표일에 10%나 떨어졌다. 그런데 2018년이 되자 소프트뱅크의 주가는 ARM 매수 직전보다 두 배 이상으로 뛰어올랐다.

미국과 중국의 패권 경쟁은 강 건너 불구경의 대상이 아니다. 당장 우리 경제와 안보에 직접적인 영향을 미치고 있다. 모두가 자기 생존에 매달리는 상황에서 우리라고 손 놓고 싸움 구경만 할 수는 없는 노릇이다. 특히 미국과 중국의 패권 경쟁이 4차 산업혁명의 핵심인 초기술을 두고 벌어진다는 사실에 주목해야 한다. 손정의 회장이 한국에 와서 문재인 대통령에게 건넨 인공지능 이야기가 무조건 맞다는 이야기가 아니다. 그의 말이 과거에 맞아떨어졌기 때문에 무작정 맹신하려는 태도도 경계해야 한다. 다만, 우리는 앞을 내다보는 포석을 깔고 있는지 되돌아볼 필요는 있지 않을까?

손 회장은 종종 바둑을 인용하여 경영전략을 이야기한다. 스무 수, 서른 수 앞을 내다보고 이 순간 왜 이 지점에 돌을 두어야 하는지 고민하고 결단을 내리라는 것이다. G2마저 생존을 걸고 전쟁에 가까운 몸부림을 치는 마당에 한국의 기업과 정부는 어떤 전략과 실행 계획을 세워놓았는지 냉철하게 따져봐야 한다. 그래야만 아슬아슬한 줄타기에서 벗어나 초기술의 초격차 대열에서 우위에 설 수 있다.

5G가 바꾸는 세상 : 사회·문화 분야의 디지털 대전환

5G 기반의 초기술은 모든 것을 연결하고 이를 통해 경계를 무너뜨리는 초연결의 특징을 가진다. 초연결은 기술과 산업뿐만 아니라 사회와 문화 분야의 경계도 허물어버린다. 사회적 관행과 각종 규제가 새롭게 바뀌며, 정치에서는 주권자인 국민의 직접 참여를 확대한다. 초연결을 통해 마침내 민주주의의 가장 이상적인 형태인 직접민주주의를 구현할 수 있을 것이라는 전망도 대두하고 있다.

개인과 기업, 국가도 커다란 변화를 눈앞에 앞두고 있다. 스마트홈과 스마트오피스, 자율주행차 프로그램을 구성하는 초지능은 딥러닝을 통해 스스로 진화하며 사람이 하던 많은 일을 대체하고 있다. 가사노동을 비롯해 일상적인 노동의 부담이 대폭 줄어들어 개인의 삶이 편리해진다. 5G 기반의 초융합 기술은 여유 시간을 얻은 사람들에게 차원이 다른 엔터테인먼트와 콘텐츠를 제공한다. 보고 듣는 것을 넘어 마치 실제로 체험하는 듯한 효과를 주는 실감형 미디어는 이미 서비스 중이다.

　기업과 국가는 새로운 경쟁력을 고민해야 한다. 초시대에 맞는 경쟁력을 갖추지 못하면 쉽게 따라잡지 못할 만큼 초격차가 벌어진다. 과거에는 후발주자가 선발주자를 추격해서 따라잡을 수 있었지만, 5G 초기술을 바탕으로 하는 4차 산업혁명 시대는 추격자 모델이 통하지 않는 초격차의 시대이다. 각종 최첨단 기술과 산업 구조를 바꾸는 디지털 트랜스포메이션은 단순 모방이 아예 불가능하다. 이러한 특성은 국가 간의 초격차를 더욱 벌릴 것이다.

　5G 초기술의 발전에서 시작한 변화는 경제와 산업 부문의 변화를 넘어 이제 우리의 일상을 바꾸고 사회와 문화에 새로운 바람을 일으킨다. 최근 급격하게 성장한 소위 '플랫폼 경제(Platform Economy)'는 노동 시장의 개념을 변화시키며 노동에 관한 새로운 정의를 요구하고 있다. 또 정부의 모든 의사결정 과정은 투명하게 공개되고, 국민들은 정책에 관해 의사를 자유롭게 표현할 수 있다. 끊임없이 새로운 이슈

가 올라오고 폭발적인 응원과 지지가 이어지는 청와대 국민청원 게시판의 현황만 봐도 그렇다. 이제 일방적인 소통의 시대는 지나갔다. 첨단 기술과 정보, 빅데이터 등을 잘만 활용한다면 쌍방향의 원활한 소통이 이루어지는 더 완전하고 새로운 민주주의의 모델을 만들 수 있을 것이다.

이처럼 5G 기반의 새로운 초기술에서 파생한 새로운 문화를 어떻게 이용하고 공유할지는 우리 스스로 결정해야 한다. 무엇보다도 데이터를 은밀히 저장·독점하거나 사용을 통제하면 안 된다. 독점과 규제, 통제는 사회 구성원 간의 갈등, 국가 간의 갈등만 불러일으킬 뿐이다. 모두의 이익을 위해 데이터를 끊임없이 공유하고 순환해야 한다. 앞으로 다가올 새로운 시대에는 소유에서 경험으로, 독점에서 공유로 대지각변동이 일어나는 전혀 새로운 세상이 만들어질 것이다. 그리고 그 기반은 5G 관련 초기술에 있다.

스마트 시대의
디지털 플랫폼과 노동

01

미국의 샌프란시스코는 대도시답게 대중교통 이용량이 많다. 그런데 샌프란시스코 교통당국의 보고서에 따르면, 2012년 이후 2년 6개월 동안 기존 택시의 월평균 영업운행 횟수(승객을 태우고 운행한 횟수)가 1,400회에서 700회로 절반이나 줄었다고 한다. 그만큼 많은 사람이 한꺼번에 도시를 떠난 것일까? 도대체 무슨 일이 벌어진 것일까?

샌프란시스코는 우버(Uber)의 탄생지이다. 2012년은 우버가 그 도시에서 자신의 존재를 알린 해이다. 우버뿐만 아니라 리프트(Lyft)의 본사도 그곳에 있다. 차량 공유 서비스의 두 강자는 바짝 마른 모래에 물 스며들듯 도시를 점령하였다. 샌프란시스코에서 가장 큰 택시 회사였던 옐로캡은 우버가 등장한 지 4년 만에 파산 신청을 하고 말았다. 우버나 리프트는 차고지도 없고 회사가 보유한 영업용 차량도 없는 회사이다. 택시가 한 대도 없는 택시 회사 때문에 수많은 택시를 보유한 회사가 무너진 셈이다.

이처럼 수많은 이용자가 생산한 빅데이터를 이어주고 활용하는 초연결 환경이 경계를 무너뜨리고 시장의 판도를 뒤집어놓은 사례는 꾸준히 등장하고 있다. 플랫폼 비즈니스는 규모의 경제라는 경제 원칙을 무너뜨렸다. 자본, 노동력 등 생산에 투입하는 요소의 크기보다는 '연결'로 승부를 건다. 에어비앤비는 메리어트 호텔의 가치를 넘어섰다. 메리어트 호텔처럼 직접 숙박업소를 운영하지 않는데도 말이다. 그저 숙소가 필요한 사람과 유휴 공간을 제공하고 싶은 사람을 연결할 뿐이다.

플랫폼 산업의 등장은 노동의 형태도 바꾸었다. 플랫폼 산업에서는 정규직인지 아닌지가 핵심이 아니다. 각자 필요에 따라 우버 택시 운전이나 배달 대행, 대리운전 등을 한다. 앱을 통해 직접 소비자와 만나고 정해진 노동시간이 없다. 연결만 하면 된다. 연결이 사업의 기회이자 노동의 전제 조건이다.

변화는 여기서 그치지 않는다. 공급자와 수요자, 플랫폼의 삼위일체는 경제활동을 포함한 모든 삶과 그 삶의 터전까지도 바꾸는 중이다. 단지 기술이 발달하고 도시의 모양새가 변하는 수준이 아니다. 어쩌면 지금까지 진화해온 도시와 다른, SF 영화에서나 보던 첨단 도시의 모습이 우리 눈앞에 나타날 날이 머지않았다.

플랫폼 시대, 개방과 연결의 명암

플랫폼 경제는 독점을 허용하지 않으며 효율성과 연결성을 중시한다. 여기에 개방성까지 더해서 누구라도 참여할 수 있으니 선발주자의 기득권을 유지하기가 쉽지 않다. 반면, 새로 시장에 뛰어드는 후발주자에는 더없이 유리하다. 스타트업 기업이 적은 자본으로, 경험보다 아이디어로 승부를 걸기에 적합한 이유이다. 우버나 리프트 역시 아이디어 하나로 시작한 플랫폼 비즈니스이다.

그런데 이 회사들을 전통적인 재무 관점에서 보면 고개를 갸웃거리게 된다. 연간 적자가 1조 원이 넘는데도 불구하고 우버의 시가 총액은 80조 원이 넘고 리프트는 약 25조 원에 이른다. 우버는 자동차한 대 없는 모빌리티 기업인데도 폭스바겐이나 현대자동차보다 기업가치가 더 높다. 아무리 적자 규모가 커도 기업 가치가 그보다 훨씬 크니 문 닫을 이유가 없다. 게다가 미래 전망은 더 밝다. 모빌리티 산업의 흐름이 전통적인 방식에서 플랫폼으로 넘어가고 있으니 말이다.

천문학적인 적자에도 불구하고 우버나 리프트가 플랫폼 비즈니스의 주역으로 자리매김한 이유는 무엇일까? 우버나 리프트의 가장 큰 자산은 데이터이다. 승객이 우버를 이용할 때 결제하는 요금만이 수익이 아니다. 서비스의 각 프로세스에서 발생하는 모든 데이터가 이들 회사에 수익을 가져온다. 어디서 호출을 많이 하는지, 경로가 어떻게 되는지 등의 정보로 도심 인구와 물류의 이동을 알 수 있다. 이 데이터가 쌓여 빅데이터가 되고, 초연결을 통해 또 다른 사업 기회를 제공한다.

우리나라의 모빌리티 플랫폼 시장도 '쏘카'와 '카카오택시'에 이어 최근 '타다'까지 가세하는 등 빠른 속도로 성장하고 있으며 이용자들의 반응 또한 상당히 긍정적이다. 물론 택시 업계와 기사들의 격렬한 반발에 부딪혔고, 새로운 세력인 모빌리티 기업들과 기존 세력인 택시 업계의 갈등은 극한으로 치달았다. 어떻게 보면 주도권 싸움처럼 보이지만, 사실 모빌리티 기업들은 택시 회사를 경쟁자로 보지 않는다. 택시 시장을 극복해야 할 과거형 산업 구조로 여길 뿐이다. 시장 자체에 눈독을 들이기보다는 다가올 가까운 미래에 초점을 맞춘다. 공유와 자율이라는 자동차 문화, 자율주행 자동차의 시대를 향해 가는 중이다.

공유 차량 플랫폼 비즈니스의 앞길은 탄탄해 보인다. 차량을 소유하고 있으면 들어가는 비용이 만만치 않아 가뜩이나 가벼워진 지갑의 비애를 느낄 수밖에 없다. 1인 1차량 탑승은 자가용의 가성비 관점에서 최악이고, 불필요한 유휴 자산은 사회적 자원의 낭비나 다름없다. 매연과 미세먼지 등 환경오염 이슈도 갈수록 첨예화하고 있다. 이런 문제들을 해결하면서 수익도 창출할 수 있으니 두 마리 토끼를 잡는 셈이다. 이렇듯 플랫폼 비즈니스는 공급자와 수요자, 플랫폼의 삼자가 공유와 연결이라는 네트워크로 생태계를 만든다.

공유와 연결이라는 가치는 사회적이다. 사회적 가치를 내세우니 기업의 이익보다 공동체의 이익을 우선하는 듯 보인다. 과연 그럴까? 기업은 이윤 추구를 하지 않으면 문을 닫아야 한다. 플랫폼 사업자도 당연히 이윤을 추구한다. 다만, 그 원동력이 데이터의 확장성에 있을 뿐이다. 모빌리티 사업자는 '이동'을, 공유 숙박 사업자는 '숙박 취향'을 데이터로 수집해서 물류나 개인 맞춤형 서비스로 연결한다.

플랫폼 사업자는 데이터라는 자산으로도 막강한 자본력을 갖춘 기업들과 경쟁할 수 있다. 생산원가, 물류 등 전통적인 비용 부담도 적다. 데이터가 자본이라서 혹자는 '데이터 자본주의'[1]라고 부르기도 한다. 이 데이터 자본주의는 벌써 시장에서 세대교체를 주도하는 중이다. 간편 송금 서비스로 유명한 '토스'의 비바리퍼블리카는 기업 가치가 1조 원이 넘는 비상장 스타트업을 뜻하는 유니콘 기업으로 떠올랐다. 어떤 은행이라도 상관없이 서비스를 이용할 수 있는 플랫폼으로 단숨에 시장에 돌풍을 일으켰다.

시장의 패러다임이 디지털 플랫폼으로 바뀌면서 노동의 형태에도 큰 변화가 나타났다. 플랫폼 노동자는 기존 방식과 달리 특정 기업에 채용되어 일하지 않는다. 원하는 시간에 원하는 만큼만 일시적으로 고용되어 인력 수요자(고객)가 원하는 노동을 제공해서 수입을 창출한다. 이러한 일자리를 가리켜 긱워크(gig work, 독립형 일자리)라 하고, 긱워크가 창조하는 경제를 긱이코노미(gig economy)라 부른다. 에어비앤비, 우버, 리프트 등 공유 경제 플랫폼이 대표적이다. 국내에도 음식 배달 앱을 통한 배달 대행 업체인 '배달의 민족'과 '요기요', 재능 공유 플랫폼 업체인 '크몽' 등이 있다. 크몽에서는 마케팅, 통번역, 프로그래밍, 디자인 등 여러 카테고리의 노동이 거래된다. 누적 투자액이 110억 원이 넘어갈 만큼 시장의 관심도 크다.

긱워크와 긱이코노미는 플랫폼 시장의 성장과 함께 확산하고 있다.

---

1 빅데이터 전문가인 빅토어 마이어 쇤버거(Viktor Mayer-Schonberger) 교수는 저서 『데이터 자본주의』(21세기북스, 2018)에서 데이터가 경제활동의 추진제로 돈을 대신하고 있다고 주장하였다.

우버는 2018년 초를 기준으로 전 세계 160만 명 이상의 기사와 독립 계약자(independent contractor) 형태인 '드라이브 파트너'로 계약하여 운송 서비스를 제공하고 있다. 미국 컨설팅 업체 맥킨지&컴퍼니는 2015년 발표한 보고서에서 '2025년까지 긱 이코노미가 창출하는 부가가치가 전 세계 GDP의 2%에 해당하는 2조 7000억 달러에 달하고, 약 5억 4000만 명의 인구가 긱이코노미의 혜택을 입을 것'으로 예상하였다.

독일은 4차 산업혁명을 앞둔 시점에 인더스트리 4.0(Industry 4.0)을 발표하며 산업 전반에 걸친 방향성을 제시하였다. 이와 동시에 국가적 관점에서 바라본 노동 정책인 노동 4.0(Arbeit 4.0)도 함께 내놓았다. 한국고용정보원과 과학기술정책연구원이 발표한 미래연구보고서에 따르면, 2020년에는 우리나라도 플랫폼 노동자 확산이 사회의 주요한 이슈가 될 가능성이 높다고 한다. 당장 우리 사회에 긍정이든 부정이든 충격파를 안겨줄 사안이다.

정부와 기업은 플랫폼 비즈니스의 성장과 일자리 창출을 전략적으로 바라보고 있다. 4차 산업혁명의 높은 파고에 휩쓸리지 않고 파도 위를 타려고 노력한다. 플랫폼 노동도 마찬가지여야 한다. 법과 제도의 초점을 새롭게 등장하는 사회 시스템에 맞추고 디지털 플랫폼으로 대체되는 산업 환경에 대한 사회적 공론화와 정책 제시가 필요하다.

스마트시티, 사람이 중심이 되는 도시와 에너지 이용

버려진 항구, 쇠락한 작은 어촌. 핀란드의 칼라사타마(Kalasatama) 라는 동네는 우리말로 해석하면 '고깃배 항구'로, 10여 년 전만 해도 아무도 찾지 않는 그저 그런 마을이었다. 그랬던 칼라사타마가 주목받기 시작한 것은 신도시로 개발에 성공하였기 때문이다. 그런데 그 '신도시'가 우리가 흔히 아는 그것과는 사뭇 다르다.

수도 헬싱키의 인구가 자꾸만 늘어나자 핀란드 정부는 신도시 부지를 물색하였고, 이곳을 낙점하였다. 물론 신도시 하나 만드는 것쯤이야 별일은 아니다. 그러나 칼라사타마는 2010년에 첫 삽을 뜰 때부터 '스마트시티'를 꿈꾸었고, 지금은 유명한 스마트시티 사례로 전 세계에 널리 알려졌다. 사물인터넷과 자율주행차, 스마트그리드(Smart Grid) 등 4차 산업혁명의 아이콘이 모두 결집해 있다. 에너지 정책도 혁신적이다. 태양열, 풍력 등 신재생에너지를 생산해서 쓴다.

칼라사타마는 단지 미래 기술의 집합체로만 유명한 것이 아니다. 무인버스가 다니고, 공유 공간을 대여하고, 교통 앱으로 대중교통을 이용하는 이 도시는 시민 참여를 전제로 한 시정을 펼친다. 리빙랩 (Living Lab)이라는 시스템으로 시민이 직접 기업의 신기술을 시험하고 채택한다. 시민들의 동의가 없으면 시 정부가 임의로 기술을 도입할 수 없다. 불필요한 세금을 줄일뿐더러 1만 개 이상의 일자리까지 창출하는 등 4차 산업혁명의 모범도시라고 해도 지나치지 않다. 무엇보다 도시 운영의 시행착오와 이에 따른 비용을 줄일 수 있다는 점이

눈여겨볼 만하다.

'심시티(Sim City)'라는 게임이 있다. 가상의 도시를 건설하는 게임이다. 부동산과 대중교통, 교육, 의료, 항만, 공항 등 전부가 실제 도시 공간과 매우 흡사하다. 하지만 그 과정은 꽤 까다롭다. 그냥 건물만 짓고 도시를 만들면 끝이 아니다. 경영도 해야 한다. 경영을 잘하지 못하면 도시는 파산을 피할 수 없다. 갑자기 재난이 닥칠 때는 위기에 적절히 잘 대응해야 도시를 보존할 수 있다.

게임에서는 파산하더라도 잠시 속상해하면 그만이다. 그런데 이것이 현실이라면 어떨까? 하나의 도시를 건설하고 경영하기가 얼마나 어려운가. 막대한 예산을 쏟아부어야 하고, 파산은 말 그대로 '재앙'이다. 실제로 외국에는 파산한 도시가 여럿 있다. 우리나라의 몇몇 지자체들도 파산의 공포에서 벗어나지 못하는 것이 현실이다.

디지털 트윈은 이러한 공포와 파산의 가능성을 줄여준다. 싱가포르는 정부와 기업이 손을 잡고 '버추얼 싱가포르(Virtual Singapore)'라는 디지털 트윈 프로젝트를 선보였다. 3D 디지털 환경에 무려 7천만 달러가 넘는 가치를 지닌 데이터를 이용하여 실제 싱가포르와 똑같은 가상 도시를 구현하였다. 핀란드의 칼라사타마처럼 이곳에서도 시뮬레이션으로 교통이나 에너지, 환경 등 행정 서비스를 미리 체험하거나 신기술을 적용해볼 수도 있다. 가령, 홍수 문제로 골치가 아팠던 싱가포르는 디지털 쌍둥이 도시에서 수위를 모니터링하며 대비한다. 이제는 갑자기 강수량이 증가할 때 시뮬레이션해본 대로 대응하면 피해를 막을 수 있다.

싱가포르는 이렇게 만든 스마트시티를 국가 전체로 확장할 계획을 공개하였다. 2014년에 미래 10년 비전으로 '스마트네이션(Smart Nation)'을 내걸고 모든 정부 기관이 보유한 데이터와 디지털 기술을 초연결로 도시와 국가 운영에 활용하겠다고 밝혔다. 차량 공유, 에너지와 물 자원 절약, 자율주행차량 운행 등 초연결 시대의 국가로 거듭나려는 이상을 보여준 것이다.

우리나라도 2021년 입주를 목표로 세종시와 부산에 스마트시티 시범도시를 조성하고 있다. 세종시만 해도 총사업비가 1조 5천억 원에 이른다. 인공지능과 블록체인, 모빌리티, 헬스케어, 에너지 환경 등 스마트시티의 기술적 구현을 앞두고 있으며, 거버넌스와 일자리 창출 등 스마트시티의 모범 사례 제시가 중요한 목표라고 한다. 부산에는 그보다 더 많은 예산인 2조 2천억 원대의 사업비가 들어간다. 고령화 사회에 맞춰 로봇을 활용하고 첨단 스마트 물(水) 관리 기술을 적용한 한국형 물 특화 도시 모델을 내세웠다.

스마트시티는 5G로 연결한 데이터를 기반으로 기존 도시와 차별화한 공간이다. 도시 자체가 인간과 같은 하나의 유기체라면 데이터는 복잡한 신경회로가 다닥다닥 연결된 형태라고 할 수 있다. 각 분야의 데이터는 실시간으로 플랫폼에 모인다. 교통이나 에너지 등 도시 문제가 발생하면, 기존 도시는 인프라를 더 늘리거나 인적 자원을 추가로 투입하였다. 하지만 스마트시티는 도시에서 자체 수집한 데이터를 분석하여 효율적인 자원 활용으로 문제를 해결한다.

스마트시티도 수많은 인구가 살아가는 공간이라 에너지는 필수이다. 에너지를 제대로 공급하지 않으면 도시의 모든 것은 멈추고 죽은 도시가 되고 만다. 하지만 에너지 관련 정책의 수립은 여간 복잡하고 골치 아픈 일이 아니다. 자원의 경제성도 따져야 하고, 미세먼지 발생 등 에너지 사용에 따른 환경 문제까지 해결해야 한다. 스마트시티의 스마트 에너지는 이런 골칫거리를 해결하는 대안이다.

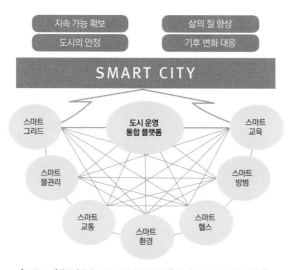

[그림 3-1] 한국형(K) 스마트 시티 개념도 (출처: 한국토지주택공사(LH))

스마트 에너지의 핵심은 친환경 소규모 발전 시설과 적정 생산, 적정 사용이다. 뒤의 두 가지는 IoT 기반의 스마트 에너지 플랫폼 기술로 가능하다. 에너지 공급과 수요를 관리할 뿐만 아니라 공유와 거래까지 할 수 있다. 미국 하와이의 마우이에서는 2011년부터 신재생에너지와 전기차 보급 등 스마트 에너지 정책을 펼치고 있다. 태양열과 풍력을 이용한 자급자족 에너지원 활용도 눈에 띈다.

5G 초연결사회, 완전히 새로운 미래가 온다

스마트 에너지는 전기 사용량과 공급량, 전력선의 상태까지 알 수 있는 지능형 전력망 스마트미터를 구축한 스마트그리드로 관리가 이루어진다. 가정과 기업마다 연결된 센서로 각각의 데이터를 보내면 초연결로 실시간 수집과 분석이 이루어진다. 수요와 공급의 적정 수준을 유지하고 문제 발생을 예측해서 해결하는 등 에너지 효율성을 극대화하고 안정적인 에너지 시스템을 유지할 수 있다.

스마트그리드의 최종적인 목표는 에너지 절감이다. 필요한 만큼 전기를 생산하고, 남는 전기는 축전기에 저장하였다가 필요할 때 다시 공급하면 버려지는 전기를 줄일 수 있다. 또 전력 수요를 분산해서 발전 설비의 효율을 증가시키고, 통신 기기에 직접 전력을 공급하는 전력 변환 장치나 축전지의 일부 또는 전체를 수전(受電) 설비, 예비 전원 설비와 분리하여 통신 기기의 근처에 분산하여 설치하는 방식을 통해 송배전 효율을 증대할 수 있다.

스마트그리드는 수요자가 생산자이기도 한 환경을 조성한다. 가정이나 건물 소유자가 태양광 에너지를 분산 생산하며, 이를 연료전지에 모아 판매할 수도 있다. GE는 프랑스의 카로(Carros)라는 마을에 이런 스마트그리드 시스템을 지원하고 있다. 카로 마을의 주민들은 전력 생산자이자 소비자이며, 모든 주택은 작은 자가발전소이기도 하다. 마을은 친환경 에너지를 자급자족한다. 전력 수요의 예측은 소프트웨어로 한다. 스마트 태양광 발전 송전망으로 재생 가능한 에너지를 전력망에 통합하며, 사용하고 남은 에너지는 개방성과 투명성을 담보할 수 있는 블록체인 기술을 이용하여 직거래로 판매한다.

한때는 꿈의 도시에 가까웠던 스마트시티가 이제는 현실로 다가오고 있다. 하지만 스마트시티는 기존의 공급자 중심 정책 위주로 진행되어서는 안 된다. 스마트시티는 민간과 수요자, 즉 시민의 참여로 완성할 수 있으며, 정책과 제도는 공유와 개방, 참여라는 원칙으로 만들어야 한다. 환경과 개발이 서로 대립하지 않고 조화를 이루는 것 역시 중요하다. 개발이나 기술보다 인간이 중심인 공간이 되어야 스마트시티가 진정한 미래 삶의 터전으로 자리 잡을 수 있을 것이다.

직접민주주의의 확대와 맞춤형 복지 시대

    미국 대통령선거는 우리나라처럼 모든 유권자가 투표하는 직접선거 방식이 아니다. 먼저 주마다 투표를 별도로 진행하고, 이 투표에서 승리한 선거인단이 그 주에 할당된 만큼의 표를 자신들이 지지하는 후보에게 전부 몰아주는 간접선거 방식이다.[2] 워낙 인구가 많은 나라이다 보니 이러한 방식이 합리적일 수도 있다. 하지만 이렇게 치르는 선거에서는 전체 득표수에서 지고도 당선되는 경우가 발생한다.

    대표적인 사례가 도널드 트럼프와 힐러리 클린턴이 맞붙은 2016년 대선이다. 트럼프는 선거인단 규모가 큰 주에서 많이 이긴 덕분에 대통령이 될 수 있었다. 조지 W. 부시와 앨 고어가 경쟁한 지난 2000년 대선에서도 유사한 일이 벌어졌다. 지난 대선 결과를 지켜본 일부 미국 시민들은 직접민주주의의 필요성을 강력하게 주장하였다. 선거인단 투표 제도의 허점으로 민의가 왜곡된다는 것이다. 그러나 그 많

---

2 이처럼 주 대표로 선출된 선거인단이 사전에 지지하기로 약속한 대통령 후보에게 표를 몰아주는 방식을 '승자독식제(Winner-takes-it-all)'라고 한다. 하지만 메인주와 네브래스카주처럼 승자독식제로 선거인단을 구성하지 않는 주도 일부 있다.

은 인구와 시차가 3시간이나 나는 지리적 특성 등으로 인해 직접민주주의의 실현은 현실적으로 거의 불가능하다는 인식이 지배적이다.

우리나라에도 직접민주주의의 확대를 요구하는 시민이 늘어나고 있다. 각종 선출직 선거가 국민의 직접 투표로 이뤄지고 있지만, 주민소환제 등 시민 개개인이 정치에 참여할 수 있는 폭을 더 넓히자는 주장이다. 물론 이러한 요구는 여러 정치적 이유뿐만 아니라 현실적 이유 때문에도 실현하기가 어려운 실정이다. 예컨대 잦은 투표에 따른 비용 부담과 일정 문제 같은 것들이다.

그러나 5G 기반의 초연결 시대에는 직접민주주의를 가로막는 현실적인 제약을 상당 부분 해소할 수 있다. 적어도 기술적 한계라는 장애물은 사라질 전망이다. 블록체인과 전자정부 등 ICT의 발달은 민주주의의 형식을 바꿀 뿐만 아니라 고령화와 개인화에 따른 맞춤형 복지라는 시대적 과제까지 해결하는 열쇠가 될 수 있다.

초연결과 정치·행정, 무엇이 달라지나

2018년 6월 미국 웨스트버지니아주에서는 아주 낯선 투표 풍경이 펼쳐졌다. 미국에서 처음으로 중간선거에 블록체인 기술을 이용한 온라인 투표를 도입하였는데, 해외 파병 군인을 포함해 외국에 나가 있는 유권자들이 부재자 투표를 좀 더 편리하게 할 수 있도록 기술적 서비스를 제공한 것이다.

5G 초연결사회, 완전히 새로운 미래가 온다

블록체인 기술을 활용한 이 획기적인 투표 시스템은 모바일 투표 플랫폼을 통해 진행하였다. 투표에는 안면 인식으로 신분증 사진과 일치 여부를 확인할 수 있는 '보아츠(Voatz)'라는 앱을 사용하였다. 모바일로 다운로드만 받으면 된다. 기존에는 부재자 투표를 위해 투표용지를 일일이 우편으로 보내야 했다. 하지만 이 새로운 투표 방식은 생체 인식 보안 시스템으로 인증을 마치면 투표할 수 있다.

투표는 가장 적극적인 정치 행위이다. 하지만 갈수록 떨어지는 투표율은 우리나라뿐 아니라 많은 나라의 골칫거리이다. 선거에 소요하는 비용도 만만치 않다. 이러한 점에서 모바일 투표는 낮은 투표율과 경제적 부담을 해소할 수 있는 유력한 대안으로 주목받고 있다. 스마트폰 등을 이용하여 시간과 장소에 구애받지 않고 손쉽게 투표할 수 있다는 점은 매력적이다. 다양한 투표 방식을 목적에 맞게 맞춤형으로 할 수 있다는 장점도 있다. 작게는 학교 회장 선거부터 지자체의 찬반투표나 정당 후보 선출까지 다양하게 활용할 수 있다. 보안 기술의 향상으로 비밀투표와 중복투표 방지 등 투표의 기본 원칙을 잘 준수할 뿐만 아니라 투·개표 과정의 투명성과 더불어 신속성과 정확성까지도 보장한다.

그러나 모바일 투표의 현실 도입은 우리나라를 포함해 전 세계에서 오랫동안 갑론을박이 이어진 이슈이다. 찬성하는 쪽은 편리성과 경제성을 내세웠고, 반대하는 쪽은 보안성을 이유로 들었다. 아무리 편리하고 경제적이라고 해도 해킹이나 조작 등으로 부정선거가 발생한다면 공정성을 훼손할 뿐만 아니라 민주주의의 근본마저 파괴할 수 있는 문제가 된다.

　그래서 최근 주목받고 있는 기술이 바로 블록체인이다. 블록(block)을 '연결(chain)'한다고 해서 블록체인이라 부르는 이 기술은 2007년 글로벌 금융위기 때 금융 시스템의 중앙집중화가 지닌 위험성을 감지한 사토시 나카모토(Satoshi Nakamoto)라는 사람이 개발하였다. 이후 그는 2009년에 암호화폐인 비트코인을 개발하여 이 기술로 실제 금융거래를 할 수 있음을 입증하였다.

　블록체인 기술은 말 그대로 데이터 블록을 체인 형태로 연결하는 '분산형 데이터 저장 기술'이다. 이 기술은 데이터 블록을 복제하여 수많은 컴퓨터나 스마트폰에 동시 저장하고, 그 내역을 모든 사용자에게 보여준다. 따라서 데이터를 중앙집중형 서버에 보관할 때와 달리 해킹이나 위조·변조의 위험성이 현저히 낮아진다. 그래서 일부에서는 블록체인을 '공공 거래장부'라고 부르기도 한다.

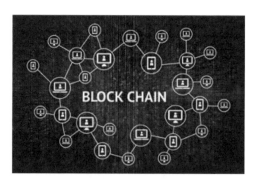

[그림3-2] 블록체인, 분산형 데이터 저장 기술

　　　　　　　　　5G 초연결사회, 완전히 새로운 미래가 온다

이러한 특성은 투표의 원칙과도 부합한다. 투명성과 위·변조 방지가 투표의 핵심 전제들이라는 점을 고려하면, 이 블록체인 기술로 모바일 투표의 약점을 대부분 극복하고 선거 과정과 결과의 신뢰성을 동시에 확보할 수 있다.

인터넷의 상용화가 이루어진 뒤로 디지털 기술은 정치에도 많은 영향을 미쳤다. 민주주의가 전 세계에 퍼진 이래 시민의 정치 참여는 오랜 과제였지만, 정치의 영역에서는 대의제라는 명분 아래 일부의 독점과도 같은 중앙집권적 정치 구조가 굳건히 유지되었다. 하지만 근래 들어서는 온라인과 SNS를 통해 다양한 정치적 의견을 활발하게 표출하고 실제 정치 참여로 이어지는 사례가 늘어나고 있다. 우리나라에서도 시민들의 자발적 참여가 눈에 띄며, 특히 2016년에 있었던 촛불집회처럼 기존 정치 행위를 초월한 새로운 양상이 나타나기도 하였다. 이러한 시점에서 투명성과 개방성, 공유성이라는 특성을 가진 블록체인이 주목받는 것은 어떻게 보면 당연한 일이다. '블록체인 민주주의'라는 말이 생길 정도로 많은 사람의 기대를 모으고 있는 이 기술이 과연 대의제의 문제점을 극복하고 분권 정치와 시민 참여 확대의 밑거름이 될 수 있을지 계속 지켜볼 필요가 있다.

블록체인과 같은 디지털 기술은 민주주의의 기반을 확대할 뿐만 아니라 정부의 행정 서비스도 바꾸어놓는다. 이렇게 디지털 기술을 활용해서 '다양한 행정 서비스를 온라인화하여 언제 어디서나 고객의 접근과 이용이 가능한 서비스형 정부'를 '전자정부(電子政府,

e-Government)'라고 한다.[3] 우리나라는 2002년 12월 1일부터 전자정부 서비스를 시행하였고, 세계 최초로 '전자정부법'을 제정한 바 있다. 요즘은 인터넷과 모바일로 민원 신청 및 각종 행정서류 열람 등을 할 수 있으며, 각 행정기관의 민원 정보가 온라인으로 통합되어 있어 어디에서라도 행정 서비스를 이용할 수 있다.

그런데 우리나라보다 한 발짝 더 나아간 나라가 있다. 냉전 시대 이후인 1990년대에 구 소련으로부터 독립한 에스토니아이다. 인구가 130만 명에 불과한 이 나라는 국토 면적이 우리나라의 절반 정도이며, 그나마도 울창한 숲이 국토의 절반을 차지하고 이렇다 할 천연자원도 없는 소국(小國)이다. 에스토니아가 성장 동력으로 삼은 것은 전자정부였다. 이 북유럽의 작은 나라에서는 아이가 태어나면 즉시 칩을 내장한 전자신분증을 발급해준다. 이 신분증으로 본인 인증만 하면 온라인으로 투표와 납세 등 웬만한 행정 서비스를 이용할 수 있다.

일찌감치 전자정부로 방향을 잡은 에스토니아는 러시아로부터 대규모 사이버 공격을 받은 뒤로 한층 더 업그레이드한 전자정부를 구현하였다. 블록체인 기술을 도입하여 국가 정보 교환 플랫폼인 '엑스로드(X-road)'도 구축하였다. 그 덕분에 정보 조작이나 해킹 같은 사이버 공격을 막을 수 있게 되었을 뿐만 아니라 수작업으로는 수백 년이 걸릴 일을 1년 만에 처리할 수 있을 만큼 효율성도 제고하였다. 기업에서나 볼 수 있는 최고정보책임자(CIO)라는 직책이 정부 차관급

---

3 한국정보통신기술협회의 정보통신용어 사전에는 "전자정부의 구현목표는 첫째, 국민 지향적 대민 서비스 실현과 둘째, 정부와 기업 간 업무처리의 효율성과 투명성 극대화, 셋째, 정부행정업무 처리의 생산성과 투명성을 극대화, 넷째, 안전하고 신뢰성 있는 정보유통 인프라 구축에 있다"라고 되어 있다.

으로 있다는 점 역시 주목할 만한 사항이다.

에스토니아는 전자정부로 경제까지 부흥하였다. 독립 당시만 해도 GDP가 2,000달러 정도였는데, 지금은 23,000달러에 근접한다.[4] 에스토니아의 전자정부가 블록체인을 활용하여 시행한 대표적인 경제 정책은 바로 '전자영주권(e-Residency)'이다. 2014년부터 온라인으로 100유로만 내면 어느 나라 국민이라도 발급받을 수 있다. 실제로 에스토니아의 전자영주권을 발급받은 한국인이 1,000명도 넘는다고 한다. 심지어 한국에 살면서 에스토니아에 회사를 만들어 창업할 수도 있다.

21세기는 블록체인과 같은 첨단 디지털 기술이 삶의 편리성을 가져다주는 동시에 정치나 행정 등에도 영향을 미치는 시대이다. 하지만 우려할 만한 점이 전혀 없는 것은 아니다. 새로운 기술과 결합은 또 다른 소외 문제를 발생하게 할 수도 있다. 고령층이나 ICT에 익숙하지 않은 사람들은 상대적으로 접근성이 떨어질 수밖에 없기 때문이다. 이러한 디지털 격차(digital divide)의 문제는 오히려 평등선거 원칙의 훼손과 같은 의도하지 않은 정치 참여의 불평등을 유발할지도 모른다. 몇몇 문제점이 예상되기는 하지만, 정치와 행정 서비스의 디지털 트랜스포메이션은 앞으로도 계속 빠른 속도로 이뤄질 전망이며, 이미 드러난 문제점들에 대한 개선책도 꾸준히 수립하고 적용할 수 있을 것으로 보인다.

---

4 통계청 국가통계포털(KOSIS)에 따르면, 2018년 우리나라의 1인당 GDP는 3만 3천 달러 정도이다.

한 독거노인이 아침에 일어나 TV를 켠다. 그러자 노인복지 담당 기관의 모니터링 시스템에 알림이 뜬다. 노인의 일과가 시작되었다는 메시지이다. 노인의 집에서 사용하는 가스나 수도, 전기의 현황도 사회복지 시스템에 전달된다.[5] 사용량이 현격하게 줄어들면 사회복지사가 노인의 집을 방문하여 건강에 문제가 없는지 확인한다. 옆에서 24시간 돌봐줄 가족이 없는 노인의 일상과 복지를 디지털 기술을 활용하여 실시간으로 보살피는 스마트 복지의 한 사례이다.

독거노인 같은 고령층이나 소외 계층은 복지의 주요 대상이자 사각지대이기도 하다. 자립할 경제력이 부족하여 국가가 돌봐야 하지만, 제한된 인력이나 예산으로 일일이 개별적인 복지를 하기에는 무리가 있다. 하지만 최근 복지 정책의 패러다임은 일방적이고 획일적인 방식보다 개인 맞춤형을 지향한다. 복지 수요자의 다양한 요구에 맞춰야 한다는 것이다.

복지의 개념은 빈곤의 해결에서 비롯되었다. 여러 나라에서 오랜 세월 동안 최저생계비 보장 등과 같이 빈곤층을 지원하는 복지 정책을 시행하였다. 세계적인 흐름을 보자면, 빈곤층 지원 위주의 복지 1.0에서 사회보험제도와 같은 복지 제도를 확산한 복지 2.0을 지나 복지국가의 축소나 합리적 정책 구현 등을 내세운 복지 3.0까지 왔다. 이제는 성장과 분배의 선순환 구조를 구축하여 극단적인 양극화 해

---

5 『노인과 미디어』, 홍명신, 커뮤니케이션북스, 2013.

소, 일자리 창출, 규제와 노동의 혁신을 이루고 사회 안전망을 만드는 복지 4.0의 시대로 진입하고 있다. 복지 4.0은 4차 산업혁명의 추세에 맞춰 디지털 기술과 결합한 새로운 복지 패러다임을 추구하며, 이것을 스마트 복지라고 부른다. 디지털 기술의 발달에 따른 복지 체계의 혁신은 우리나라에서도 마찬가지로 주요 정책 과제이다. 일찌감치 정부 차원에서 '수요자 중심의 복지 체계', '수급자의 자활과 자립을 위한 투자' 등과 같은 복지 패러다임의 변화를 예측하고 ICT를 적극적으로 활용하여 꾸준히 준비하였다.[6]

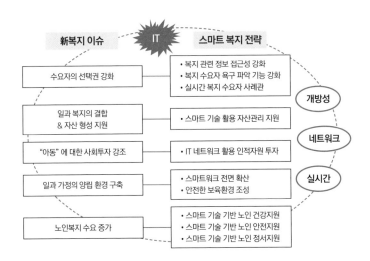

[그림 3-3] 新복지 이슈와 스마트 복지 전략 (출처: 〈IT & Future Strategy〉 제10호(2011.12))

---

6 "복지 패러다임 변화에 따른 新복지 이슈와 스마트 복지 전략", 〈IT & Future Strategy〉 제10호, 2011.12.

2016년 8월 10일 전국 처음으로 제주시 노형동에 '스마트 복지관'
이 문을 열었다. 청사 건물이 없어서 가상복지관으로 불리는 이곳의
장점은 접근성 향상이다. 청사 대신 마을 곳곳에 문화센터를 만들어
평생교육 프로그램을 운영하고, 자생 지역단체들과 함께 다양한 지역
특화 사업을 추진하고 있다. 스마트 복지관의 특화 사업은 '살기 좋은
우리 동네 만들기' 프로그램이다. 문화거리와 벼룩시장 등 나눔문화
사업을 벌이고, 작은 도서관 만들기, 어린이 안전예방 사업 등을 추진
해왔다. 스마트 복지관이 성공적으로 운영되면서 전국에서 수많은 방
문객이 줄을 이었다. 2018년 3월부터는 인천광역시와 경기도 파주시
가 스마트 복지관 모델을 벤치마킹하여 운영을 시작하였고, 다른 지
자체에서도 도입을 검토하고 있다.

스마트 복지의 또 다른 사례로 'e아동복지지원시스템'이 있다. 초
기술을 적극적으로 활용하여 아동학대를 근절하고 피해 아동을 지원
하는 스마트 복지 서비스이다. 그동안 가정에서 발생하는 아동학대는
쉽게 발견할 수 없었고, 가해자의 90% 이상이 부모나 교직원 등 신
고의무자여서 은폐 비율이 압도적으로 높았다. 이러한 아동학대 사각
지대 해소를 위해 빅데이터를 활용한다. 오랫동안 유치원이나 학교에
결석하거나 예방접종과 건강검진을 받지 않는 등 아동학대가 의심스
러운 빅데이터를 수집하고 분석한다. 이 과정에서 위험징후를 감지하
면 자동으로 읍면동 복지센터의 담당 공무원에게 통지가 가고, 담당
자는 아동학대가 의심되는 가정을 직접 방문하여 조사 및 상담을 진
행한다. 위기가정으로 판정되면 아동복지 프로그램으로 연계하여 지

원한다. 그보다 심각한 실제 아동학대가 확인되면 피해 아동의 응급 보호는 물론 법률 상담과 치료까지 제공한다.

스마트 복지는 일자리에도 적용된다. 구직자들의 경제활동을 보장하여 성장과 분배의 선순환을 이루는 것이다. 일자리 연결을 통한 재취업 기회 제공이나 관련 교육 등도 스마트 복지의 영역이다. 최근 우리나라 여러 지자체에서도 스마트 복지의 관점에서 일자리 정책을 펼치고 있다. 2019년 5월에 개소한 강원도 일자리센터는 '강원도 일자리 통합정보시스템' 구축과 AI 모의 면접 지원 등의 사업을 진행한다. 일자리센터 개소 후 3개월 만에 상담은 237명, 구인·구직자 간의 취업 알선은 115건이었고 실제로 39명이 취업에 성공했다.[7]

앞으로 첨단 디지털 기술을 활용한 스마트 복지 시스템은 전국적으로 확대될 전망이다. 스마트 복지는 성장과 복지의 선순환 구조로 보편적이면서도 맞춤형인 복지를 구현하는 것이다. 이러한 복지 체계의 구축은 인공지능과 플랫폼, 블록체인 등으로 가능하다. 개인별 데이터와 사회적 지표를 분석하는 빅데이터의 활용으로 복지 사각지대를 줄여나갈 수 있다. 또한 데이터를 수집하여 클라우드에 저장한 뒤에 초지능으로 구체적인 복지 예측과 맞춤형 서비스를 제공함으로써 대상자별로 최적화된 복지가 가능해진다.

스마트 복지는 해묵은 복지 관련 논쟁거리도 해결할 열쇠를 제공한다. 복지 정책의 방향을 둘러싸고 보편적 복지와 선별적 복지로 나뉘어 논쟁이 오랫동안 이어졌다. 보편적 복지에 대한 비판은 재정적

---

7 "강원도 내 일자리 정보시스템 통합 운영…맞춤형 정보 제공", 연합뉴스, 2019.8.24.

소요가 크고, 자립 의지가 감소한다는 것이다. 선별적 복지의 문제점은 선별에 따른 낙인 효과와 복지 사각지대를 만들어낸다는 것이다.

보편적 복지와 선별적 복지의 문제는 이분법으로만 바라볼 수 없다. 우리나라를 비롯한 복지국가들은 이 두 가지를 함께 시행한다. 예컨대, 건강보험이나 의무교육 등은 보편적 복지이고, 기초생활 보장과 기초연금, 장애인 수당 등은 선별적 복지라 할 수 있다. 따라서 복지 정책을 수립할 때 실질적인 혜택을 어떻게 부과해서 또 효과를 거둘지에 관한 세밀한 연구와 시행방안 마련이 필요하다.

지난 2018년 9월, 문재인 정부는 '혁신적 포용국가'를 만들겠다고 선언하였다. 혁신으로 성장하고, 그 성장의 결과를 분배하자는 것이다. 누구도 예외를 만들지 않고 성장과 분배의 혜택을 누리는 국가야말로 복지국가의 이상형일 것이다. 포용국가, 포용사회로 진입하는 문은 국민 개개인에게 최적화된 5G 기반 기술의 맞춤형 스마트 복지를 실현함으로써 열릴 것이다.

초지능이 만드는 스마트홈,   03
스마트 라이프

    아이작 아시모프의 소설이 원작인 영화 〈바이센테니얼맨 (Bicentennial Man)〉에 등장하는 가정용 휴머노이드 로봇 앤드류 마틴은 이렇게 말한다.

    "나는 모든 것을 이해하려고 노력합니다. 왜냐하면 운명을 믿기 때문입니다."

    영화에서 로봇이 이러한 대사를 하는 것은 그저 문학적·영화적 상상으로만 여겼다. 로봇이 모든 것을 이해하기는 불가능해 보였다. '이해'라는 행위는 인간만이 소유한 신성불가침과도 같은 영역이었기 때문이다.

    인류는 로봇과 인간의 경계를 분명히 그어놓았다. 〈바이센테니얼맨〉에서 앤드류가 인간의 감정을 얻은 것은 엔지니어가 흘린 마요네즈 한 방울이 로봇의 회로에 떨어지는 우연한 사고 때문이었다. 기적 같은 사고가 없었다면 로봇 앤드류는 아무리 인간인 척해도 인공지능을 장착한 기계에 지나지 않았다.

그러나 정밀한 기계에 불과했던 컴퓨터는 어느덧 지능을 갖춰 인공지능이라는 이름을 얻게 되었다. 초정밀 계산기에서 지능 활동, 즉 판단력을 갖춘 것이다. 딥러닝을 통해 인공지능은 차츰 인간을 닮은 단계를 거쳐 '초능력자'의 지위를 획득해가고 있다. 첨단 ICT는 우리가 생각했던 것보다 더 빠르게 새로운 일상의 풍경을 만들어내기 시작했다.

AI 스피커, 인공지능 비서가 되다

일상에서 가장 흔히 보고 접할 수 있는 인공지능은 아마도 스마트 스피커(smart speaker)일 것이다. IoT에 기반을 둔 일상이 어떻게 바뀔 수 있는지 잘 보여주는 인공지능 스피커의 등장은 5G 시대의 예고편이라 할 수 있다. 자율주행 자동차나 로봇보다 구매가 쉬워 4차 산업혁명의 변화를 체감하기도 쉽다.

인공지능 스피커 시장에 제일 먼저 뛰어든 기업은 아마존이다. 지난 2014년 11월 아마존은 음성비서라고 할 수 있는 '알렉사(Alexa)'를 탑재한 인공지능 스피커 '아마존 에코(Amazon Echo)'를 선보였다. 이용자가 버튼이 아니라 음성으로 음악을 틀어달라거나 날씨를 물으면 그에 맞춰 반응한다. 심심하다고 하면 간단하게 응대도 해준다. 혼자 사는 집에 나만의 비서가 들어온 셈이다.

사실 인공지능 비서의 개념은 스피커보다 스마트폰에 먼저 적용되었다. 애플이 2010년에 소프트웨어 회사 시리(Siri)를 인수한 후, 자사 운영체제에 맞춘 인공지능 비서 '시리'를 2011년에 공개하였다. 시리는 날씨나 주식 정보, 알림 기능 등을 음성으로 물으면 알려주는 1세대 인공지능 비서라고 할 수 있다.

아마존 에코는 스피커의 지형을 확대하였다. 단순히 음악을 듣는 용도로 사용하던 스피커가 이제는 기계의 범주에서 벗어나 지능을 갖춘 비서 역할을 한다. 아마존의 인공지능 스피커는 에코 닷(Echo Dot)과 에코 탭(Echo Tap)으로 이어지며 사용자의 환경이나 특성에 맞춰 진화하였다. 블루투스 연결이나 배터리 장착 등의 기능 개선도 점차 이루어졌다. 고가의 인공지능 스피커와 함께 중저가 제품군도 만들어 보급을 확산하고 있다.

제한적 기능과 단순 응답의 인공지능 비서는 아마존 에코를 만나 한층 더 업그레이드하였고, 인공지능 비서의 능력 향상은 사용자의 패턴을 바꾸어놓았다. 유통 기업이었던 아마존이 인공지능 스피커를 만든 가장 큰 이유는 사용자의 구매 증대를 유도하기 위해서였다. 오프라인 매장에 직접 가서 물건을 사는 것보다는 온라인 주문이 편하지만, 말로 하면 PC나 스마트폰으로 검색하고 주문할 때보다 훨씬 더 편해진다.

스피커를 향해 "알렉사!"라고 부르기만 하면 아마존 에코가 켜지고, 생필품을 주문해달라고 하면 기존 구매 이력을 확인하고 재주문 여부를 물으니 다른 동작이 전혀 필요 없다. 쇼핑몰에 재고가 없으면 제품 추천도 해주고, 스마트폰과 연동하여 주문 여부와 이후 배송 현황을 손쉽게 확인할 수도 있다. 아무리 최첨단 디지털 기기라고 해도 UI(User Interface, 사용자 인터페이스)가 불편하여 사용이 곤란하면 외면당한다. 이러한 관점에서 텍스트 기반보다 편리한 음성 인식 기반의 인공지능 스피커는 차세대 UI를 구현한 기기라고 할 수 있다.

아마존 에코가 시장에 나오자마자 여러 IT 기업이 인공지능 스피커를 내놓았다. 구글은 '구글 홈(Google Home)'을 개발하였다. 한국에서도 이동통신사와 인터넷 포털사이트 회사들이 서로 경쟁하듯이 인공지능 스피커를 출시하였다. SKT는 '누구(NUGU)', KT는 '기가지니(GiGA Genie)'를 선보였고, 네이버는 '웨이브(Wave)'에 이어 '프렌즈(Friends)'를, 카카오는 '카카오미니(Kakao Mini)'를 내놓았다. 음성 인식 기술을 활용하여 택시 호출, 배달 주문과 같은 비서 역할을 확대하였다. 심지어 대화도 가능하다.

인공지능 스피커 시장의 전망은 밝다. '스트레티지 애널리틱스(Strategy analytics)'라는 시장조사기관에 따르면, 2019년 2분기에도 전년 동기보다 두 배 가까이 증가한 3,000만 대 이상의 판매량을 기록하였다고 한다. 아마존과 구글이 각각 1, 2위에 올랐고, 중국 기업들이 3위부터 5위까지를 차지하였다. 그 뒤를 뒤늦게 출발한 애플의 '홈팟(HomePod)'이 추격하는 중이다.[8] 인공지능 스피커의 글로벌 시장은 미국이 주도하고 중국이 거센 추격을 벌이는 양상이라고 할 수 있다.

---

8 'Global Smart Speaker Vendor & OS Shipment and Installed Base Market Share by Region: Q2 2019', Strategy Analytics

판매 회사	2019년 2분기 출하량	2019년 2분기 시장점유율	2018년 2분기 출하량	2018년 2분기 시장점유율	연간 성장률
아마존	6.6	21.9%	4.5	29.1%	47%
구글	5.6	18.5%	3.2	20.8%	74%
바이두	4.7	15.3%	0.1	0.8%	3775%
알리바바	4.3	14.1%	2.7	17.6%	57%
샤오미	3.4	11.1%	2.0	12.9%	68%
애플	1.4	4.7%	0.8	5.1%	81%
기타	4.4	14.4%	2.1	13.8%	105%
총계	30.3	100.0%	15.5	100.0%	95.8%

[표 3-1] 2019년 2분기 글로벌 인공지능 스피커 시장 현황. (출처: Strategy Analytics)

인공지능 스피커가 주목받는 이유는 또 있다. 음성 기반 플랫폼은 스마트홈을 구현하는 기초이자 사물인터넷 시장의 지배력을 높이는 열쇠가 될 수 있다. 스피커가 일종의 허브 역할을 하면서 여러 디지털 가전과 설비를 연결하여 데이터를 주고받는 것이다. 각종 ICT와 IoT 의 결합을 통해 외부에서 집안의 가전제품을 작동하고 가스와 전기, 수도 사용량을 모니터링하는 등 스마트홈의 관리에 음성 제어 UI만 큼 매끄러운 것은 없다.

인공지능 스피커는 딥러닝으로 데이터를 축적하고, 이를 활용하여 스스로 성장한다. 사용자가 많을수록 각양각색의 단어와 문장이 쌓이 므로 음성 인식률은 더욱더 높아진다. 우리나라 스마트폰의 인공지 능은 사투리까지 알아들을 수 있을 정도이다. 또한 이 과정에서 서비 스 영역도 점차 늘어난다. 쇼핑과 주문, 배달에 이어 교육, 육아 가이 드, 스마트홈 제어 등 인공지능이 실생활에 끼치는 영향은 갈수록 커질 것이다. 스마트 복지에도 인공지능 스피커는 유용하다. 독거노인이 집에서 혼자 위급한 상황에 처하였을 때 음성으로 도움을 요청하면 응급구조 출동이 이루어진다.

다만 4차 산업혁명의 가장 큰 문제점인 보안 문제는 인공지능 스피커도 예외는 아니다. 개인정보 유출이나 해킹과 같은 사이버 공격은 성장의 그늘로 지목받고 있다.

ICT 디바이스로 누리는 스마트 라이프

인공지능 스피커로 문을 연 스마트홈은 각각의 디바이스를 IoT로 연결하며 더 편리하고 쾌적한 삶의 도구로 진화하고 있다. 냉장고에 음성으로 식사 메뉴를 정해달라고 하면, 냉장고에 탑재된 초지능이 냉장고 안의 음식 재료를 파악하여 그에 알맞은 요리와 요리법을 제공한다. 지능화된 냉장고는 초연결을 통해 편의성을 제공하는 든든한 동반자가 된다.

스마트폰이나 인공지능 스피커는 스마트홈의 허브 역할을 한다. 모든 ICT 디바이스와 연결되어 있을 뿐만 아니라 쇼핑과 결제, 기기 작동까지 모든 기능을 주도적으로 제어한다. 자동차의 원격 제어도 가능하다. 최근 출시된 신형 자동차는 '카투홈(Car to Home)'과 '홈투카(Home to Car)' 서비스가 내장되어 있어서 인공지능 스피커나 스마트폰으로 미리 시동을 걸고 에어컨이나 난방 장치를 가동할 수도 있고, 차에서 집안의 에어컨이나 조명을 미리 켤 수도 있다.

스마트홈 관련 시장도 갈수록 커지고 있다. 미국 IT 마켓 리서치 회사인 IDC(International Data Corporation)는 2019년에 스마트홈 관련 장비가 8억 대가 넘는 출하 대수를 기록할 것으로 전망하였다. 전년 대비 26.9% 증가한 추세이다. 영상 엔터테인먼트 관련 기기가 시장을 주도하고 있고, 인공지능 스피커와 홈 모니터링 보안 장비 등 다양한 스마트홈 관련 장비 시장이 성장세에 있다.[9]

스마트홈의 IoT는 기기 간의 초연결과 사람의 음성 인식 명령이라는 중간 개입으로 움직인다. 하지만 앞으로는 인간의 개입 없이 디바이스끼리 서로 커뮤니케이션하게 될지도 모른다. 인공지능 비서의 역할이 더욱 진화하는 것이다. 예컨대, 사람이 외출을 준비하면 알아서 스스로 날씨 정보를 검색하고, 비가 온다는 정보를 얻었다면 우산을 들고 나가라고 사람에게 음성으로 제안하는 식이다. 그 밖에도 사용자의 행동 패턴을 분석하여 조명 조절, 온도 제어 등과 같은 비서이자 집사의 역할을 똑똑하게 수행한다.

스마트홈은 세 가지가 없는 홈, 즉 '삼무가정(三無家庭)'을 지향한다. 첫째, 노동이 없는 가정, 둘째, 방해가 없는 가정, 셋째, 안전하고 관리 걱정이 없는 가정이다.[10] 집안일의 노동 강도는 만만치 않다. 집에서 안락하게 쉬고 싶어도 소음을 비롯해 신경 쓸 일이 자주 발생한

---

9 'Worldwide Smart Home Devices Forecast to Maintain Steady Growth Through 2023, Says IDC', IDC, 2019.9

10 '2025 Future Vision Code Smart Home', 한국디자인진흥원, 2016.12

다. 안전과 관리는 일상적으로 걱정해야 하는 문제이다. 이 세 가지가 없는 가정이야말로 스마트홈의 궁극적인 가치라고 할 수 있다.

스마트홈은 여러 단계를 거쳐 진화해왔으며 지금도 계속 진화하고 있다. 아파트 건설 붐이 일었던 1980년대에는 집안에서 각종 기기를 조작하고 제어하는 '홈오토메이션' 시스템이 유행했다. 스마트폰과 IoT가 등장한 이후로 IoT 기반의 스마트 기기를 구축한 '스마트홈' 단계까지 이르렀다. 향후 진화 방향은 사용자의 패턴을 스스로 분석하여 안락한 집안 환경을 제공하는 '지능형 스마트홈'이다. 나아가 인간의 가사노동을 대체하는 '사람형 로봇'의 상용화로 가장 이상적인 스마트홈의 구현을 예상한다.[11]

스마트홈의 구축과 증가는 도시의 진화와도 밀접한 관련이 있다. 스마트홈의 확장판이 바로 스마트시티이기 때문이다. 스마트홈과 스마트시티를 연계하면 좀 더 편리하고 쾌적한 삶을 누릴 수 있다. 도심 곳곳의 IoT 인프라와 빅데이터 등이 딥러닝으로 사람들의 도심 생활을 돕는다. 자율주행 자동차와 더불어 차세대 이동수단으로 주목받는 '하이퍼루프(Hyperloop)'[12]와 같은 최첨단 교통 인프라는 친환경적일 뿐만 아니라 시간도 단축해서 상대적으로 여가 생활을 늘려준다. 노동의 질이 바뀌고 삶의 품격이 달라지는 세상이 눈앞에 다가왔다.

---

11 '1인 가구 시대, 진화하는 스마트홈 서비스', 〈제4차 산업혁명과 소프트파워 이슈리포트〉 2018-제6호, 정보통신산업진흥원, 2018.2.

12 엘론 머스크의 주도로 개발을 추진하고 있는 진공 튜브 방식의 고속철도이다. 출발지와 목적지를 진공관으로 연결하고 열차에 해당하는 캡슐을 엄청난 속도(시속 약 1,300km)로 이동하는 방식이며, 운행 에너지는 100% 태양광 발전으로 생산하는 친환경 교통수단이기도 하다.

	1980년대~ 아파트 건설 붐	2000년대~ 인터넷 보급화	2010년대~ 스마트폰 대중화	2016년대~ 인공지능 발전
	홈오토메이션	홈네트워크	스마트홈	지능형 스마트홈
	보일러 온도조절기	월패드	스마트 전구	인공지능 스피커
대표 컨트롤타워	온도조절기, 인터폰	PC, 월패드	스마트폰	개별 사물
설명	시스템을 통해 연결된 기기를 한 곳에서 조작, 제어 할 수 있는 시스템	네트워크에 연결된 기기 간 정보 공유와 기기제어가 가능한 시스템	IoT 기술 기반으로 스마트 기기를 통해 홈 내의 기기를 제어하는 시스템	사용자 위치정보, 이동패턴 등 생활 패턴을 분석해 맞춤형 서비스를 제공하는 시스템
활용사례	냉난방 및 전기조절 전기, 가스, 수도 검침, 현관 인터폰	홈 서버를 통한 기기 제어, 홈 모니터링, 온도감지 에어컨	IoT 융합가전, 스마트폰을 통한 가전제품, 에너지 소비장치, 보안 기기 등 컨트롤	인공지능 가정용 로봇, 음성인식 게이트웨이

[그림 3-4] 지능형 스마트홈 발전 단계. (출처: 한국디자인진흥원, 스마트홈 산업 환경 및 관련 기술 동향. 2016)

보고 느끼고 맛보는
초실감 미디어 콘텐츠

04

5G의 기술적 가치는 단순히 속도에만 있는 것이 아니다. LTE보다 훨씬 빠르다는 점만 강조한다면 5G의 한 단면만을 바라보는 것이다. 5G는 ICT 생태계를 바꾸는 인프라이며, 5G의 연결망은 인간의 두뇌와 신경세포처럼 촘촘하다.

고도화한 5G 기반 인프라는 미디어 콘텐츠와 교육 분야에도 많은 변화를 불러올 것으로 예상된다. 가장 눈에 띄는 변화는 평면적 콘텐츠와 교육 프로그램이 입체적으로 바뀐다는 것이다. 가상과 현실을 오가며 실감할 수 있는 콘텐츠의 등장으로 인해 미디어는 물론 교육 현장에서 아날로그 세대가 경험했던 것과는 전혀 다른 차원의 파격적인 변화가 일어나고 있다.

미디어 부문에서는 디지털 기술의 발달에 따라 이미 많은 변화가 이뤄졌다. 요즘 지상파의 본방송 시청률은 10%대를 넘기기가 쉽지 않다. 불과 10년 전만 해도 인기 드라마 시청률이 30~40%대에 이르던 것을 생각하면 격세지감이 들 정도이다. 이유는 본방송 시간에 텔레비전 앞에 앉아 있는 시청자가 드물기 때문이다. 예전에는 가족들이 거실에 모여 앉아 TV를 즐겼지만, 이제는 각자 자기 방에서 스마트폰이나 태블릿PC로 미디어 콘텐츠를 즐긴다. 좋아하는 프로그램 여러 개를 돌아가며 이것저것 즐기는가 하면 종영된 인기 드라마를 다운받아 놓고 정주행하며 몇 시간씩 영상에 빠져들기도 한다.

교육도 종이 교재 시대를 지나 컴퓨터 활용 학습을 거쳐 디지털 교육 시대로 접어들었다. 대학 강의실에 가면, 펜을 쥐고 교수의 강의 내용을 받아 적는 장면은 보기 힘들다. 학생들은 노트북과 태블릿PC로 강의 내용을 기록한다. 교수도 칠판에 분필 가루 날리며 빽빽하게 적지 않는다. 미리 준비한 파워포인트 파일과 미디어 파일을 강의실 전면 스크린에 띄워 활용한다.

우리나라는 2019년 4월에 세계 최초로 5G 상용화를 실현함으로써 이동통신 시장에서 선도적 역할과 주도권을 놓치지 않았다. 그러나 하드웨어와 인프라를 구축한다고 해서 저절로 초(超)사회의 주역이 되지 않는다. 애플의 아이폰 출시와 세계 시장 장악은 기술만으로는 시장을 지배할 수 없음을 깨닫게 해주었다. 기술 인프라를 기반으로 하되, 사용자 친화적인 생태계를 만들고 사용자들의 충성도를 이끌어내야만 시장을 지배할 수 있다. 미디어 콘텐츠와 교육도 마찬가지이다. 중요한 것은 하드웨어와 시스템도 중요하지만, 그 안에 담긴 소프트웨어와 콘텐츠의 중요성 또한 간과해서는 안 된다.

독일의 오디션 프로그램에 출연한 한 지원자가 K-POP을 불렀다. 워낙 노래를 잘한 지원자에게 심사위원들의 질문 공세가 이어졌다. 가장 먼저 나온 질문은 누구의 노래인지였다. 지원자는 BTS, 즉 아이돌 그룹 방탄소년단의 노래라고 밝혔다. BTS를 너무 좋아한 나머지 한국어를 배웠다고 덧붙였다. 지원자가 BTS를 언급하자 심사위원들도 너도나도 팬이라며 BTS와 한국에 친근감을 드러냈다.

　K-POP과 한류(韓流)는 이미 하나의 장르로 인정받을 만큼 세계적으로 큰 영향력을 미치고 있다. 애플의 음악 서비스인 애플뮤직도 K-POP을 별도의 음악 장르로 구분해놓았다. 오랫동안 세계 음악 시장의 변방에 불과하였던 우리나라의 대중가요가 어느 순간 주류에 올라섰다.

　과거 한류는 주로 동북아시아를 중심으로 전개되었다. 이웃 나라인 중국과 일본에서 한국 드라마와 영화를 본 사람들이 팬덤을 형성하는 정도였다. 이때만 해도 해외에 직접 프로그램이나 음반을 내다파는 식이었다. 인터넷이 등장한 이후로 그 확산 속도가 좀 더 빨라졌다. 우리나라의 문화 상품 포맷(format)이 정식으로 계약을 맺고 수출까지 되기 시작하였다.

　한류와 K-POP의 확산은 양질의 문화 소프트웨어라면 세계 시장에서도 얼마든지 경쟁력이 있음을 확인해줬다. 그런데 이러한 성공의 배경에는 디지털 문화와 인프라가 기여한 것도 사실이다. 온라인 동영상 스트리밍이 빠른 확산을 도왔다. 싸이의 〈강남스타일〉도 유튜브로 세계에 알려졌다. 뮤직비디오가 유튜브 조회 세계 1위를 차지하기도 하였다. 음악에 국한한 현상은 아니다. 최근에는 유튜브뿐만 아니라 넷플릭스(Netflix)와 같은 OTT 플랫폼에서도 한국 드라마를 방영하거나 직접 제작한다.

SNS와 유튜브 등 뉴미디어는 한류와 K-POP의 성공 파트너라 할 수 있다. 전술한 바와 같이 싸이의 〈강남스타일〉부터 BTS까지 최근의 한류는 기존의 전통적인 음반 시장 메커니즘과는 다른 접근 방식으로 성공하였다. 유튜브를 통해 빠르게 전 세계로 콘텐츠를 확산하고 꾸준히 팬덤을 키워 주류 미디어의 주목을 받는 방식이다.

이러한 콘텐츠와 새로운 미디어의 결합은 5G로 시너지 효과가 더 커질 것이다. 5G는 가상현실 및 증강현실 효과를 제대로 누릴 수 있게 해준다. 5G 기반 미디어 콘텐츠의 대표적인 특징은 실감형 콘텐츠이다. BTS의 공연을 마치 현장에서 보듯이 고해상도의 영상으로 끊김 없이 즐길 수 있다. 특정 멤버를 좋아하면 영상에서 추출하여 따로 볼 수도 있다. VR 헤드마운트를 사용하면 아예 공연장에 와 있는 듯한 체험도 가능하다. 바로 눈앞에서 공연이 펼쳐지고, 공연장의 사운드와 관객의 함성마저 실제로 현장에 있는 것처럼 느낄 수 있다.

4G 시대에도 실감형 콘텐츠를 시도한 적이 있다. 하지만 속도와 처리 용량의 한계 때문에 효과를 제대로 느낄 수 없었다. 하지만 이제는 대역폭이 늘어나고 대용량 전송이 가능해져 속도 걱정이 필요 없다. 또한 초저지연으로 실시간 콘텐츠 체험이 가능해졌다.

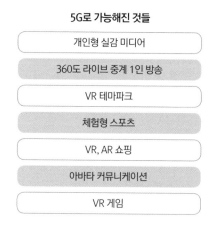

[그림 3-5] 5G 기반 미디어 콘텐츠

공간과 시간의 한계를 뛰어넘는 5G 기반 실감형 미디어 콘텐츠는 한류와 K-POP 확산의 일등 공신이 될 것이다. 다만, 플랫폼에 대한 대비는 우려스럽다. 콘텐츠와 기술의 완성도는 세계를 주도할 만큼 성장하였다. 그러나 콘텐츠를 전달하고 비즈니스 모델을 구축할 만한 플랫폼은 여전히 세계 시장에서 변두리에 머물러 있다.

OTT 시장은 5G 기반 인프라에서 더욱 커지고 있다.[13] 넷플릭스는 전 세계에서 1억 3천만 명이 넘는 유료 가입자를 확보하면서 미디어 플랫폼 시장의 절대 강자가 되었다. 그러자 디즈니도 막강한 콘텐츠 보유를 무기 삼아 이 시장에 뛰어들었다. 애플도 아이폰과 아이패드 등 자사 단말기와 관련 생태계를 활용하여 미디어 플랫폼 비즈니스를 하겠다고 선언하였다. 5G 기반 초기술과 인프라로 미디어 콘텐츠 시

---

13 '4차 산업혁명 시대 OTT 동영상 산업 활성화를 위한 당면과제', 〈KISDI Premium Report〉, 곽동균, 2017.6.

5G 초연결사회, 완전히 새로운 미래가 온다

장이 대폭 성장할 것을 예상한 움직임이다.

한국도 이동통신 3사가 각각 5G 기반 실감형 콘텐츠 위주의 서비스를 내놓았다. 하지만 넷플릭스의 대대적인 공세에 국내 사업자들의 위기의식이 점점 커지고 있다. 지난 2016년 넷플릭스가 한국에 진출할 때만 해도 성공하기 어렵다는 예측이 지배적이었지만, 지금은 월 매출 200억 원을 돌파할 만큼 국내 콘텐츠 시장을 빠르게 잠식하는 중이다.

5G 기반의 미디어 콘텐츠는 복잡한 사회문화적 파급효과도 불러일으키고 있다. 시장뿐만 아니라 개인의 일상과 사회공동체 차원의 빠르고 폭넓은 변화를 일으킨다. 1인 미디어의 등장은 크리에이터(creator)라는 직업군을 창조하였다. 유튜브만 봐도 수많은 크리에이터가 등장한다. 자신의 창작 콘텐츠를 기존 유통 시스템에 편입하지 않고 직접 소비자에게 제공한다. 쌍방향 소통이 가능한 플랫폼의 특성을 살려 매 순간 소비자 친화적 콘텐츠를 만들어낸다. 심지어 여론을 뒤흔들기도 한다. 요즘은 신문이나 방송의 뉴스보다 유튜브나 SNS에서 전파하는 콘텐츠가 더 파급력이 있다는 말도 나온다.

'가짜 뉴스' 파동이 그 대표적인 사례이다. 지난 2016년 미국 대선에서는 '프란치스코 교황 트럼프 지지', '위키리크스, 힐러리 IS에게 무기 팔았다고 확인' 등 SNS를 통해 퍼진 터무니없는 가짜 뉴스가 큰 영향을 미쳤다는 보도가 나왔다. 미국 대선일(11월 8일) 이전 3개월간 미국 주요 언론사가 생산한 진짜 뉴스보다 가짜 뉴스가 페이스북에서 더 많은 관심을 끌었다는 것이다. 최근 미국에서는 AI와 안면 인식 기술 등 첨단 기술을 악용하여 트럼프 대통령 등 유력 정치인의 연설을 제작·유통해서 여론을 조작하는 소위 딥 페이크(Deepfake)가 커다란 정치·사회적 문제가 되고 있다. 혹자는 가짜 뉴스와 진짜 뉴스가 뒤섞이고 거짓이 진실을 가리는 '탈(脫)진실'의 시대가 왔다고 말한다.

실감형 콘텐츠, 1인 미디어, 가짜 뉴스의 확산 등 현재 미디어 분야는 큰 변화를 겪고 있다. 그 변화는 전통적인 미디어와 소비자 간의 관계를 바꾸고, 미디어 관련 일자리마저도 바꿀 전망이다. 5G 기반 미디어 콘텐츠는 사회의 소통 문화도 갈수록 수평적 관계로 변하게 할 것이다. 정부도 관련 분야 육성을 위해 2023년까지 1조 3천억 원을 투자하겠다고 발표하였다.[14]

그러나 인프라와 기술, 인력만 키운다고 해서 5G 기반의 초연결사회에 연착륙할 수 있다는 보장은 없다. 앞에서 살펴본 가짜 뉴스 등장과 같은 부정적 현상을 사회공동체가 어떻게 관리하고 대응하는지가 관건이 될 수 있다. 자칫하면 부정적 이슈로 인해 혼란과 갈등이 발생하고 막대한 사회적 비용을 치를 수도 있기 때문이다. 이미 세계 곳곳에서 가짜 뉴스가 사회적 혼란을 일으키지 않도록 전통 미디어와 정부, 연구단체가 손잡고 '가짜 뉴스와의 전쟁'이라는 힘겨운 싸움을 벌이고 있다.

---

14 정보통신전략위원회는 2019년 10월 7일에 실감 콘텐츠 산업 활성화 전략을 비롯한 정보통신 분야 주요 정책 4건을 확정하여 발표하였다. 실감 콘텐츠 전문기업과 실무 인재 지원 및 양성, 관련 기술 개발과 인프라 구축, 실감 콘텐츠 육성을 위한 펀드 조성 등이 주요 내용이다.

김해 관동초등학교는 디지털 교과서 정책 연구학교로 지정되어 실감형 콘텐츠를 교육에 활용하고 있다. '우리 마을 수비대'라는 프로젝트가 대표적인 사례이다. 초등 4학년 국어, 사회, 미술 등 세 교과목의 교육 과정을 재구성하여 지역화 수업을 진행한다. 이 수업을 위해 실제 지역을 촬영한 영상을 360도 가상현실 콘텐츠로 만들었다. 학생들은 굳이 현장까지 가지 않고도 얼굴에 VR 헤드마운트를 쓰고 수업을 하며 다양한 체험 효과를 얻는다. 예컨대, 하천 관련 콘텐츠를 체험하고 하천 쓰레기 문제를 지적하는 등 지역 환경을 살펴보고 건의 사항을 제시하기도 한다.

실감형 콘텐츠는 교육 환경에도 큰 변화를 가져온다. 위의 사례처럼 5G 기반의 실감형 콘텐츠로 학습의 몰입도를 높인다. 이는 학생들에게 자기 주도적 학습, 능동적 수업 참여 등을 유도하므로 교육 효과가 커질 것이다. 말하기나 실제 행동을 포함한 실감형 학습 방법은 아날로그나 시청각 학습보다 효과가 더 높다. 미국의 교육학자 에드가 데일(Edgar Dale)은 읽은 것은 10%, 들은 것은 20%, 본 것은 30%를 기억하지만, 말하고 실제로 행동한 것은 90%를 기억한다고 하였다. 실감형 콘텐츠는 실제로 체험하는 효과를 불러일으키기 때문에 교육 효과가 상당히 높다고 볼 수 있다. 실제로 실감형 교육 학습이 아날로그 학습보다 2.7배 이상 효과가 있다는 연구 보고도 나왔다.[15]

---

15 'VR·AR을 활용한 실감형 교육 콘텐츠 정책동향 및 사례분석', 〈정보통신산업진흥원 이슈리포트〉 2019-15호, 2019.6.

지난 2016년 전 세계에서 '포켓몬 고(Pokémon GO)'라는 모바일 게임이 커다란 붐을 일으켰다. 증강현실을 이용한 이 게임은 오프라인 곳곳을 돌아다니며 증강현실에 나타나는 포켓몬을 포획하거나 훈련하며 즐기는 게임이다. 이 게임으로 한때 속초가 주목받은 적도 있다. 이 지역에 특정 포켓몬이 유독 자주 출현한다는 소문 때문에 많은 이용자가 방문하였다. 그 덕분에 지역의 관광 산업도 덕을 봤다는 소식이 언론에 보도되었다. 이러한 사회적 현상이 벌어질 만큼 실감형 콘텐츠의 몰입과 능동적 참여 효과는 매우 크다.

포켓몬 고 사례에서 볼 수 있듯이 가상현실을 기반으로 하는 교육은 단순한 호기심을 뛰어넘어 몰입과 집중으로 실제적 학습과 높은 학업 성취 효과를 제공한다. 체험형 콘텐츠답게 공간지각 능력 향상에도 큰 도움이 된다. 이렇게 기존 교육에서 제공하기 어려운 가치를 더해주는 실감형 콘텐츠의 수요는 교육 관련 분야에서 꾸준히 증가할 것이다. 앞서 소개한 김해 관동초등학교 사례처럼 단일 교과목에서 통합교육으로 수업 방식이 바뀔 가능성도 있으며, 그렇게 된다면 교육 프로그램과 커리큘럼의 상당한 변화를 예상할 수 있다.

또한 실감형 콘텐츠의 기기와 장비, 기술은 글로벌 기업들이 장악하고 있지만, 콘텐츠 개발 및 생산 부문에는 절대 강자가 아직 존재하지 않는다. 따라서 새로운 개념의 창의적인 교육 콘텐츠를 만들어낼 수 있다면 글로벌 시장에서 교육의 틀을 바꾸고 의미 있는 변화를 주도하는 위치에 올라설 수도 있다.

그러나 VR·AR이 학업 성취에 무조건 긍정적인 것만은 아니다. 그 기회나 성공 가능성만큼 위험도 동반한다. 약간은 보수적이며 강의 중심인 전통적인 교육 시스템과의 충돌을 피할 수 없고, 현재로서는 ICT 기반 교육 환경이 초래할 변화를 정확히 예측하기가 어렵다. 기능이나 숙련을 위한 교육이 아닌 인문사회학이나 인성 교육에 적용하는 데에도 한계가 있는 것은 아닌지 의문이다. 그리고 고가의 첨단 디지털 기기와 인프라를 활용한다는 특성을 고려하면, 교육 과정에서 발생할 수 있는 불평등에 대한 사전 대책도 마련할 필요가 있다.

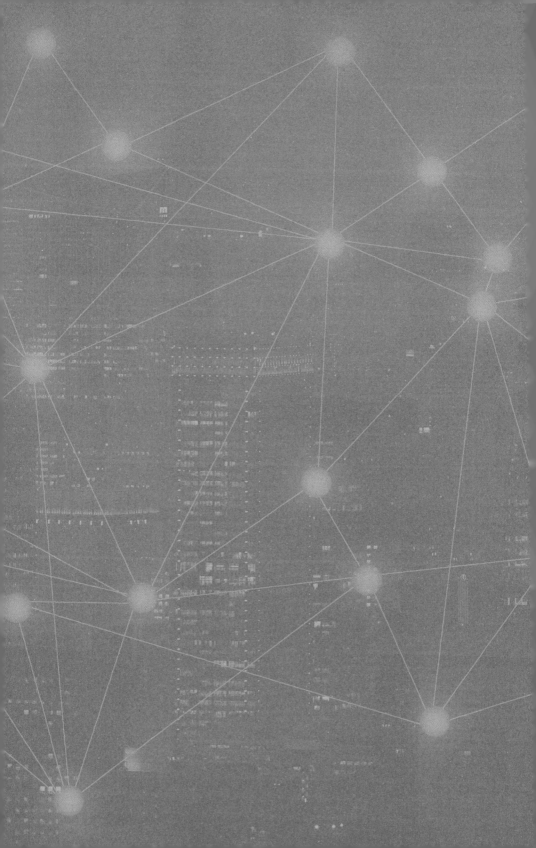

CHAPTER

4

5G 초연결사회의 그림자

INTRO

앞서 우리는 5G가 가져올 초연결사회의 미래에 대해서 살펴보았다. 하지만 초연결사회가 우리의 가정·사회·국가에 장밋빛 미래만을 가져올 것이라고는 누구도 단정할 수 없을 것이다. 순기능만 존재하고, 역기능이라고는 전혀 찾아볼 수 없는 절대선과 같은 사회 제도를 떠올리기란 쉽지 않은 일이다. 초연결이 가져올 미래의 사회도 예외일 수는 없으며, 반드시 순기능과 함께 역기능에 대하여 사전에 고민하고 대응할 필요가 있다. 이는 빠른 속도로 도입되는 신기술이 어떠한 목적과 가치를 위해 사용되어야 하는지에 대한 문제와 연결되어 있다.

일반인보다 초연결사회의 미래를 낙관적으로 바라볼 법한 IT기업 경영인과 미래학자들조차도 초연결 시대의 대표 기술인 인공지능(AI)에 대하여 경계심을 늦추지 않고 있다. 테슬라의 CEO인 일론 머스크는 "AI 연구는 우리가 악마를 소환하는 것이나 마찬가지다(2014,

MIT 100주년 심포지엄)", "AI의 발달은 영화 〈터미네이터〉와 같은 끔찍한 일을 현실에서 일어나게 만들 수도 있다(2014.6, CNBC 인터뷰)"라고 주장하였다. 또한 영국의 저명한 물리학자인 고 스티븐 호킹 박사는 "강력한 AI의 등장은 인류에게 일어나는 최고의 일도, 최악의 일도 될 수 있으며 우리는 어느 쪽이 될지 알 수 없다(2016.10.19., 케임브리지대 LCFI 개소식 연설)"라고 하였다.[1]

이번 장에서는 5G로 인하여 빠르게 도입될 새로운 기술 변화를 인류 발전에 효과적으로 활용하기 위한 기초 논의로 초연결사회가 가져올 그림자와 위험요인에 대해 이야기하고자 한다. 기술 변화가 가져올 혜택뿐만 아니라 그 부작용과 역기능에 대해서 살펴보는 것은 우리 사회가 첨단 기술을 맹목적으로 수용하지 않고 비판적이고 선별적으로 활용하기 위한 초석이 될 것이다.

---

1   한국정보화진흥원, 「지능정보사회의 새로운 과제와 대응 방안」, 2017

첫 번째 그림자:
정보 격차(Digital Divide) 문제

5G가 가져올 초연결사회에서는 인공지능(AI), 사물인터넷(IoT), 빅데이터 등 지능 기술이 광범위하게 활용될 것으로 전망된다. ResearchAndMarkets.com은 글로벌 시장을 기준으로 인공지능 시장아 2017년 157억 달러에서 2026년 3,002억 달러로 연평균 38.8% 성장하고, 빅데이터 시장은 2017년 319억 달러에서 2026년 1,567억 달러로 연평균 19.3% 성장할 것으로 전망했다. 한편 IoT Analytics에 따르면, 사물인터넷 시장은 2017년 1,100억 달러에서 2025년 1억 5,670억 달러로 연평균 39% 성장할 것으로 예상되었다. 그리고 글로벌 IT 기업 시스코가 발간한 '비주얼 네트워킹 인덱스' 보고서에 의하면, IoT 기기는 자동차, 스마트시티, 건강 및 의료 관련 시장을 중심으로 성장하여 2017년 61억 개에서 2022년 146억 개로 급증할 것으로 전망되었다.[2]

초연결 시대에는 한 사람이 수십 개, 수백 개의 센서와 연결되고 다

---

2 "IoT 기기, 2022년에 2.5배 증가", 〈The Science Times〉, 2018.12.20.

5G 초연결사회, 완전히 새로운 미래가 온다

양한 행태의 정보가 스마트 기기를 통해 처리되며, 처리된 정보는 인공지능 로봇에 활용되어 개인을 위한 맞춤형 서비스가 가능해진다. 이때, 개인은 본인의 인식 여부와 상관없이 수많은 스마트 기기에 노출되기 때문에 기기들이 어떻게 작동하는지, 기기를 어떻게 통제할 수 있는지를 알아야만 기계에 의해 지배당하는 일을 방지할 수 있을 것이다.

우리는 1990년대 정보화 시대를 겪으면서 컴퓨터가 빠르게 보급되었고 그 활용 능력을 제고하기 위하여 정부와 학교가 중심이 되어 다양한 교육 활동을 펼쳤던 사실을 기억하고 있다. 전자상거래, 전자정부, 원격 수업 등의 인프라가 정보화 시대에 중점적으로 구축되었고, 국민들은 이러한 서비스를 편리하게 이용하기 위한 교육을 받았다. 우리는 과거에 정보화사회를 지나 스마트 기기 없이는 살 수 없는 스마트사회를 경험했고, 이제는 빅데이터, 사물인터넷 기술과 결합한 인공지능 기술이 주력이 되는 지능정보화사회를 향해 나아가고 있다. 이러한 경험을 통해 우리는 스마트 기기 등 첨단 기술의 활용 능력이 지능정보화 시대에도 삶의 다양성과 질에 큰 영향을 미친다는 사실을 쉽게 예측할 수 있다.

초연결 시대에는 우리 주변의 대부분 활동이 스마트 기기로 이루어지고, 스마트 기기로 통제될 것이다. 또 과거와는 달리 빅데이터를 활용한 머신러닝 기술로 훈련된 인공지능 기기들이 추천, 제어 등 다양한 방법을 통해 인간의 삶에 개입하려 할 것이다. 즉, 미래에는 스마트 기기에 대한 의존도가 지금보다 더 커질 것인데 이 기기를 제대로 이용하지 못한다면 사회에 적응하는 데 큰 어려움을 겪게 될 것이다. 이처럼 인간이 기술 발전의 속도를 따라가지 못하여 직면할 수 있는 대표적인 문제로는 디지털 정보 격차의 확대와 인공지능 알고리즘 등 신기술 도입에 따른 가치 판단의 혼란을 들 수 있다.

디지털 정보 격차 확대 및 디지털 치매의 증가

초연결 시대에는 사람과 사람뿐만 아니라 사람과 사물 간의 정보 교환, 사물과 사물 간의 상호작용 등 정보통신의 종류와 양이 이전보다 훨씬 다양해진다. 특히 정보통신 기술, 스마트 기기의 보급과 확산이 인간의 사회적 수용 속도를 능가할수록 이러한 변화에 빠르게 적응하는 집단과 그렇지 않은 집단 간의 정보 격차는 더욱 확대될 것이라는 것은 누구나 쉽게 예상할 수 있다.

가천대학교 조명임 교수에 따르면, 과거 정보화 시대에는 인간이 정보를 컨트롤할 수 있을 뿐만 아니라 기기의 보급, 교육으로 정보 격차를 줄일 수 있는 가능성이 높았다. 그러나 개개인이 통신의 주체이자 객체인 한 요소가 되어야 하는 초연결사회에서는 만약 정보 격차를 좁히지 못하면 갈수록 도태되어 국가는 물론 누구의 도움도 받을 수 없는 지경에 이르러 생존이 어렵다고 한다. 예컨대 사물인터넷 환경만 놓고 보면 인간은 사물인터넷의 한 요소로서 요소들 간에 정보를 생산하는 주체이면서 정보를 받는 객체이기 때문에 요소로의 역할이 강조되는데, 이러한 역할이 이뤄지지 않을 경우에 정보통신 환경의 당사자에서 제외될 수 있다는 것이다.[3]

우리 사회에는 정보통신 기술의 발전에 따른 새로운 생활환경에 적응하는 데 구조적으로 어려움을 겪는 고령층, 장애인, 저소득층, 농어민과 같은 취약계층이 존재한다. 그런데 이들에 대한 정책적·제도적 뒷받침이 이뤄지지 않는다면 정보통신 기술이 발전할수록 이들은 정보소외계층으로 남아 있을 가능성이 커진다. 과학기술정보통신부가 발표한 「2018년 디지털정보격차 실태조사 보고서」에 따르면 연령별로는 50대 이상 고령층일수록 일반 국민(100%)보다 디지털정보화 수준[4]이 낮은 것으로 나타났으며, 특히 70대 이상은 디지털정보화 수준이 42.4%로 일반 국민의 절반에도 미치지 못하는 수준으로 나타났

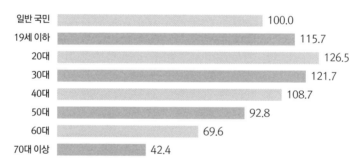

[그림 4-1] 연령별 디지털정보화 수준 (단위: %)
* 출처: 「2018년 디지털정보격차 실태조사 보고서」(과학기술정보통신부, 한국정보화진흥원)

---

3 조명임, 「4차 산업혁명 시대의 정보 격차 해소」, 2017

4 디지털정보화 수준은 유무선 융합 정보통신기기 및 서비스에 대한 일반 국민(100이라고 가정)과 정보소외계층의 접근, 역량, 활용 수준을 종합한 점수를 의미한다. PC, 모바일 스마트기기, 인터넷에 대한 접근 가능 정도(접근), 기본적인 이용 여부(역량), 양적·질적 활용 정도(활용)로 구분해서 자기 보고용 12개 문항을 활용하여 측정하며, 종합 수준은 접근 수준 20%, 역량 수준 40%, 활용 수준 40%를 가중하여 계산한다.

[그림 4-2] 월가구소득별 디지털정보화 수준 (단위: %)
* 출처: 「2018년 디지털정보격차 실태조사 보고서」(과학기술정보통신부, 한국정보화진흥원)

다. 월가구소득에 따른 디지털정보화 수준도 400만 원 이상인 계층
은 111.7%인데 비해 300만 원 미만인 계층은 87.6%로 약 25% 포인
트 정도의 차이가 존재한다.

이 밖에도 장애인, 저소득층, 농어민, 장노년층의 디지털정보화 수
준은 63.1%~86.8%로 아직 일반 국민보다 낮은 것으로 나타났다. 한
가지 다행스러운 것은 그 수준이 2015년 45.6%~74.5%에서 매년 상
승하고 있다는 사실인데, 이는 과기정통부, 방송통신위원회, 한국정
보화진흥원 등 유관 기관에서 교육 및 장비 보급을 통해 정보 격차를
줄이기 위한 노력을 기울였기 때문이다. 만약 정부의 정책적 노력이
없었다면 이 격차는 거의 줄지 않았을 것이다.

구분	2015년	2016년	2017년	2018년
장애인	62.5	65.4	70.0	74.6
저소득층	74.5	77.3	81.4	86.8
농어민	55.2	61.1	64.8	69.8
장노년층	45.6	54.0	58.3	63.1
평균	52.4	58.6	65.1	68.9

[그림4-3] 계층별 디지털정보화 수준 (단위: %)

5G 초연결사회, 완전히 새로운 미래가 온다

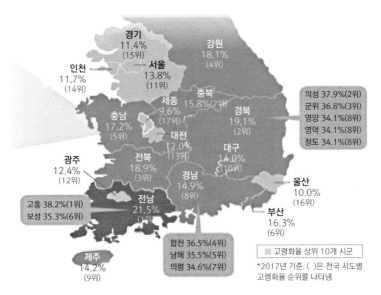

경기
11.4%
(15위)

강원
18.1%
(4위)

인천
11.7%
(14위)

서울
13.8%
(11위)

충북
15.8%(7위)

세종
9.6%
(17위)

경북
19.1%
(2위)

의성 37.9%(2위)
군위 36.8%(3위)
영양 34.1%(8위)
영덕 34.1%(8위)
청도 34.1%(8위)

충남
17.2%
(5위)

대전
12.0%
(13위)

대구
14.0%
(10위)

광주
12.4%
(12위)

전북
18.9%
(3위)

경남
14.9%
(8위)

울산
10.0%
(16위)

고흥 38.2%(1위)
보성 35.3%(6위)

전남
21.5%
(1위)

부산
16.3%
(6위)

제주
14.2%
(9위)

합천 36.5%(4위)
남해 35.5%(5위)
의령 34.6%(7위)

■ 고령화율 상위 10개 시군

*2017년 기준. ( )은 전국 시도별
고령화율 순위를 나타냄

[그림4-4] 시도별 고령화율

디지털 정보 격차가 사회적으로 중요한 이슈가 되면서 EBS의 〈다큐 시선〉에서는 노인층의 정보 격차를 주제로 프로그램을 방영했다. 지금 우리 사회에서는 종이통장, 매표소, 영수증 같은 익숙한 것들이 사라지고 모바일뱅킹, 무인 발권기, 키오스크, 셀프 계산대와 같은 낯선 것들이 늘어나고 있다. 스마트폰을 가지고 있지 않으면 자녀들이 기차표, 버스표를 모바일로 끊어주더라도 이를 받을 수가 없어 직접 종이에 승차번호를 수기로 적어 승무원에게 보여줘야만 한다. 은행 창구는 점점 줄어들지만, 60대 이상 중 모바일 뱅킹을 이용하는 노인은 단 5.5%라는 통계도 있다.

이처럼 빠르게 변화하는 세상에서 디지털로 인해 소외감을 느끼는 계층이 바로 노인층이다. 스마트 기기가 더욱 발전하게 될 초연결 시대에는 이러한 정보 격차가 더욱 확대될 것으로 예상이 된다. 따라서 온 국민이 스마트 기기의 혜택을 고루 누릴 수 있도록 이용법 교육, 이용하기 쉬운 서비스 확대 등 정책적 노력이 더욱 중요할 것으로 보인다.

그리고 정보 격차와는 다르지만 정보화 시대부터 많이 회자하고 있는 디지털 치매 역시 초연결 시대에 더욱 심각하게 나타날 수 있는 부정적 현상 가운데 하나이다. 디지털 치매란 컴퓨터, 스마트폰 등 디지털 기기에 계속 의존한 나머지 뇌의 기억력이나 계산 능력이 크게 떨어진 상태를 의미한다. 이는 스마트폰, 태블릿PC 등 IT 기기 의존도가 높은 20대, 30대에서 심각하게 나타나는데 대표적인 증상으로는 종종 자기 전화번호도 기억을 못 하고, 어제 무엇을 먹었는지도 기억을 못 하고, 처음 만난 사람인 줄 알았는데 예전에 봤던 사람이었던 경험 등이 이에 해당한다.

정보 격차는 스마트 기기의 활용과 정보화에 뒤처진 사람들에 대한 문제를 말하는 것이라면, 디지털 치매는 반대로 지나치게 스마트 기기에 의존하는 이들에 대한 문제라는 점에서 차이가 있다. 스마트 기기에 의존함으로써 일정 수준 이상 도달해야 하는 뇌 기능이 그보다 떨어지게 되는 것이 디지털 치매이다.

디지털 기기에 과하게 의존하다 보니 굳이 기억하지 않아도 되는 환경에서 지내면서 뇌의 사용량이 줄어들고, 줄어든 사용량만큼 뇌 기능이 성숙하지 못해 인지 능력, 기억력, 계산 능력이 떨어지는 부작용을 겪게 되는 것이다. 태어나면서부터 스마트 기기에 노출되는 지

5G 초연결사회, 완전히 새로운 미래가 온다

금의 유·소아들이 어른이 되는 시점에 디지털 치매의 문제는 더욱 심각해질 가능성이 크다. 따라서 교육과 홍보 등을 통해 디지털 치매를 예방하고, 디지털 치매에 걸린 이들을 돕기 위한 치료 프로그램을 운영하는 것 역시 초연결 시대의 그림자를 제거하기 위해 필요한 일이 될 것이다.

두 번째 그림자: 신기술의 안정성과 법적·윤리적 문제

02

과거부터 인공지능 기술은 로봇 기술과 결합하여 군사, 의료 등 전문 분야를 중심으로 활용되어 왔다. 이제는 인공지능 기술이 자율자동차, 개인 비서, 물류 등 다양한 영역으로 확대되고 있으며, 미래에는 더욱 광범위한 영역에서 상용화될 것으로 예상된다.

초연결사회를 지배하는 기술 중 사물인터넷, 빅데이터와 달리 인공지능 기술은 인간의 고유 영역이라고 간주하였던 의사결정, 가치 판단을 보조 또는 대신한다는 점에서 여러 가지 사회적인 문제를 야기할 수 있다. 이 때문에 인공지능 기술은 초연결사회와 관련된 이슈 중에서 매우 민감하게 다뤄지고 있으며, 전 세계적으로 논의가 계속 이뤄지고 있다.

이 분야에 대한 논의는 크게 기술적인 문제와 윤리적인 문제로 나누어 생각해볼 수 있다.

인공지능과 관련된 기술적인 문제라 함은 기술적 완전성, 즉 인공지능을 탑재한 기계 또는 서비스가 안정적으로 작동하여 이용자에게 신뢰를 줄 수 있을까 하는 문제이다. 이와 관련하여 대표적으로 언급되는 사례는 자율주행차의 주행 중 발생하는 사고와 의료 인공지능의 판단에 따른 사고 발생 시 책임과 보상을 누가 할 것인가에 관한 문제이다.

1) 사례1: 자율주행 모드에서 발생한 사고

2018년 3월 18일, 미국에서 자동차 한 대가 시속 65km의 속도로 달리다 자전거를 끌고 도로를 건너던 한 여성과 충돌하는 사고가 발생하였다. 또한 이 사고가 발생한 지 5일 후인 2018년 3월 23일, 역시 미국에서 고속도로를 달리던 자동차가 중앙분리대를 들이받고 뒤따라오던 차량과 부딪히면서 폭발이 일어나서 운전자가 숨지는 사고가 발생하였다. 불과 1주일 사이에 발생한 이 두 건의 사고는 자율주행차 분야의 선두 기업 중 하나인 우버와 테슬라의 차량이 자율주행 모드에서 일으킨 사고였다.

첫 번째 우버의 사고에서는 차량에 탑재한 카메라 센서가 충돌 6초 전에 보행자를 인식했지만, 어두운 옷을 입은 보행자를 사물로 인식해 자동 긴급제동 시스템이 작동하지 않아 사고가 발생하였다. 두 번째 테슬라의 사고에서는 햇빛에 따른 역광으로 인해 차량의 센서가 중앙 분리대를 제대로 인식하지 못하고 오히려 시속 114km로 가속해서 그 충격으로 운전자가 사망에 이르게 되었다.

미국 자동차협회가 자율주행 사고 직후 실시한 '자율주행 자동차 안전성 설문조사'에 따르면, 미국 성인의 73%는 자율주행 자동차의 안전성을 신뢰하지 않으며 이에 따른 사고 위험성 때문에 자율주행 자동차, 보행자 및 일반 자동차가 동시에 도로를 이용하는 것에 불안함을 느낀다고 답했다. 부분 자율주행 기술이 이미 상용화되어 해당 차량이 시판되고 있으며, 완전 자율주행 기술의 완성을 위해 각종 테스트가 전 세계적으로 계속 진행되고 있지만, 안전성과 사고 가능성에 대한 대중의 불안감은 커지고 있다는 모순적인 현실이다.

국내에서도 비슷한 사례가 발생한 바 있다. 2017년 8월 한 운전자가 자동차 스스로 차선을 유지하고 감속, 정지 및 안전거리 제어를 하는 기능이 탑재된 차를 타고 고속도로를 주행하던 중 앞쪽에 공사 장애물이 있어 차를 멈추려 하였으나 차가 제어되지 않아 사고를 냈다. 다행히 인명피해는 없었지만, 자율주행 기술이 완벽하게 작동하지 않아 발생한 사고이다. 현재의 자율주행 기술이 완벽한 자율주행이라 할 수 있는 레벨5 수준에 못 미치는 레벨2나 레벨3의 수준[5]이기 때문에 운전자도 조심해야 하는 것은 맞지만, 자율주행 기술이 완결성을 갖추기 전까지 사고의 가능성은 계속 남아 있을 것으로 보인다.

그런데 문제는 자율주행 기술을 이용하여 운전하던 중 사고 발생

---

5 자율주행 기술을 분류하는 등급은 현재 레벨 0에서 5로 나누며, 이 등급은 국제자동차기술자협회 자율주행 표준 J3016에 따른다. 레벨0: 비자동화. 레벨1: 운전자 보조. 레벨2: 부분 자동화. 레벨3: 조건부 자동화. 레벨 4: 고등 자동화. 레벨 5: 완전 자동화.

시 누가 책임질 것인지에 대한 판단이 간단하지 않다는 것이다. 인간이 운전을 하는 경우에는 자동차 사고 발생 시 운전자와 자동차 제조사 간 책임소재를 놓고 다툴 일이 많지 않다. 왜냐하면 급발진 사고처럼 기계 오작동이 발생한 경우를 제외하고는 대부분 운전자가 사고의 책임을 떠안게 되기 때문이다.

하지만 자율주행 기술이 상용화되면 운전이라는 행위의 주체가 복잡해진다. 운전자뿐만 아니라 자율주행 기술을 구성하는 차량 제조사, 소프트웨어 제공업체, 통신 업체 등 다양한 주체가 차량의 주행에 관여하기 때문이다. 이 경우, 자동차 사고 발생 시 책임소재를 따지는 일 또한 매우 복잡해질 것이다. 특히, 자율주행 기술이 운전자를 보조하는 경우에 비해 자율주행 기술에만 전적으로 의존하는 경우에는 훨씬 복잡한 문제가 발생할 수 있다. 미국 도로교통안전국은 구글의 자율주행 시스템을 연방 법률에서 규정한 운전자로 볼 수 있다고 판단하고 있다.[6] 따라서 자율주행 기술이 완벽하게 구현되어 모든 사고를 제어할 수 있는 상황이 되기 전까지 이러한 논란은 지속될 것으로 예상된다.

2) 사례2: 의료 인공지능의 오작동에 따른 사고

국내에서는 가천대학교 길병원이 2016년 12월 '왓슨 포 온콜로지(Watson for Oncology)'를 활용해 첫 진료를 시작하면서 의료 인공지능 시대의 문이 열렸다. 왓슨은 의사가 환자의 질병 정보와 인적사항

---

6 '미국의 자율차 정책 및 전략', Automotive electronics, 2016.9.

등을 입력하면 최적의 치료법을 등급별로 단시간 안에 제공해 환자의 만족도가 높은 편이다. 한 조사에 따르면 인천 길병원이 IBM의 인공지능 의료 서비스인 왓슨을 도입한 이후 진료를 받은 85명의 환자들은, 의료진의 처방과 왓슨의 처방이 다른 경우 대부분 왓슨의 처방을 선택했다고 할 정도이다.[7]

그런데도 불구하고 의료 인공지능의 상징인 IBM 왓슨은 최근 들어 의료 현장에서 기대만큼 효용성이 높지 않다는 비판을 지속적으로 받고 있다. 사실 왓슨은 과학자가 하루에 5개씩 38년 동안 분석해야 하는 논문 7만 개를 한 달만에 분석을 마치고 이를 토대로 진단을 하기 때문에 이론적으로는 왓슨을 당해내기가 쉽지 않다. 하지만 왓슨을 활용해본 의사들은 소견서에 개인적이거나 추정적인 표현을 넣으면 왓슨이 이를 인식하지 못하고, 의학 약어 등을 사전에 입력하지 않으면 이를 인식하지 못하는 문제가 있다고 한다. 또한 국가별로 임상 방식에 차이가 있는데 미국의 데이터를 기반으로 한 진단이 다른 국가에서는 적합하지 않을 수도 있다는 문제를 제기한다.

이 때문에 최근 들어 미국, 독일 등의 병원에서 왓슨과 계약을 파기한 사례도 등장하고 있다.[8] 뿐만 아니라 왓슨도 결국 데이터 기반의 서비스이기 때문에 아무리 IBM의 보안 시스템이 우수하다고 해도 해킹으로부터 안전하다고 단정할 수는 없다.[9] 그리고 인공지능 의료 기

---

7 "닥터 왓슨과 의료진 항암 처방 엇갈리면… 환자 "왓슨 따를게요"", 〈조선일보〉, 2017.1.12.

8 "인공지능 왓슨, 의사의 추정적 표현이나 의학 약어 인식 못해 임상적용 한계", 〈메디게이트뉴스〉, 2018.12.1.

9 "오류·해킹 가능성… 의료사고 결국 의사책임 반대", 〈이투데이〉, 2017.2.13.

술을 활용하는 과정에서 과실이 발생하거나 좋지 않은 치료 효과가 나타난다면 '이에 대해서는 누가 얼마만큼 책임을 져야 할 것인가'라는 문제가 아직 해결되지 않았다. 현재 의료 인공지능은 의사의 판단을 보조하는 역할로 제한되고 있지만, 의료 인공지능의 도입이 확대되면 그에 비례해서 오진의 사례 또한 자연스럽게 증가할 것이다. 이 경우 오진에 대한 책임 소재 문제가 복잡해질 수 있다.

의사가 오진한 경우에 대한 책임은 의사 개인이나 병원에서 부담하면 되는데, 의료 인공지능이 오진한 경우에 대한 책임을 누가 져야 하는지가 명확하지 않기 때문이다. 인공지능 의료에 직·간접적으로 참여하는 주체로는 의사, 인공지능을 개발한 개발자, 치료를 받는 환자, 진료 환경을 제공한 병원, 인공지능 의료를 규제하고 허가하는 규제기관 등이 있을 수 있다. 이때 책임을 주치의나 병원에서 지는지, 인공지능 의료 서비스를 제공하는 IBM과 같은 회사에서 지는지, 아니면 최종적으로 인공지능 서비스의 판단을 선택한 환자가 지는지에 대한 기준이 필요하며, 이 기준이 정립되지 않을 경우 큰 혼란이 야기될 수 있다.[10]

3) 기술적인 문제를 둘러싼 논점

이처럼 인공지능을 탑재한 첨단 기기의 안전성과 신뢰성에 대한 문제, 그리고 이로 인하여 발생할 수 있는 사고에 대한 책임소재의 문제는 인공지능 기술이 상당한 완성도를 확보하기 전까지는 계속 남아

---

10 '인공지능이 의료 사고를 낸다면', 최윤섭의 Healthcare Innovation 블로그

있을 것이다.

혹자는 사람이 직접 운전을 하고, 사람이 진료를 하는 경우에도 사고는 늘 발생했기 때문에 자율주행 기술과 의료 인공지능에 의존하는 경우의 사고율이 더 낮기만 하면 크게 문제 될 것이 없다고 주장한다. 이러한 주장은 사고의 발생 가능성이나 안전성 측면에서는 일견 타당해 보인다. 하지만 문제는 운전자-자동차 제조사, 환자-병원 간의 단순했던 거래 관계가 인공지능의 도입으로 인해 훨씬 복잡해진다는 데 있다. 인공지능의 발달로 인해 인류는 과거에 하지 않아도 되었던 복잡한 고민을 새롭게 해야만 하는 것은 분명하다. 따라서 인공지능 기술의 도입과 상용화 문제는 단순하게 사고의 발생 가능성 측면만 고려할 것이 아니라 법적인 책임 소재에 대한 논의와 함께 검토해야 할 것이다.

윤리적인 문제 :
알고리즘 설계 시 가치 판단 기능을 어떻게 적용할 것인가

인공지능 기술이 완벽하게 구현되더라도 선택 및 판단의 주체가 사람이 아닌 사람에 의해 설계된 기계이기 때문에 발생하는 문제가 있다. 예를 들어, 인간의 생명에 영향을 미칠 수도 있는 중요한 판단의 순간에 사람은 찰나의 직관과 반사적인 행동에 따라서 결정을 하는 반면, 인공지능 기계의 경우 사람이 사전에 설계한 알고리즘이라

는 공식에 따라 결정하고 행동한다. 인공지능은 외부 환경에서 생성되는 정보는 빠른 속도로 수집하고 학습하지만, 판단과 의사결정의 알고리즘은 사람에 의해 설계되어 사전에 탑재되기 때문에 이 알고리즘의 설계는 무척 중요하다. 인공지능 기술이 발전되어 알고리즘 자체를 머신러닝에 의하여 개선할 수 있다고 하더라도 이 역시 윤리적 문제를 피해갈 수는 없을 것이다.

1) 사례1: 트롤리 딜레마

인공지능의 윤리적 판단과 관련하여 언급되는 대표적인 사례로는 전차 사고 실험(트롤리 딜레마)과 터널 실험이 있다. 전차 사고 실험은 1967년 영국 철학자 필리파 풋이 제시한 것으로 상황은 다음과 같다. 멈출 수 없는 속도의 전차가 5명이 작업 중인 선로로 진입하고 있다. 그런데 여기에는 선로변환기가 설치되어 있어 조작을 하면 전차의 방향을 다른 선로로 전환할 수 있다.

하지만 문제는 다른 선로에서 1명이 작업 중이라는 데 있다. 이러한 상황에서 아무런 조작도 하지 않아 5명이 죽도록 하는 것이 나은가, 아니면 선로변환기를 조작하여 다른 1명이 죽게 하는 것이 나은가?

이와 유사한 것으로 터널 실험이 있다. 고속도로를 주행하는 자동차 터널로 진입하려 하는데 갑자기 터널 앞에 한 어린이가 넘어지게되었을 때 이 어린이를 치고 그대로 직진할 것인지, 아니면 본인이 터널 벽에 부딪혀 자신의 목숨을 희생할 것인지에 대한 딜레마이다.

위 두 가지 사례 모두 결국에는 자기희생(행인 보호) 모드와 자기보호(탑승자 보호) 모드 중 어떤 선택을 하게 될 것인지에 대한 것으로 인공지능 기술의 도입 여부와 상관없이 오랜 기간 윤리학에서 다뤄온 토론거리이다. 이러한 딜레마의 상황에 처하게 되는 경우에 공리주의 원칙에 입각하여 희생자가 적은 방향으로 선택할 것인지, 의무론에 따라 인간은 누구나 존엄하기 때문에 굳이 선로변환기를 조작하지 않는 선택을 할 것인지는 결코 간단한 문제가 아니며, 철학자들도 이에 대해 논쟁을 벌여왔다.

만약 판단의 주체가 인간이 아닌 알고리즘에 의해 이뤄질 경우에는 인공지능이 사람의 생사를 수식에 의해 결정한다는 점에서 인간으로서의 정체성 및 존엄성에 대한 혼란과 더불어 더욱 격렬한 논쟁거리가 될 것이다.

2) 사례2: 알고리즘에 의한 혐오 콘텐츠 관리의 한계

요즈음 우리는 지구촌 곳곳에서 일어나는 사건, 사고 등의 소식이 소셜미디어나 온라인 플랫폼을 통해 실시간으로 중계되고 업로드되는 현실을 경험하고 있다. 초연결사회에서는 그 속도가 훨씬 빠르고 더욱 빈번하게 이뤄질 것이다. 그런데 아직 페이스북, 트위터 같은 소셜 미디어 업체나 유튜브, 텀블러 같은 온라인 플랫폼 업체의 혐오 콘텐츠를 자율적으로 걸러낼 수 있는 알고리즘과 기술이 현실을 쫓아가지 못한다는 게 문제이다.

2019년 3월 15일 뉴질랜드 크라이스처치의 이슬람 모스크에서 중

무장한 백인 테러범들이 총기를 난사하여 50명이 사망하고 50여 명이 부상당하는 끔찍한 테러가 발생하였다. 당시 테러범은 테러를 자행하면서 17분 동안 페이스북 라이브로 실시간 중계했으며, 이 영상에는 범인이 차량을 몰고 사건 장소로 이동하는 모습과 모스크에 진입해서 총기를 난사하는 장면이 고스란히 담겨 있다. 사건 직후 페이스북은 뉴질랜드 경찰의 요청에 따라 라이브 영상과 용의자의 계정을 삭제 조치했으며, 총격 사건을 찬양하는 글도 발견 즉시 삭제하였다.

하지만 몇 시간 뒤 이 영상을 복사한 복사본이 페이스북, 트위터, 유튜브 등을 통해 빠르게 확산하였다. 다른 플랫폼 기업들도 계정을 삭제하고 AI 탐지 시스템을 동원해 영상을 제거하는 등 조치에 나섰지만, 이를 완전히 차단하는 데 큰 효과를 거두지 못하였다. 이로 인해 SNS, 온라인 플랫폼 기업이 제공하는 실시간 중계 서비스가 테러 확산의 창구로 악용될 수 있다는 우려가 커졌다.[11]

유사한 사례로 2019년 7월 미국 뉴욕주 유타카에서는 17세 소녀가 함께 콘서트를 보러 간 20대 남성에 의해 살해되고, 끔찍한 시신 사진이 살해자에 의해 인스타그램에 20시간 이상 노출되면서 빠른 속도로 공유된 사건도 있었다. 당시 이용자들이 해당 사진의 삭제를 요청하였음에도 불구하고 인스타그램은 약관에 어긋나지 않는다며 적절한 조치를 하지 않았고, 인스타그램의 내부 필터링 시스템에도 문제가 있는 것으로 지적을 받았다.

---

11 뉴질랜드 총격 영상 '일파만파'… SNS, 테러 확산창구 되나", 〈매일경제〉, 2019.3.18.

앞선 사례와 마찬가지로 반인륜적인 콘텐츠가 단순히 조회 수를 늘리기 위해서 악용된 사건이며, SNS 기업의 책임 소홀과 이용자들의 저급한 윤리의식이 공분을 샀던 바 있다.[12]

또한 2017년 4월 미국 오하이오주 클리블랜드에서 발생한 총기 살인 사건이 페이스북을 통해 생중계된 적이 있었다. 당시에도 글로벌 인터넷 기업이 자체적으로 혐오·증오 콘텐츠를 차단하기 위한 모니터링에 막대한 자본과 기술을 투입하고 있었지만, 결과적으로 신속한 대처가 이뤄지지 않았다는 비판을 받았다.

3) 사례3: 로봇 저널리즘

최근 들어 인공지능이 스포츠와 경제, 날씨 등 속보성 뉴스를 작성하고 주요 기사에 대한 요약 서비스를 제공하는 사례를 많이 볼 수 있는데 이를 로봇 저널리즘이라고 부른다. 네이버는 인공지능 기반으로 기사를 추천하는 AiRS를 본격적으로 선보였다. 2019년 4월 정치권을 중심으로 포털이 뉴스 기사 편집을 편향적으로 한다는 강한 문제 제기가 잇따르자, 뉴스를 인간이 편집하지 않고 인공지능이 추천하는 시스템으로 개편한 것이다. 이 시스템은 이용자의 뉴스 콘텐츠 소비성향에 따라 노출되는 기사가 달라지는 방식이며, 다음 포털에서도 이와 유사한 서비스가 제공되고 있다.

이러한 서비스 개편은 정치권을 중심으로 제기된 편집 편파성 문제에서 벗어나 객관적인 기준으로 뉴스를 제공하겠다는 의도에서 비

---

12 "시신 셀카 20시간 공유됐다… '살인 전시장'된 인스타그램", 《중앙일보》, 2019.7.23.

　　　　　　　　　　　　　　5G 초연결사회, 완전히 새로운 미래가 온다

롯되었다. 정치적인 논란에서 벗어나고 진보와 보수 성향의 일부 언론사들의 기사로 편중된다는 비판에서 벗어나기 위한 것이다.

하지만 문제는 독자의 성향에 맞는 기사를 추천해주다 보니 다양한 기사를 보지 못하고 과거보다 더욱 확증편향(確證偏向)적인 정보만을 접하게 된다는 것이다. 사전적 정의에 따르면, 확증편향이란 자신의 신념과 일치하는 정보는 받아들이고 신념과 일치하지 않는 정보는 무시하는 경향을 의미하는데, 포털의 새로운 기사 추천 시스템으로 인해 이용자들은 자신의 정치·사회적 신념을 강화하는 기사들만 반복적으로 읽게 되어 여론이 분열·대립하게 된다는 비판을 받고 있다.[13] 또한 포털의 독립성을 강화하기 위한 수단으로 알고리즘을 도입하였으나 이 알고리즘 자체를 사람이 만드는 것이다 보니 완전한 독립성을 확보하기 어려울 것이라는 비판도 존재한다.

또한 앞서 인공지능 기술의 오작동, 오진의 가능성에서 살펴본 것과 같이 로봇 저널리즘의 경우에도 오보가 발생하였을 때 누가 책임을 지느냐 하는 문제가 존재한다. 편집국인지, 알고리즘 제작 부서인지, 언론사 대표인지, 재료가 되는 최초 기사를 공급한 언론사가 될지의 문제는 여전히 해결되지 않았으며, 이 문제 역시 해결을 위해서는 사회적 논의가 필요할 것으로 보인다.

---

13 "인공지능이 지배하는 포털뉴스의 위험성", 〈미디어오늘〉, 2019.7.14.

인공지능 윤리 문제, 어떻게 대처할 것인가?

　인공지능 기술의 도입 초기인 데다 상용화가 진행 중이어서 인공지능 알고리즘으로 인한 이슈가 아직 많이 파악되지는 않았지만, 위에서 살펴본 안전성과 신뢰의 문제, 알고리즘의 윤리적 문제 외에도 다양한 이슈가 나타날 것이다. 특히 이러한 논란은 의료 등 사람의 생명에 영향을 미칠 수 있는 분야에서 더욱 민감하게 다뤄질 것이다.

　인공지능의 윤리와 관련하여 AI·로봇 자체에도 윤리적인 기준이 필요한지, 인공지능 자체의 윤리를 넘어 인공지능의 개발자, 제품 공급자, 제품 이용자 등 사람의 윤리로 확대하여 논의해야 하는지 등 기준 정립이 필요한 복잡한 문제가 산적해 있다.

　이러한 문제를 해결하기 위해 세계 최대 기술자 모임인 IEEE에서는 「윤리적 인공지능 알고리즘 설계를 위한 지침서」를 발표하고, 영국 정부는 '자율주행차량 사이버 보안 가이드라인'을 마련하였으며(2017년 8월), 일본 정부는 '인공지능 개발 윤리 가이드라인'을 마련하는(2016년 12월) 등 각국 정부 차원에서도 예측 가능한 이슈들이 발생하기 전에 사회경제적인 부작용에 대비하고 규범을 준비하기 위한 노력을 진행하고 있다.[14]

　국내에서도 인공지능 윤리안 제정의 필요성이 논의되기 시작하였다. 국회 과학기술정보방송통신위원회, 법조계 및 인공지능학회를

---

14 정보통신정책연구원, 「4차 산업혁명 시대 산업별 인공지능 윤리의 이슈분석 및 정책적 대응방안 연구」, 2018.10.

중심으로 인공지능 기술 윤리 관련 입법을 위한 논의에 착수하였고, 방송통신위원회 등 정부 기관은 정책연구 기관 등과 함께 정책연구를 진행하고 있다. 또한 삼성전자는 인공지능 분야에서 글로벌 주도권을 가져가기 위하여 인공지능에 대한 연구를 강화하는 동시에 '공정성·투명성·책임성'이라는 인공지능 윤리의 핵심원칙을 제시하고, 'Partnership on AI'라는 국제 컨소시엄에 가입하여 글로벌 기업들과 함께 인공지능 윤리 문제에 선제적으로 대응하고 있다.

이러한 인공지능의 윤리 문제는 한 국가만의 문제가 아니라 인류가 공통적으로 직면하게 되는 문제이다. 해외 주요 국가에서는 인공지능 윤리 문제의 논의를 위한 가이드라인을 발표하고 있는데 우리나라도 국가적인 차원에서 글로벌 공조를 강화할 필요가 있다. 그리고 우리나라만의 특수한 상황에서 발생하는 이슈에 대해서는 내부적으로 학자, 엔지니어, 정책 담당자가 함께 해법을 고민해야 한다. 기술이 세상을 지배하기 이전에 관련된 이슈를 점검해보고 사회적 기준을 마련함으로써 부작용을 최소화하는 것만이 세계 최초의 초연결국가를 넘어 세계에서 가장 안전한 초연결국가로 가는 지름길일 것이다.

세 번째 그림자: 부의 불평등, 양극화, 그리고 일자리 문제

03

인간이 바퀴를 발명한 것은 1만 년이 넘었고, 운송 수단으로 활용한 것은 5,000년 전이며, 말이 바퀴를 끌기 시작한 것은 2,200년 전이다. 그런데 이토록 오랜 역사를 지닌 마차를 소멸시킨 것은 20세기 초 등장한 자동차이다. 1900년 미국 뉴욕의 5번가를 지나는 모든 운송 수단은 마차였으나 1913년에는 자동차로 변했다. 이로 인해 마부들은 모두 직업을 잃게 되었다.

초연결사회에는 인공지능, 빅데이터 등의 기술을 활용한 신산업 영역에서 많은 일자리가 창출될 것이지만, 반대로 사람들이 직접 수행하는 전통 산업 영역에서는 자동차의 발명이 마부의 직업을 대체한 사례와 같이 일자리가 줄어들 것으로 예상된다. 이는 신산업에 적응할 수 있는 사람들에게는 더욱 많은 취업의 기회를, 그렇지 못한 사람들에게는 일자리에 대한 기회의 박탈을 의미한다.

또한 인공지능 등 첨단 기술로 무장한 기계가 사람이 하는 일을 대체함으로써 부가가치가 높은 직업보다는 낮은 직업에서 사람들이 일자리를 잃을 가능성이 더 높을 것으로 예상된다. 기존에도 부가가치가 높아 고소득 직종에 종사하던 사람들은 계속해서 직업을 유지하거나 더 많은 부가가치를 창출함으로써 소득 수준이 높아질 것으로 전망된다. 반면, 부가가치가 낮아 저소득 직종에 종사하던 사람들의 노동은 기계에 의해 대체되어 일자리를 잃게 됨으로써 이들의 소득 수준은 더욱 하락할 가능성이 크다. 이는 우리 사회 전체적으로 부의 불평등을 심화하고, 사회 구조의 양극화를 초래함을 의미한다.

기계에 의해 대체될 미래 일자리:
데이터 권력과 AI 권력이 초양극화사회를 초래한다

　스위스 은행 UBS가 2016년 발간한 한 보고서에 따르면, 인공지능과 로봇 기술이 발달할수록 정교한 작업을 하는 로봇에 의해 사람의 노동력이 밀려나게 될 것이며 저임금 단순 기술직일수록 임금 삭감, 일자리 상실 등을 경험할 가능성이 더 클 것으로 내다보았다. 특히 이 보고서는 인공지능 기술의 발달로 가장 큰 타격을 받는 직종이 사무직 등 중급 숙련직이 될 것으로 예상하였다는 점에 주목할 필요가 있다.

　공장 등 생산라인에서는 제1차, 제2차 산업혁명 때부터 자동화 기기가 인력을 대체해오면서 생산직 노동자들은 이미 기계와 경쟁을 해왔지만, 사무직 근로자의 경우 인공지능과의 경쟁이 낯설기 때문에

순위	자동화 대체 확률 높은 직업 상위 30개 직업 명	순위	자동화 대체 확률 낮은 직업 상위 30개 직업 명
1	콘크리트공	1	화가 및 조각가
2	정육원 및 도축원	2	사진작가 및 사진사
3	고무 및 플라스틱 제품조립원	3	작가 및 관련 전문가
4	청원경찰	4	지휘자·작곡가 및 연주가
5	조세행정사무원	5	애니메이터 및 만화가
6	물품이동장비조작원	6	무용가 및 안무가
7	경리사무원	7	가수 및 성악가
8	환경미화원 및 재활용품수거원	8	메이크업아티스트 및 분장사
9	세탁 관련 기계조작원	9	공예원
10	택배원	10	예능 강사
11	과수작물재배원	11	패션디자이너
12	행정 및 경영지원관련 서비스 관리자	12	국악 및 전통 예능인
13	주유원	13	감독 및 기술감독
14	부동산 컨설턴트 및 중개인	14	배우 및 모델
15	건축도장공	15	제품디자이너
16	매표원 및 복권판매원	16	시각디자이너
17	청소원	17	웹 및 멀티미디어 디자이너
18	수금원	18	기타 음식서비스 종사원
19	철근공	19	디스플레이어디자이너
20	도금기 및 금속분무기 조작원	20	한복제조원
21	유리 및 유리제품 생산직(기계조작)	21	대학교수
22	곡식작물재배원	22	마술사 등 기타 문화 및 예술 관련 종사자
23	건설 및 광업 단순 종사원	23	출판물기획전문가
24	보조교사 및 기타 교사	24	큐레이터 및 문화재보존원
25	시멘트·석회 및 콘크리트생산직	25	영상·녹화 및 편집기사
26	육아도우미(베이비시터)	26	초등학교교사
27	주차 관리원 및 안내원	27	촬영기사
28	판매 관련 단순 종사원	28	물리 및 작업 치료사
29	샷시 제작 및 시공원	29	섬유 및 염료 시험원
30	육류·어패류·낙농품가공 생산직	30	임상심리사 및 기타 치료사

[그림 4-5] 자동화 대체 확률이 높은 직업과 낮은 직업 (출처: 한국고용정보원, 2016)

변화된 환경에 쉽게 적응하기가 어려울 것이라는 점 때문이다.[15] 이러한 주장은 인공지능이나 기계에 의해 대체될 수 있는 영역이 육체적인 노동보다 정신적인 노동에서 더 많을 것이라는 점에서 많은 사무직 근로자들을 긴장시키기에 충분하다.

일자리의 미래에 대한 예측은 서울대 공대 유기윤 교수 연구팀이 2017년 발표한 「미래도시 연구보고서」에서 구체적으로 확인할 수 있다. 유 교수에 따르면 2090년 우리 사회는 4개 계급, 즉 최상층 계급인 '플랫폼 소유주'부터 '플랫폼 스타', '인공지능', 그리고 제일 하층

15 "로봇·인공지능 '4차 산업혁명', 부익부 빈익빈 부추길 것", 〈연합뉴스〉, 2016.1.20.

5G 초연결사회, 완전히 새로운 미래가 온다

계급인 '프레카리아트' 계층으로 분화된 피라미드 구조를 이루게 될 것으로 예상했다. 즉, 페이스북, 구글과 같이 플랫폼을 소유한 기업이 최상부에 위치하며, 그 아래는 이러한 플랫폼을 활용하여 성과를 내는 정치인, 연예인 등 스타가 위치하고, 그 아래는 인간보다 인건비가 저렴하면서도 효율적인 인공지능이 위치하고, 대부분의 일반 시민은 불안정한 노동자를 뜻하는 프레카리아트 계층에 자리 잡게 된다는 것이다.

여기서 프레카리아트 계층은 인간의 노동이 대부분 인공지능 기계에 의해 대체된 미래 사회에서 임시 계약직·프리랜서 형태의 단순 노동에 종사하면서 저임금으로 근근이 살아가는 계층을 말한다. 이들은 최하위 노동자 계급으로 전락해 사실상 로봇보다도 못한 취급을 받게 된다는 것이다. 특히 유 교수 팀은 4개 계급 중 인공지능을 제외한 사람들의 분포가 플랫폼 소유주는 0.001%, 플랫폼 스타는 0.002%, 그리고 프레카리아트가 나머지 99.997%를 차지할 것으로 내다봤다. 전통적으로 불평등한 사회의 분배 구조를 2:8의 사회로 나타내다가 미국에서 촉발된 '월가를 점령하라(Occupy the Wall Street)' 운동이 한창일 때는 1:99의 양극화 사회로 표현했는데, 유 교수 팀은 인공지능 사회가 3:99997의 초양극화 사회가 된다고 전망한 것이다.

다가올 미래에 플랫폼이 우리 사회를 얼마나 지배할 것인지에 대해서는 전문가에 따라 의견이 다를 수 있다. 하지만 분명한 것은 과거 제조업 중심의 경제와 달리 서서히 인터넷과 디지털 중심의 경제가 주축 산업으로 자리 잡고 있으며, 구글, 유튜브, 페이스북, 아마존, 넷플릭스와 같은 인터넷 플랫폼 기업들이 전통적인 방송사나 유통 기업을 이미 대체하고 있다는 사실이다.

특히 이러한 글로벌 테크 자이언트(Tech Giant)들이 추구하는 사업 모델은 플랫폼이 필요한 일반 이용자와 기업을 연결해주는 역할을 하는데, 그 과정에서 이용자들의 개인정보나 행태정보와 같은 고급 데이터를 상당히 수집하며 이를 인공지능 기반의 맞춤형 서비스, 고객 추천 서비스에 활용한다. 특히 글로벌 기업 중 구글의 홈, 아마존의 알렉사, 애플의 시리와 같은 음성인식 서비스는 각사의 데이터 기반 알고리즘과 결합하여 고객 맞춤형 서비스를 제공하고 있으며, 이 서비스는 추가로 수집되는 고객의 정보를 분석·활용하면서 나날이 정교해지고 있다.

미래에는 가입자가 더 많은 플랫폼, 글로벌화된 서비스일수록 더욱더 많은 데이터를 확보할 수밖에 없다. 그리고 플랫폼 경제에서는 규모의 경제 효과로 인해 후발 주자가 선도 주자를 추격하기가 쉽지 않기에 테크 자이언트와 스타트업 간의 경쟁력 격차는 확대될 가능성이 크다. 이러한 이유 때문에 미래는 데이터 권력과 인공지능 산업에서의 주도권을 바탕으로 한 초양극화사회가 될 것으로 전문가들은 전망하고 있는 것이다.

초연결사회가 가져올 고용의 미래에 대해서는 크게 두 가지 상반된 시나리오가 가능하다. 첫째는 기존의 많은 일자리가 첨단 기술에 의해 대체되어 실업이 증가한다는 전망이고, 둘째는 기술 혁신으로 신산업이 대거 등장하면서 일자리가 오히려 증가한다는 전망이다. 대부분의 연구보고서나 전문가들의 예상에 따르면 기존의 노동이 대체될 것이라는 전망, 즉 사람의 일자리가 감소할 것이라는 전망이 우세하긴 하다. 하지만 새로운 유형의 고용이 출현할 것이라는 희망도 간과할 수는 없는데, 이러한 전망의 기저에는 3장에서 살펴본 플랫폼 고용이라는 신유형의 고용 관계가 자리 잡고 있다.

　플랫폼은 통상 기차역과 같이 기차와 승객을 이어주는 역할을 하는 매개체를 의미하며, 서로 다른 수요를 지닌 양측이 모일 수 있는 공간을 제공하고 그 대가를 받는 것을 수익 모델로 한다. 인터넷 경제 시대에 가장 대표적인 플랫폼으로는 유튜브와 페이스북을 들 수 있으며, 이들은 많은 가입자를 모은 다음, 자신의 가입자를 대상으로 서비스를 제공하고 싶은 기업들을 연결해주고 그에 따른 광고 또는 구독료 수입을 거둔다. 그리고 이러한 플랫폼은 온라인과 온라인을 연결하는 것을 넘어 이제는 오프라인 서비스를 온라인 영역으로까지 확대하고 있는데 대표적인 예가 온라인 쇼핑몰, 공유 차량, 공유 숙박, 배달 서비스 등이다.

　공급자와 수요자를 직접 이어주는 플랫폼 경제에서는 서비스 및 용역 판매자가 인력 등을 직접 고용하는 대신 플랫폼을 통하여 외부화하는 경우가 많다. 기존의 직원을 계열사의 직원으로 소속을 변경하는 것은 아니지만, 사업을 위해 필요한 핵심 자원을 직접 보유하지 않는다는 점에서는 외주화와 비슷한 측면이 있다. 이러한 플랫폼 경제에서의 급여 체계는 과거 제조업, 서비스업에서 흔히 볼 수 있었던 정규직 형태로 직원을 고용하여 정액 급여를 지불하는 방식 대신 건별로 수수료를 지급하여 더 많은 일을 하는 사람이 더 많은 돈을 벌 수 있는 정률 급여 형태를 취하고 있다.

게다가 플랫폼 경제로 인하여 안정적인 근로가 어려워지는 현상은 노동 이동 및 유연성을 늘려서 시간제 노동이나 비정규직 노동의 증가를 초래한다. 대인 서비스를 하는 일자리나 생산직을 제외한 다수의 일자리가 직장과 근무시간이라는 정형화된 틀에서 벗어나 새로운 방식을 채택할 개연성이 크다. 이는 법률에 의해 노동자성을 인정받지 못하고 있는 학습지 교사, 대리 기사 등과 같은 특수고용 형태의 일자리 증가를 의미한다. 그리고 기업 입장에서는 직원을 직접 고용하지 않음으로써 채용과 해고가 용이해져 고용의 유연성이 증가함을 의미한다.[16]

기존에도 평생직장의 의미가 쇠퇴하던 사회 풍조에 더해 4차 산업혁명이 가져올 고용의 변화는 개인의 소득 수준, 일자리의 안정성 문제를 넘어 사회적 시스템의 안정성 문제와 연결된다고 할 수 있다. 즉, 사회 전체적으로 자영업자와 플랫폼 경제 종사자가 증가할수록

---

16 경제사회발전 노사정위원회, 「4차 산업혁명과 고용의 미래」, 2017.11.

안정적인 소득이 감소하기 때문에, 가계소득이 소비로 이어지고 이 소비가 생산과 공급을 다시 확대하는 경제의 선순환 모델을 기대하기 어려워질 수 있다. 또한 고정적인 가계 소득의 감소, 단기 고용의 증가는 빈곤층 증가는 물론 고소득층과 저소득층 간의 소득 격차 확대로 이어질 수 있으며 이 역시 사회적 문제가 될 것이다.

초연결사회가 진행될수록 사회보장과 일자리, 복지 차원에서 정부의 역할이 현재보다도 증가할 것으로 예상된다. 『제4차 산업혁명』의 저자 클라우스 슈밥(Klaus Schwab)도 일자리, 소득 불균형 문제와 관련하여 미래의 일자리는 대체 불가능한 전문 기술 노동자와 로봇과 함께 일하는 저임금의 파트타임 노동자로 양분될 것이며, 디지털 플랫폼과 시장을 선점하는 국가와 그렇지 못한 국가 간 부의 편중 현상도 심화될 것으로 전망하였다.

4차 산업혁명으로 인해 일자리 분야에서 플랫폼 노동이 출현하고, 급속한 기술 혁신에 따라 생산 및 서비스 공급의 자동화가 진행되면 실업이 증가하고 노동 이동의 속도가 빨라지며, 사회 전체적으로 소득 격차가 커질 것으로 예상된다. 즉, 젊은이와 노년층, 신기술 교육이 가능한 가정과 어려운 가정 등의 차이는 노동 시장의 이중화, 양극화를 초래할 수 있기 때문에 취약계층을 대상으로 신기술과 신산업에 적응할 수 있는 교육 훈련이 대단히 중요하다.

04

네 번째 그림자:
개인정보 유출과 사이버위협,
네트워크 장애

초연결사회는 사람과 사람, 사람과 사물, 사물과 사물 등 모든 관계를 네트워크로 연결한다. 모든 관계에 관한 정보는 스마트폰이나 웨어러블 기기 등 단말기나 센서를 통해 수집되고, 이 정보는 네트워크를 통해 서버에 전달되고 중앙처리장치에 의해 처리된다. 문제는 이렇게 수집되는 정보가 취약하게 관리됨으로써 해킹에 의해 유출되었을 경우이다. 정보의 양이 방대할수록, 정보가 개인의 생명 또는 안전과 직결된 민감한 정보일수록 해킹의 피해가 클 것이다.

과거에는 프로그래머들이 자신의 능력을 과시하거나 재미로 해킹을 하는 사례가 많았지만, 요즘에는 금전적인 이익을 획득하기 위하여 해킹하는 경우가 대다수이다. 그리고 그 피해는 데이터 및 인터넷에 대한 의존도가 높아지고 우리 삶에 미치는 영향이 클수록 점점 커지고 있다. 특히 앞으로는 가전제품, 현관문, 창문, 가구, 어댑터, CCTV, 의류, 자동차 등 모든 물건에 센서를 부착하여 정보를 공유하는 사물인터넷의 활용이 증가할 것으로 예상되는데, 센서 자체가 보안에 취약하기 때문에 센서를 통해 서버에 접근하고자 하는 시도는 계속해서 일어날 것이다.

아직은 사이버범죄가 일상적으로 접하는 살인, 강도, 성폭력 등 강력 흉악범죄보다 피해의 체감치가 낮은 편이지만, 점차 온라인과 오프라인의 구분이 무의미해지면 사이버범죄의 심각성은 상상 이상으로 커질 것이다.

초연결사회의 개인정보 유출

다음 표는 한국인터넷진흥원이 발표한 2008년부터 2018년까지 국내외에서 발생한 주요 개인정보 유출 사고 연표이다. 이에 따르면 국내에서만 2016년 인터파크 1,030만 건, 2014년 카드 3사 8,500만 건, KT 1,200만 건 등 1,000만 건이 넘는 유출 사고부터 2017년 '여기어때'와 같이 민감한 숙박 예약 서비스의 유출 사고에 이르기까지 양적으로나 질적으로나 피해가 심대한 사고들이 연이어 발생하고 있다.[17]

한국인터넷진흥원과 국내 주요 보안 업체가 발표한 「2019년 주목해야 할 7대 사이버 공격 전망 보고서」에 따르면 최근 다양한 경로를 통한 '크립토재킹'이 확산하고, 사물인터넷을 겨냥한 신종 사이버 위협이 증가하고 있다고 한다. 크립토재킹은 암호화폐(Cryptocurrency)

---

17 "최근 4년간 개인정보 유출 80.5%가 해킹 등 외부공격이 원인", 〈데일리시큐〉, 2019. 4. 13.

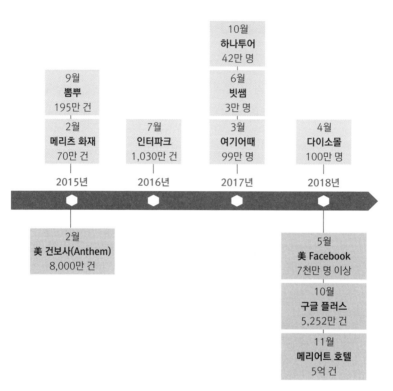

[그림 4-6] 2015~2018년 전 세계 주요 개인정보 유출 사고 연표 (출처: 한국인터넷진흥원)

의 'Crypto'와 납치(Hijacking)의 'jacking'을 따서 만든 합성어로 악성코드를 이용하여 타인의 컴퓨터에서 암호화폐를 몰래 채굴해가는 해킹 방식이다. 크립토재킹의 탐지 건수는 2017년 3건에서 2018년 10월 기준 1,188건으로 크게 증가했는데 앞으로 모바일 기기나 IoT 기기의 취약점을 악용하거나 웹브라우저를 통한 채굴 등 다양한 경로를 이용한 크립토재킹이 확산할 전망이다.

그리고 음성인식 스피커, IP 카메라, 스마트 냉장고 등 IoT 기기의 사용이 증가함에 따라 이를 이용한 사이버 공격도 증가 추세에 있다.

5G 초연결사회, 완전히 새로운 미래가 온다

IoT 취약점 대응 건수는 2015년 156건에서 2016년 358건, 2017년 867건, 2018년 상반기 962건으로 매년 2배 이상 증가하고 있다. 이 보고서는 특히 IoT 봇넷[18]으로 IoT 기기를 좀비화하는 사례가 증가하고 있어, 이를 통한 악성코드 유포 및 개인정보 탈취 등이 빈번해질 것으로 전망했다.

초연결 시대의 개인정보의 유출 또는 사이버 안전과 관련하여 언급되는 대표적인 사례로는 자율주행차, 스마트 헬스케어, 스마트홈 서비스 등이 있으며, 구체적인 사례를 살펴보면 다음과 같다.

자율주행차 해킹

자율주행차의 경우 차량 및 도로 상태, 교통상황, 주변 행인 및 시설, 위치, 날씨 등 다양한 정보를 수집하고 처리하며, 필요한 정보를 얻기 위해 다른 차량 또는 서버와 통신도 하게 된다. 자율주행차는 이렇게 많은 정보를 처리하는데 여기에는 개인정보, 개인 위치정보 등의 민감한 정보가 포함될 수 있다. 이러한 민감한 정보를 어떠한 동의 절차를 거쳐 수집·처리하게 할 것인가의 문제와는 별개로 많은 양의 정보를 처리한다는 것은 언제든지 해킹될 위협에 노출되어 있음을 뜻한다. 특히 해킹에 의해 사물 간 통신에 교란이 발생하거나 차량의 내

---

18 스팸메일이나 악성코드 등을 전파하는 악성코드인 봇(Bot)에 감염되어 해커가 마음대로 제어할 수 있는 좀비 PC들로 구성된 네트워크를 말한다.

비게이션 정보가 변경되면 차량 주행이나 행인·운전자 안전에 큰 문제가 발생할 수도 있다.

자율주행차 또는 스마트카는 기존 유인 자동차에 ICBM 기술, 즉 사물인터넷(Internet of Things), 클라우드 컴퓨팅(Cloud Computing), 빅데이터(Big Data), 모바일(Mobile)의 기술을 접목한 자동차로, 인간의 운전을 보조하는 기술부터 완전한 무인 자율주행 기술에 이르기까지 다양한 형태로 존재한다. 하지만 ICBM 기술은 네트워크를 전제로 구현되기 때문에 이 기술의 활용이 증가하는 만큼 해킹의 위협도 증가한다.

2010년 미국 텍사스에서는 100대 이상의 차량에서 시동이 걸리지 않은 사건이 발생했는데, 그 원인은 자동차 회사에서 해고된 직원이 앙심을 품고 자동차 도난 시 원격 시동을 제어하는 기능을 해킹하였기 때문인 것으로 밝혀졌다. 그리고 집에서 10마일 떨어진 고속도로에서 주행 중인 크라이슬러 차량을 해킹한 일이 발생하였는데, 이 일로 크라이슬러사는 2015년 7월 자동차 보안 문제 개선을 위해 미국 내 140만 대의 차량을 자발적으로 리콜한 일이 있었다.

한 대의 스마트카에는 ICBM 기술 적용을 위하여 여러 네트워크 센서들이 장착되며, 전자제어장치(Electronic Control Unit, ECU) 80여 개가 장착되어 네트워크를 통해 운전자 조작에 따른 통신을 주고받는다. 그런데 해커들은 이러한 ECU를 조작하여 스마트카를 원격으로 조종하고, 나아가 자동차를 무기로 이용해 공격 대상이 되는 차량, 사람, 건물 등과 충돌시킴으로써 피해를 초래할 수 있다. 그리고 자율주행 필수 기술 중 하나인 GPS 통신을 해킹하여 차량이 자체적으로 위치정보를 확인하지 못하게 하고, 잘못된 위치정보를 제공함으로써 엉뚱한 목적지로 유도할 수도 있다.[19]

헬스케어 정보의 유출

초연결사회에서 최첨단 기술이 가장 활발하게 사용될 것으로 예상되는 분야는 스마트 헬스케어이다. 즉, 웨어러블 기기와 스마트 센서 등의 보급이 확산하면서 자택에서 건강 상태를 스스로 진단하고, 이 정보를 지정된 병원에 보내면 원격으로 진료할 수 있는 서비스가 활성화될 수 있을 것으로 예측한다.

그런데 센서를 통해 수집된 개인의 건강 관련 정보량이 많아지게 되면 이 정보를 활용하여 이익을 취하려는 불순한 의도를 가진 세력도 늘어날 것이다. 특히 건강 정보, 질병 정도 등은 개인의 사생활과 밀접하게 관련되어 있으며, 이 정보를 위변조하는 경우에는 환자의 건강, 생명에도 큰 위협이 될 수 있다. 예를 들어 해커에 의해 환자의 과거 진료 정보가 삭제되거나 변경이 되었음에도 이러한 사실을 인지하지 못한 채 처방을 하게 될 경우에는 치명적인 오진이 이뤄질 수도 있다.

과거 의료 분야에서 발생한 사이버 침해 사례를 살펴보더라도 이

---

19 한국정보화진흥원, 「4차 산업혁명과 사이버 보안대책」, 2016

러한 위협을 예상할 수 있다. 2011년 7월 보스턴 BIDMC 병원에서는 악성코드 감염으로 환자 기록이 인터넷으로 유출된 바 있다. 또한 2012년 6월 일리노이주의 한 의료기관 시스템에 해커가 침입하여 데이터를 암호화한 후 돈을 요구하는 랜섬웨어 사고가 발생하기도 하였다. 2013년 1월에는 생화학 자동분석장치에 연결된 데이터를 해킹하여 원격으로 잘못된 데이터를 저장하는 사건이 발생하기도 하였다.

이러한 사례를 볼 때, 전 세계적으로 인공지능 의료자문 서비스를 제공하고 있는 IBM 왓슨에 아직 사이버 침해 사례는 발견되지 않았지만, 만약 그 서버가 해킹된다면 어떠한 일이 발생할 것인지 상상만 해도 끔찍하다.

스마트홈을 통한 사생활 침해

스마트홈 서비스가 이동통신사와 가전제품 회사 간 제휴를 통하여 활발히 보급되면서 소홀한 개인정보 관리 및 의도적인 해킹을 통한 피해 사례도 나타나고 있다. 특히 IoT 기기의 경우 일반 이용자들이 최초 설정된 패스워드를 잘 변경하지 않는다는 취약점을 이용하여 해킹한 사례가 있으며, 스마트홈 CCTV를 해킹하여 집안 내 사생활을 엿보는 사고가 발생하기도 하였다.[20]

최근 들어 아이들이나 반려동물 관찰을 위한 홈 CCTV 설치가 늘

---

20 "안방 CCTV를 누군가 훔쳐본다… 스마트홈 파고드는 IoT 해킹", 동아닷컴, 2019.7.31.

어나고 있는데, 이미 유출된 이용자의 인터넷 IP 정보를 해외 사이트에서 쉽게 구할 수 있고 이용자가 비밀번호를 복잡하게 설정 또는 변경하지 않는다는 점을 악용하여 해킹을 통한 사생활 침해 사례가 종종 발생하고 있다. 게다가 이러한 유형의 스마트홈 해킹은 여성을 대상으로 하는 경우가 많으며, 성범죄로 이어질 수도 있어 그 심각성을 더하고 있다.

2015년에는 국내 대기업에서 생산한 스마트 냉장고가 해킹당하는 사고가 발생하였는데, 암호화 시스템을 뚫고 기기와 인터넷망의 통신 과정에서 정보를 탈취한 사례와 스마트 냉장고가 설치된 가정에서 멀지 않은 곳에 있는 해커가 제품에 등록된 사용자의 구글 계정에 대한 권한을 획득한 사례가 있었다. 그리고 미국에서는 해커가 스마트TV와 냉장고를 해킹하여 스팸메일을 발송하는 사이버 공격 사례도 발생하였다.

한국인터넷진흥원에 따르면, 스마트 에어컨 및 세탁기 등 스마트 가전을 이용한 경험이 있다고 응답한 사람은 38.4%, 홈 카메라는 27%, 스마트 도어록은 23.4%인 것으로 나타났다. 그만큼 스마트 홈 기기의 보급이 확대되고 있음을 의미한다. 이에 따라 스마트홈에서 주로 활용하는 사물인터넷 기술과 관련하여 보안전문가들이 취약점을 신고한 건수가 2015년 130건에서 2016년 362건, 2017년 347건, 2018년 387건으로 조금씩 증가하는 추세이다.

대표적인 취약점 사례로는 유무선 공유기의 관리자 권한을 탈취하여 기기를 원격으로 제어할 우려, 스마트홈 서비스의 중앙관리 서버에 침투하여 특정 가정의 전기 사용량이나 방문자에 대한 정보를 탈취할 우려가 있다.

이러한 해킹 우려가 사라지지 않는 이유는 아직 IoT 기기 설계 및 생산 시 보안이 충분히 고려되지 않을 뿐 아니라, 이용자가 비밀번호를 복잡하게 설정하고 자주 변경하며 IoT 기기의 펌웨어를 수시로 업데이트하는 등 보안에 신경을 써야 하는데, 이러한 노력을 기울이지 않기 때문이다.

사이버테러와 물리적 사고로 인한 네트워크 장애

초연결사회에서는 사람과 사람, 사람과 사물, 사물과 사물이 유선 또는 무선 통신망으로 연결되어 과거에 상상하지 못했던 서비스까지 구현할 수 있게 된다. 따라서 현재보다도 미래에는 통신망에 대한 의존도가 더욱 커질 수밖에 없다. 근거리건 장거리건 통신 서비스가 제공되지 않은 곳에서는 초연결사회의 미래를 그리기 어렵기 때문이다.

그런데 원활하던 통신망이 사이버 공격이나 물리적 파괴에 의해 정상적으로 작동하지 않는다고 상상해보자. 이 경우, 통신망 기반으로 운영되는 우리 주변의 모든 서비스는 즉각 블랙아웃 상태가 되고 말 것이다. 포털 접속을 통해 현재 어떤 문제가 발생했는지도 알 수 없고, 이동전화나 SNS를 통해 현재 상황을 제3자와 공유하는 것도 불가능하다. 이뿐만 아니라 통신망을 기반으로 작동하는 카드 결제,

서비스 예약 및 주문과 같은 우리 경제활동의 기본적인 부분들도 작동하지 않아 마치 사회가 마비된 것과 같은 느낌을 받을 것이다. 네트워크 공격이나 사고로 불편함과 경제적 피해를 겪은 사례는 이미 수차례 발생하였다.

예를 들어 2013년 3월 20일 발생한 사이버테러는 KBS, MBC, YTN 등의 방송국과 농협, 신한은행, 제주은행, 우리은행 등 금융사 네 곳을 공격해 직원 PC, 서버 등이 악성코드에 감염되면서 방송국의 사내 컴퓨터 시스템은 다운되고, 인터넷 뱅킹과 현금 자동입출금기 이용이 중단되는 사태가 발생하였다.

통신망이 물리적으로 손상된 사례로는 2018년 11월 24일 발생한 KT 아현지사 통신구 화재가 있다. 이 사고로 서대문구, 마포구 등 서울시 5개 구와 고양시 일부 지역의 이동전화·유선전화·초고속 인터넷 및 IPTV의 통신 장애가 발생했다. 당시 LTE 기지국 2,833개와 인터넷 가입자 약 21만 5천 명, 유선전화 가입자 약 23만 명의 회선에 장애가 생겼고, 카드 결제 단말기와 ATM기 마비로 인근 자영업자의 영업에 차질을 빚었다. 또한 경찰서 112 통신 시스템 장애, 지하철 보관함 먹통, 배달 앱·병원·약국 등 다양한 업종에서 영업 차질 및 이용자 불편 등 피해가 있었다. 결국 KT는 통신 장애로 인해 유무선 서비스 가입 고객이 입은 피해를 배상하고, 소상공인들에게도 보상을 해줘야만 했다.

국내에서 발생한 이 두 가지 사례만 보더라도 네트워크 장애 또는 단절이 가져오는 후폭풍이 막대하다는 것을 알 수 있다. 그리고 네트워크에 연결된 사람과 사물이 더 많을수록 이러한 피해의 규모 또한 예상하는 것보다 훨씬 커질 수밖에 없다.

개인정보의 안전한 보호와 활용을 위한 노력

우리나라의 개인정보 보호는 세계적 수준이라는 것은 잘 알려져 있다. 초연결사회에서는 개인정보 등을 활용한 데이터 경제가 새롭게 각광받을 것으로 예상되는데, 신산업의 출연만큼이나 중요한 이슈가 개인정보의 안전한 보호라고 할 수 있다. 개인정보를 보호하기 위해 그 활용을 지나치게 제한하는 것은 문제가 되겠지만, 개인정보 유출이나 사이버 침해와 같은 사고를 예방하고 이용자들이 안심할 수 있게 해줘야 개인정보를 활용한 산업도 성장할 수 있을 것이다.

문재인 대통령은 2019년 7월 10일 '정보보호의 날' 축사를 통해 대한민국을 데이터를 제일 잘 쓰는 나라를 만들기 위해서는 보안이 중요하며, 4차 산업혁명의 성과를 국민 모두 골고루 누릴 수 있도록 사이버 안보 강국을 만들자고 강조하였다. 인공지능, 빅데이터, 사물인터넷처럼 다양한 기기와 데이터, 네트워크의 상호 연결이 국민의 삶과 경제로 확산할수록 데이터 경제의 핵심 인프라인 정보 보호의 중요성은 커질 수밖에 없기 마련이다.

데이터 경제 시대에는 데이터를 가장 안전하게 다룰 수 있는 제도와 문화가 경제·사회 전반에 정착될 때 데이터를 가장 잘 활용하는 진정한 4차 산업혁명의 선도국이 될 수 있다. 이를 위해 개인정보 유출과 사이버 위협이라는 그림자를 걷어내기 위한 정부, 기업, 국민 모두의 노력이 필요할 것이다.

다섯 번째 그림자: 정부와 시장 간 갈등

기업과 시장은 초연결사회에 빠르게 적응하는 데 비해, 정부의 정책은 그 속도를 쫓아가지 못하고 있다는 지적이 끊이질 않는다. 이는 시장은 5G의 속도로 변하고 있는데 정부는 여전히 2G 시대에 머물러 있다는 비유로 표현되기도 한다.

이러한 문제에는 크게 두 가지 유형이 있다. 하나는 정부의 정책이 신산업 육성을 지원해야 하지만, 오히려 규제로 인하여 신산업이 시장에 진출하지 못하는 경우이다. 다른 하나는 신규 서비스가 출시될 때 우리 사회의 수용 가능성이나 도덕적 기준을 고려하여 연착륙해야 하는데, 관련 제도가 미비하여 아무런 기준 없이 무분별하게 시장에 도입됨으로써 사회적 논란이 확산하는 경우이다.

전자가 우리나라만의 갈라파고스 규제로 인하여 혁신성장을 가로막는 경우라면, 후자는 규제 공백을 틈타 출시된 서비스가 사회적으로 많은 논란을 야기함으로써 규제 강화가 요구되는 경우이다.

신규 서비스 출시를 저해하는 정부 규제

　초연결사회, 4차 산업혁명 시대에는 디지털 경제를 기반으로 기존에 전혀 없던 서비스가 출시되거나 기존에 오프라인에서만 제공되던 서비스가 온라인을 기반으로 이뤄진다. 우리가 O2O(Online to Offline)라고 부르는 서비스들은 모두 이에 해당한다. 그런데 현행 규제는 그 서비스가 오프라인으로 이뤄지느냐 온라인으로 이뤄지느냐에 따라 규제를 달리 적용하지 않고 대부분 동일한 규제를 적용하고 있다. 즉, 온라인으로 서비스를 제공하기 위해서도 오프라인에서와 같은 규제를 적용받는다. 심지어 개인정보 보호 등에 관련해서는 온라인 서비스에 더욱 엄격한 규제가 적용되는 경우도 존재한다. 온라인 서비스에 대한 규제가 엄격하여 서비스 출시가 지연되거나 아예 출시되지 못한 몇 가지 사례를 살펴보자.

　그동안 온라인으로 폐차 견적을 비교해주는 서비스는 불법으로 규정되어 있었다. 해체재활용 업체로 등록하지 않은 사업자는 폐차 대상 차량을 수집하거나 알선하지 못하도록 한 현행 자동차관리법 때문이었다. 게다가 기존 해체재활용 업계는 폐차업 등록을 하지 않은 채 오프라인 영업 시설 없이 스마트폰 앱으로 폐차 비교 견적을 제공하는 서비스를 불법 영업으로 규정하고 고발하는 등 강경하게 대응하면서 온라인 폐차 서비스 업계와 갈등을 빚어왔다.

　현재 온라인 폐차 견적 비교 서비스는 2019년 3월 과학기술정보통신부로부터 2년간 35,000대 한도에서 차주의 본인 확인과 차량 불법유통 방지 등을 조건으로 실증특례를 받아 임시로 제공되고 있다. 하지만 해당 서비스를 출시하였던 국내 한 업체는 과거 3년 동안 고소·고발 등 불법 영업 시비에 휘말리면서 사업에 집중하기가 쉽지 않았다. 국민들이 더욱 편리하게 폐차 견적을 비교할 수 있도록 한 사업이 규제 때문에 범법자로 취급받았던 것이다.[21]

이와 유사한 사례로 대출모집 관련 1사 전속주의 규제가 있다. 대출모집인 모범규제 제9조 제2항에 따르면 한 금융회사에 고용된 대출모집인은 다른 회사의 대출상품을 소개할 수 없다. 이는 특정 은행의 대출상품을 소개한 뒤 다른 은행의 상품으로 갈아타기를 유도하여 대출모집인이 부당하게 중개수수료를 챙길 수 있고, 대출모집인이 취득한 개인신용정보를 여러 금융사와 공유할 경우 개인신용정보 보호는 물론 과잉대출 등의 우려가 있어 만들어진 규제이다.

하지만 이 규제 때문에 대출모집인은 금융회사 1곳과 대출모집 업무 위탁계약을 맺을 수밖에 없었고, 이는 온라인 대출상품 비교 플랫폼의 출시를 어렵게 하는 걸림돌로 작용하였다. 대출 서비스 이용을 희망하는 소비자 입장에서도 대출업체마다 일일이 접촉하면서 대출상품을 비교해야 하는 불편함이 존재하였다. 이 서비스는 2019년 7월 금융혁신지원특별법에 따라 규제 특례로 인정받아 여러 금융기관이 대출 상품 금리와 한도를 간편하게 조회하고 신청할 수 있게 되었다.[22]

---

21 "벼랑 끝 '온라인 폐차견적 비교서비스', '규제 샌드박스'로 기사회생 노린다", 〈교통신문〉, 2019.1.24.

22 "온라인 대출 금리 비교 서비스 봇물…토스·핀다·페이코 차별점은", 〈블로터닷넷〉, 2019.8.16.
  "온라인 대출 비교 플랫폼 상시화된다" 〈한겨레〉, 2019.7.9.

5G 초연결사회, 완전히 새로운 미래가 온다

신규 서비스의 출시를 저해하는 또 다른 대표적인 사례는 데이터 경제 활성화를 가로막는 개인정보 보호 규제이다. 개인정보 보호의 중요성에 대해서는 앞서 언급한 바 있지만, 문제는 세계적으로도 수준이 높은 국내 개인정보 보호 규제로 인해 해외에서 이미 출시한 서비스들을 한국에서 출시하기 어렵다는 점이다. 대표적으로 개인정보를 비식별화하여 산업적으로 활용하는 것과 관련한 법적 근거가 아직 마련되지 않아 새로운 보험상품 개발, 통신 서비스 제공 등에 어려움이 있다는 예를 들 수 있다. 또한 의료계에서는 개인 의료정보를 익명 정보로 전환한 후 통계적으로 활용하여 새로운 의료 서비스를 개발하고 싶어 하지만 이 역시 논란이 되고 있다.

2019년 2월 과학기술정보통신부는 모바일 전자고지의 활성화를 위해 카카오와 KT가 신청한 '행정·공공기관 모바일 전자고지 사업'을 임시 허가하였다. 그동안 정보통신망법에는 서로 다른 사업자가 동일한 이용자를 구분하기 위하여 사용하는 주민등록번호 대체 식별번호(CI)의 일괄변환과 관련된 규정이 명시적으로 마련되어 있지 않았다. 공공기관 등에서 우편으로 발송하던 문서를 카카오톡 등 모바일 메시지로 발송하려면 CI의 일괄변환 절차가 필요한데 이와 관련된 법적 근거가 없었다.

그러다 보니 스마트 기기의 대중화로 편리하게 제공할 수 있는 서비스였지만 관련 규제로 인하여 서비스가 출시되지 않았던 것이다. 하지만 임시허가 이후, 교통안전공단의 자동차 정기점검 통지, 국민연금공단의 가입 및 납부 내역, 병무청의 입영 통지 등 다양한 서비스가 카카오톡을 통해 제공되고 있다.

이 밖에도 2018년까지는 관련 규제 때문에 출시되지 못하고 있다가 2019년부터 규제 샌드박스법에 따라 한시적으로 허용되는 서비스가 늘어나고 있다. 도심 내 수소충전소, 손목시계형 심전도 장치, 임상시험 온라인 중개, 개인 간 신용카드 송금 서비스, 푸드트럭 QR코드 결제 등이다. 정부의 제한적이거나 한시적인 규제 완화로 현재는 서비스가 허용되고 있지만, 관련 규제가 완전히 사라졌다고 보기는 어렵다.

이들 서비스 중에는 이미 해외에서 출시되어 제공되고 있는 경우가 많다. 해외에서 좋은 평가를 받은 서비스 모델을 국내에 도입하려 했으나 각종 규제와 행정절차 때문에 서비스 출시가 불가하거나 출시에 이르기까지 시간과 비용이 너무 많이 소요되는 문제가 발생하고 있다. 해외에서 이용 가능한 서비스임에도 국내에서는 현행법과 제도 때문에 이러한 서비스의 도입이 불법으로 낙인이 찍힐 경우, 새로운 서비스로 인한 이용자의 편익 증진을 기대할 수 없을 것이다.

한 가지 다행스러운 것은 앞서 설명한 바와 같이 2019년부터 규제 샌드박스 도입 등을 위한 정보통신융합법, 산업융합촉진법, 금융혁신법, 지역특구법 등 규제혁신 4개 법이 국회를 통과하여 시행되고 있다는 것이다. 규제 샌드박스란 기존 시장에는 없는 창의적·혁신적인 새 제품이나 서비스를 출시하려 할 때, 기존 규제에 막혀 지체되거나 무산되는 일이 없도록 일정 조건 아래 기존 규제를 적용하지 않거나 유예해 시장에서 테스트하거나 출시할 수 있도록 허용해주는 제도이다. '샌드박스'가 아이들이 안전한 환경에서 자유롭게 뛰어놀 수 있게 만든 박스 형태의 모래 놀이터를 뜻하는 데서 유래한 것이다.

신기술과 신규 서비스의 신속한 출시를 위한 제도로는 신속처리, 실증특례, 임시허가와 같은 '규제혁신 3종 세트'가 있다.

신속처리는 기업이 개발한 신규 서비스와 관련한 규제가 존재하는 지, 허가가 필요한지 문의하면 30일 이내에 회신해주는 제도를 말한 다. 실증특례는 관련 법령이 모호하고 불합리하여 신규 서비스 등에 대한 시험 검증이 필요한 경우, 기존 규제에도 불구하고 제한된 구역, 규모, 기간 내에서 해당 서비스의 테스트를 허용하는 우선적인 시험 검증을 허용하는 제도로 최대 4년까지 허용해준다. 임시허가는 안전 성과 혁신성이 검증된 신규 서비스임에도 불구하고 관련 규정이 모호 하거나 불합리하여 시장 출시가 어려울 경우, 일정한 조건하에서 기 존 규제를 적용받지 않은 채로 시장 출시를 허용하는 제도로 이 역시 최대 4년까지 허용이 가능하다.

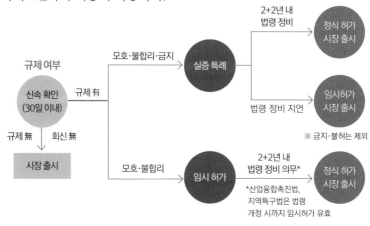

[그림 4-7] 규제혁신 3종 세트

규제혁신이 필요한 사례들로 살펴본 온라인 폐차 견적 비교, 온라인 대출 비교, 모바일 전자고지 등의 서비스는 규제 샌드박스 제도의 효과로 시장에 출시되기 시작한 기술과 서비스들이다. 실제 규제 샌드박스 시행 6개월 만에 81건의 과제가 승인을 받았으며, 주로 핀테크, 교통, 보건의료, 에너지 분야 등의 신기술 활성화에 기여한 것으로 나타났다. 또한 과제 접수부터 심사까지 평균 44일이 걸려서 영국, 일본 등 외국이 평균 180일 걸리는 것에 비해 더 빠른 심사가 이뤄졌다고 한다.[23]

규제 샌드박스라는 규제 완화 제도를 마련하는 동안 정부, 국회, 시민단체, 사업 주체 등 다양한 이해관계자의 의견을 수렴하고 조율하느라 어려움이 많았던 것이 사실이다. 하지만 제도가 시행되자 규제의 장벽을 걷어내고 출시된 새로운 서비스와 제품이 현장에서 체감할 수 있을 정도로 빠르게 늘어나고 있다.

규제는 악이고, 철폐가 능사라는 이야기를 하는 것은 아니다. 규제 완화가 만병통치약은 아니며, 정부의 존재 이유는 국민의 행복을 위해 필요한 규제를 적절하게 집행하기 위함이다. 그러나 데이터 경제 시대를 맞아 침체된 한국경제에 혁신성장동력을 확보하고, 일자리도 창출하고, 국민들의 삶을 보다 편리하고 윤택하게 하기 위해서는 불필요한 규제는 과감히 풀어줄 필요가 있다.

규제 샌드박스 제도에 이어서 정부가 규제혁신을 위해 추진하고 있는 규제자유특구 지정, 네거티브 규제·규제실명제와 같은 규제 행

---

23 정책위키, 규제 샌드박스 참고

정의 혁신도 결국 초연결사회에 규제가 가져올 수 있는 그림자를 제
거하기 위한 정책적 노력에 해당하며, 미래에도 규제가 가져오는 그
림자가 서서히 사라질 것을 기대해본다.

규제 그레이존으로 인한 사회 시스템의 혼란

　규제가 신기술 기반 서비스를 가로막는 것과는 반대로 규제가 필
요한데도 관련 제도가 마련되지 않았거나 현행 규정으로는 법 집행이
어려워 기존 사회 시스템에 혼란을 초래하는 경우도 있다. 이러한 문
제는 대부분 4차 산업혁명 기술 등은 빠르게 발전하고 이 기술을 활
용한 서비스들은 출시되고 있지만, 관련 제도들은 아날로그 시대에
머물러 있어 규제 공백이나 제도 사각지대, 즉 '규제 그레이존'이 존
재하기 때문에 발생한다.
　예를 들어, 성범죄 관련 불법 영상물의 온상으로 알려진 텀블러나
유튜브의 경우 방송통신심의위원회의 결정에 따라, 또는 자발적으
로 불법 영상물을 삭제하고는 있으나, 해외 기업이고 서버가 대한민
국 영토 밖에 있어서 이들 기업이 불응할 경우 법집행이 현실적으로
어렵다. 국내 포털 기업의 경우 정보통신망법 등 국내법 집행이 가능
한 반면, 글로벌 기업에 대해서는 동일한 규제를 강제하기 어렵기 때
문에 역차별 문제가 국회, 산업계, 언론 등으로부터 꾸준히 제기되고
있다.

자율주행차도 규제 그레이존 때문에 논란을 해소하기가 어려운 사례로 볼 수 있다. 앞서 살펴본 것처럼 자율주행차 기술은 꽤 높은 수준에 이른 반면, 자동차 사고가 발생했을 때 법적 책임을 누구에게 물을 것인지에 대한 사회적 논의와 법·제도가 미비한 상황이다. 또한 미래에는 드론 기술을 이용한 자동차도 등장할 것인데, 이를 법률상 비행기로 분류할 것인지 자동차로 분류할 것인지, 항공법을 적용할 것인지 자동차 법을 적용할 것인지, 항공기 운전면허를 취득하게 할 것인지 자동차 면허를 취득하게 할 것인지 등도 기술이 완성되기 전에 고민이 필요하다.

의료 서비스를 사람이 아닌 인공지능이 제공할 경우, 법적 책임을 누가 질 것인지에 대한 사회적 공감대와 법·제도적 토대 역시 해당 서비스가 도입되기 전에 충분한 논의를 거쳐 마련되어야 한다.

예술 창작물에 대한 저작권 이슈도 마찬가지이다. 인공지능이 만든 음악, 소설, 그림 등에 대해서 저작권을 인정하기 위한 제도가 마련되어야 한다. 사람이 만든 작품만 저작권을 인정할 것인지, 인공지능 창작물에 대해서도 인정할지에 관한 논의가 필요해 보인다.[24]

2018년 가상통화 광풍이 가져온 사회적 혼란과 찬반양론으로 갈려서 이뤄진 논의 과정 또한 이러한 사례에 해당한다. 현행법상 가상통화를 불법으로 규정하고 있지는 않지만, 2018년 당시 정부는 이를 일종의 투기, 도박으로 보고 강도 높은 규제 정책을 발표하며 과열된 분위기를 누그러뜨리려 하였다.

---

24 한국정보화진흥원, '지능정보사회의 신뢰 구축과 정보문화 발전 방향', 〈정보문화 이슈리포트〉, 2016.

그러나 정부의 가상통화 규제에 대한 여론은 찬반양론으로 크게 갈렸다. 당시 경제학을 전공한 유명한 작가와 이공계 교수가 생방송 TV토론 프로그램에 출연하여 가상통화의 미래와 규제 필요성, 가상통화의 유통과 블록체인 기술 간의 관계에 대해 열띤 토론을 펼치기도 하였다. 특히 블록체인 투자자와 관련 업계 종사자들은 가상통화의 근간을 이루는 블록체인 기술이 4차 산업혁명을 이끌 핵심 기술인데 정부가 강도 높게 규제할 경우 국내의 블록체인 기술의 발전을 저해할 뿐만 아니라 글로벌 경쟁에서 주도권을 놓칠 수 있다고 반발하였다.

결과적으로 정부의 다양한 정책을 통해 투기 광풍은 잠잠해졌지만, 당시의 논의들은 가상통화가 기존의 화폐 질서에 대체 또는 위협이 될 수 있고, 투자자 보호 대책이 마련되지 않은 상황에서 투자자가 급격하게 늘어나 피해자가 발생할 경우 사회적으로 큰 혼란을 초래할 수도 있다는 위기의식을 불러일으켰다.

또한 신기술의 규제 그레이존은 안전 문제와도 연결되어 있다. 최근 새로운 기술 발전에 따라 전기자전거, 전동킥보드 등 개인형 이동수단이 널리 보급되고 있으나 이를 체계적으로 규율할 수 있는 제도가 미비해 불법 운행과 사고 위험이 증가하고 있다. 다양한 이동수단을 활성화하면서도 탑승자와 보행자의 안전을 확보할 수 있는 대책이 필요한데, 신유형 이동수단의 속도 및 주행 공간 등 주행 안전에 관한 기준은 아직 마련되지 않은 상황이다.[25]

---

25 "정부, 식품 기능성 표시 규제 혁신·전동킥보드 규제 그레이존 해소 등 추진", 〈쿠키뉴스〉, 2019.3.18.

법과 제도가 디지털 기술의 발전 속도를 쫓아가지 못하면 제도 사각지대 또는 무법 상태가 초래될 수 있으며, 기존의 사회·경제 시스템을 흔드는 문제들이 발생할 수 있다. 디지털 성범죄에 대한 규제 실효성 확보 문제, 자율주행차·드론·인공지능 의료 서비스와 관련된 법적 책임 문제, 법정통화 체계에서 가상통화의 허용과 인정에 대한 문제 등은 과거에는 상상조차 하기 어려운 문제들로 인터넷 기반의 온라인 동영상 서비스의 출현, 자율주행, AI, 블록체인 기술의 발전 등에 따라 새롭게 대두된 사회적 이슈들이다. 그리고 이러한 신기술들은 신규 서비스 출시와 이용자 편의라는 순기능과 함께 우리 사회에 적지 않은 파장을 불러일으키기도 하였다.

우리의 기존 사회·경제 시스템 중에서 반드시 지켜나가야 할 질서와 가치들은 좋은 규제와 제도를 통해서 지켜나갈 필요가 있다. 그런 차원에서 규제 샌드박스가 규제의 역기능을 빠르게 제거하기 위한 정책이었다면, 이와 반대로 규제의 순기능을 빠르게 양성화할 수 있는 제도적 장치들도 검토가 필요하다.

신기술에 대응할 수 있는 제도에 대한 고민이 사전에 이뤄지지 않은 상태에서 기술이 사회의 변화를 일방적으로 주도하여 그 부작용으로 사회적 문제가 발생한다면, 이를 사후적으로 규제하기란 여간 어려운 일이 아니다. 사전 규제가 신기술과 신산업이 싹도 피지 못하게 하는 걸림돌이 되어서는 안 되겠지만, 신유형 서비스가 출시되기 이전에 필요한 규제에 대해서는 미리 논의를 숙성하여 대응할 필요가 있다.

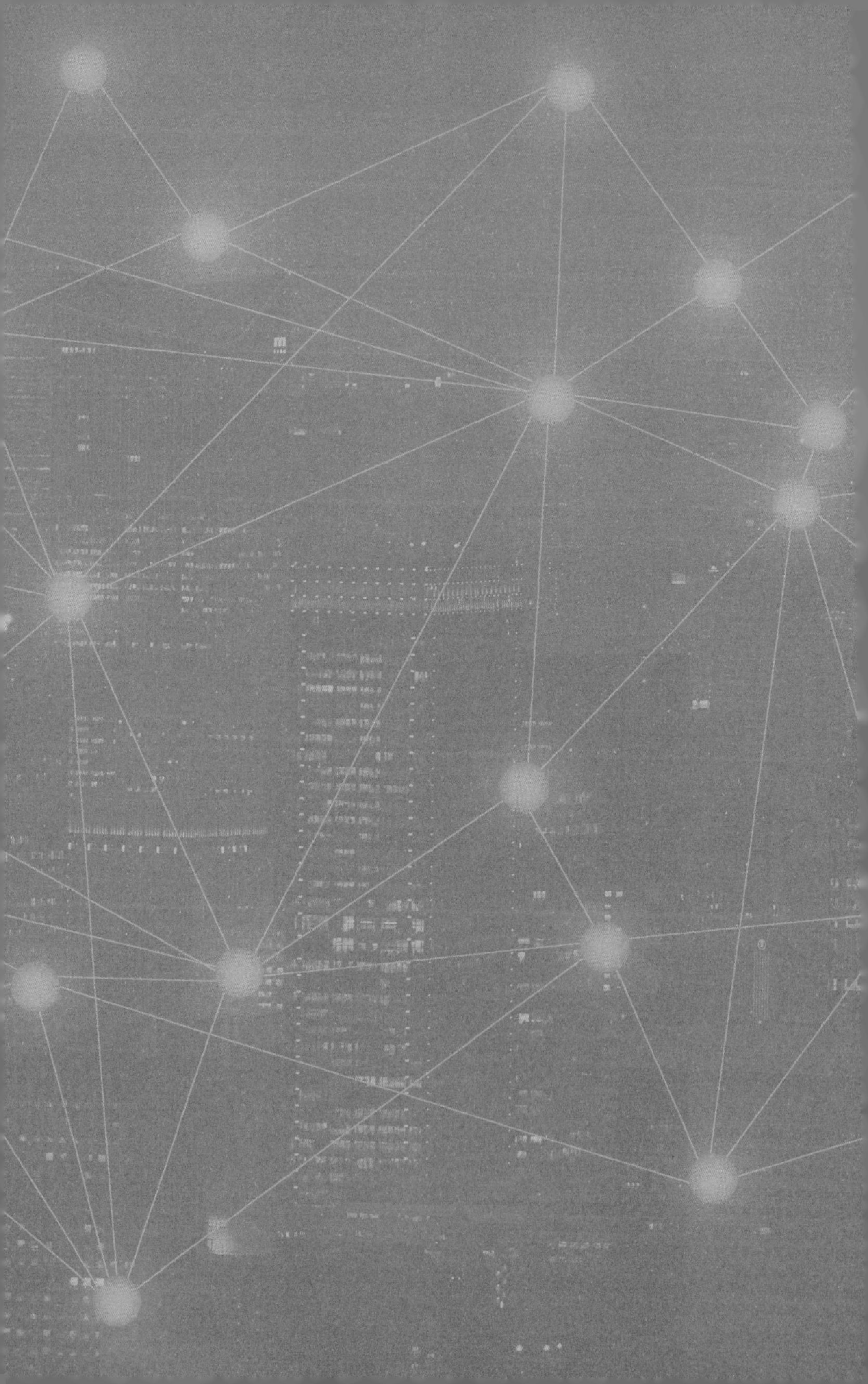

5

5G 초연결 시대를
선도하기 위한
5대 국가전략

INTRO

2019년 4월, 우리나라는 세계 최초로 5G 통신서비스를 상용화하였다. 초광대역, 초저지연, 초연결성을 특징으로 한 5세대 통신의 상용화로 전 산업의 디지털 전환(digital trans-formation) 등 4차 산업혁명이 본격화될 전망이다. 기존 산업 지형도와 판도를 바꿀 새로운 차원의 변화가 시작된 것이다. 5G 기술이 산업 전반에 경쟁력의 원천으로 기능하면서 기존 산업의 패러다임을 획기적으로 바꿀 수 있다는 예측에 따라서, 미국, 중국을 비롯한 주요 국가에서도 5G 네트워크 조기 상용화, 수익 모델 발굴·확산 등 5G 시대의 산업 경쟁력을 선점하기 위한 전향적인 정책 전환을 시도하고 있다.

우리나라도 5G 초연결 시대의 도래라는 혁명적 변화 과정에 대응할 국가 차원의 정책적 청사진(Blueprint)을 조속히 마련할 필요가 있다. 2019년 4월 8일 '5G⁺ 전략' 발표회에서 문재인 대통령도 국가 인프라로서 정보고속도로의 중요성을 "산업화 시대에 고속도로가 우리 경제의 대동맥 역할을 했듯, 5G가 4차 산업혁명 시대의 고속도로가 되어 새로운 기회를 열어줄 것이다"라며, 5G가 대한민국 혁신 성장을 위한 핵심적 기반이라고 강조하였다. 또한 "5G가 각 분야에 융합되면, 정보통신 산업을 넘어 자동차, 드론, 로봇, 지능형 CCTV를 비롯한 제조업과 벤처에 이르기까지 우리 산업 전체의 혁신을 통한 동반성장이 가능하다"라고 전망하였다.

혁명적 기술 변화 과정에 대한 정확한 이해와 대응 여부에 따라 개인·기업뿐 아니라 국가 경쟁력에도 근본적 차이가 발생하며, 심지어 국가의 명운이 결정되기도 한다는 점은 과거의 역사적 경험이 명확히 알려준다. 가령 우리나라를 포함하여 산업화에 늦었던 많은 국가가 선진국의 식민지로 전락하거나 체제 붕괴를 경험한 아픈 역사를 지니고 있다. 비록 우리나라는 산업화에 늦었지만, 정보화에 앞서감으로써 선진국 대열로 도약하게 되었다. 이번 장에서는 5G 시대 대한민국의 미래를 준비할 수 있는 국가 차원의 5G 초연결 시대 정책 방향에 대한 담론을 제시하고자 한다.

국가 정책 패러다임의 대전환: 디지털 포용(Digital Inclusion)

01

우리나라는 글로벌 금융위기 직후인 2010년과 2011년 각각 6.5%, 3.7% 성장하며 글로벌 금융위기의 여파를 비교적 순탄하게 극복하였으나, 2012년 이후 경제 성장률이 연평균 3% 수준을 하회하면서 2000년대의 4.4%대에 비해 큰 폭으로 둔화하였다. 이는 유독 우리나라에만 국한된 것은 아니고 글로벌 금융위기 이후 다수의 국가가 경제 성장률이 둔화하였다. 세계 경제 성장세가 상당 기간 금융위기 이전 수준에도 미치지 못할 것이고 빠른 회복세를 기대하기도 쉽지 않다는 것이 더 큰 문제이다.

이처럼 경제 여건이 어려운 상황에서 우리 경제의 지속 가능성을 유지하고 새로운 도약의 기반을 마련하기 위해서는 5G 통신망을 통한 '디지털 혁신'을 반드시 이뤄내야 한다. KISDI(정보통신정책연구원)에서는 글로벌 5G 네트워크 장비·단말, 디바이스·보안, 융합 서비스 등 주요 연관 산업에서 2026년 1,161조 원 규모의 시장이 창출될 것으로 전망했으며, KT경제경영연구소에서는 국내에서 5G로 인한 사회·경제적 가치가 2025년에는 25.3조 원, 2030년에는 42.3조 원이 될 것으로 전망했다.

5G 통신망은 기존의 사람 간 이동통신(음성, 데이터)을 넘어 모든 사물을 연결하고 산업의 디지털 혁신을 촉발하는 게임 체인저이다. 이와 동시에 기존 통신 기술의 한계 극복으로 다양한 분야에서 혁신적 서비스를 창출하며 4차 산업혁명의 실질적 시발점이 될 전망이다. 다시 말해 5G 통신망은 초광대역, 초저지연, 초연결성이라는 기술적 특성으로 모든 분야의 산업지능화를 유발하여 경제·사회 전반의 대변혁을 가능하게 할 것이라는 의미이다.

그 결과로 세상의 모든 데이터가 흘러가는 4차 산업혁명의 정보고속도로[1]인 5G 통신망이 사람과 사물을 연결하고 인간 대신 로봇과 인공지능이 생산 활동을 본격적으로 수행하게 되면, 우리 사회는 사회·경제, 산업 구조, 노동 시장뿐만 아니라 각 개인의 삶의 방식까지도 근본적으로 변화하는 패러다임 변화를 경험하게 될 것으로 보인다.

5G 환경하의 국가 정책 패러다임 대변환, '디지털 포용'

5G 초연결 시대로 인해 나타날 제반 변화는 [그림 5-1]과 같이 구체화할 수 있으며, 긍정적 측면과 부정적 측면의 특성을 동시에 지닌다.

---

1 정보고속도로는 이론적으로 서비스 기능, 데이터베이스 기능, HI(Human Interface) 기능, 접속 및 프로토콜 기능, 전달 기능을 지닌다.

따라서 이제는 5G 초연결 시대를 맞아 국가 정책 패러다임을 변환하여 '디지털 포용(Digital Inclusion)' 정책을 전향적으로 추진해야 한다.

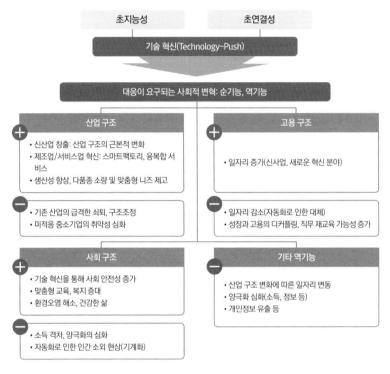

[그림 5-1] 5G 초연결 시대의 사회적 변혁, 순기능 vs 역기능.
(출처: '한국형 4차 산업혁명 변화와 대응', 글로벌ICT포럼 세미나 발표자료, 곽정호(2017))

'디지털 포용'이란 정보통신 기술(ICT)을 디지털 정보사회의 모든 분야를 감싸는 생산성 향상의 핵심 도구로 활용하여 혁신 성장을 추구하는 동시에, 디지털 경제를 활용한 성장 과정에서 배제되는 사람을 최소화하는 산업 정책을 의미한다. 즉, 디지털 혁신에 의해 경제 성장을 추구하면서, 그러한 성장 수단의 활용에서 특정한 계층이 소

5G 초연결사회, 완전히 새로운 미래가 온다

외되어 사회적 양극화로 이어지거나 디지털 경제의 대표적 특징인 고용 없는 성장으로 일자리가 감소하는 문제 등을 반드시 함께 고려해야 한다는 뜻이다. 그렇다면 5G 초연결 시대로 변환하는 대전환의 과정에서 디지털 포용 정책이 중요한 이유는 무엇일까?

한 사회의 지속 가능성은 사회적 포용이 없이는 유지될 수 없다는 데서 그 이유를 찾을 수 있다. 프랑스어로 포용(inclusion)이란 배제의 반대말로 사회복지적 개념으로 사용되나, 여기서는 모든 사람이 평등하게 디지털 기술에 접근할 수 있는 환경을 조성하고 디지털 활용능력을 갖출 수 있게 한다는 의미로 접근한다. '디지털 포용'의 핵심 개념을 한마디로 재정의하면 '따뜻한 혁신 성장'의 정책 기조라고도 볼 수 있다. 다시 말해 디지털 포용은 '디지털 기술'을 통한 기술 혁신으로 동일한 노동과 자본으로도 더 큰 경제 성장을 추구하는 혁신 성장의 축을 견인하고, 그러한 혁신을 통한 성장의 결실을 모든 국민들이 누릴 수 있도록 정보 격차 해소를 사회 통합의 지렛대로 삼아 사회경제적 차별을 최소화하자는 것이다.

5G 초연결 사회에서 과학기술 혁신은 '따뜻한 혁신 성장'의 가장 중요한 요소이다. 왜냐하면 과학기술 혁신은 지속적 경제 성장 요구, 기술 혁신 제품 및 서비스 활용 증대, 삶의 질 향상 등의 핵심 성장전략이자 동시에 사회문제 해결에도 직접적으로 활용될 수 있기 때문이다. 즉, 디지털 포용 정책은 원칙적으로 미래 성장동력의 지속적 확보, 기술 격차로 인한 다양한 사회문제 해결, 좋은 일자리 창출 등에 과학기술 혁신을 적극적으로 활용하는 것이다.

이러한 차원에서 디지털 포용 정책은 2단계로 접근할 수 있다. 1단계는 내재화된 기술을 포함한 지식 및 창조적 아이디어가 경제 성장의 기대효과에 차이를 유발할 수 있다는 미국의 경제학자 폴 로머(Paul Michael Romer)의 주장처럼, 5G 초연결 환경하에서는 기술 기반의 경쟁력 확보가 4차 산업혁명의 필수적 선결 요소이므로 반드시 혁신 성장을 통해 성장의 결실을 키우는 노력이 필요하다. 이런 측면에서 초연결 시대의 필수 인프라인 5G를 우리나라가 세계 최초로 상용화한 것은 더할 수 없는 절호의 기회이다. 2단계는 혁신 성장으로 경제적 성과를 극대화하면서 모든 국민이 디지털 수단에서 소외되지 않도록, 또한 그러한 혁신 성장의 성과가 공유될 수 있도록 정책적으로 충분히 고려하는 것이다.

1) 디지털 포용의 정책 대응에서 고려할 사항

5G 초연결 사회에 대응하기 위한 디지털 포용 정책의 패러다임 전환 과정에서 깊이 고민해야 할 주요한 시사점을 살펴보기로 하자.

첫째, 디지털 포용 정책은 모든 산업 주체가 함께 협력하는 정책방향으로 추진되어야 한다. 5G 초연결 시대에는 하나의 생태계에 모든 사물이 연결되어 있기 때문에 특정한 주체가 아닌 생태계 전체의 협력이 필수적이다. 물론 기존 ICT 산업은 초기에 막대한 투자를 선도한 대기업을 주축으로 한 정책으로도 좋은 성과를 달성할 수 있었으나, 이는 과거의 일이다. 예를 들어 자율주행은 세계 최초로 5G 인프라를 상용화함으로써 기술적 지원의 수준이 높아졌으나, 통신사, IT

기업, 부품 기업의 역량을 모두 합치지 않는다면 자동차 제조사의 힘만으로는 역부족이다.

둘째, 불확실성을 극복할 수 있는 정책이나 전략이 중요하다. 과거 환경에서는 세상에 이미 존재했던 혁신이기 때문에 정답이나 성과를 어느 정도 예측할 수 있었으나, 5G 초연결 시대는 우리나라가 세계 최초로 나아가는 길이므로 세상에 없는 혁신을 해야 한다. 가령 우리나라의 과제 중심 R&D 지원 제도는 제한된 예산을 효율적으로 활용하기 위한 전략적 선택이었고 짧은 기간 산업화를 이루어내는 데는 효과적이었으나, 불확실한 상황에서 미래를 준비해야 하므로 창의적이고 자율적인 연구가 중요해지고 있는 지금에는 한계가 있다.

셋째, 급속한 사회적 변혁이 수반되는 기술 혁신은 정책 수요자인 국민의 공감대가 없이는 성공할 수가 없다. 5G 초연결 사회 도래와 같은 큰 변혁에서는 기술 발전에 따라 찬성과 반대의 대립이 커질 수도 있다. 기술 발전 자체는 시민적 의지로 조정하기 힘든 문제이지만, 기술을 어떻게 사회적으로 활용할지에 관해서는 분명 정책 수요자인 국민의 의지가 투영될 수 있고 또 그렇게 노력해야 한다. 바로 이 지점이 5G 초연결 시대의 정책 방향에서 고민할 부분이다. 최종 이용자인 국민에게 새로운 기술을 둘러싼 가치 판단 및 공감대 형성을 이뤄내지 못하면, 혁신 정책이 힘을 얻기는 매우 어렵다. 이에 따라 5G 기술 발전에 관한 정책결정 구조 및 과정에 시민들의 의사를 적극 반영하려는 노력이 요구된다.

넷째, 5G 초연결 사회의 정책은 글로벌한 관점에서 접근해야 한다.

세계가 인터넷으로 연결된 All-IP 환경에서 정보통신 산업은 결코 로컬 산업이 아니다. 2017년 국정감사에서 이슈가 된 페이스북의 접속 지연으로 인한 SK브로드밴드 이용자 피해 사례를 보면, 국내 통신 이용자들은 페이스북의 경영전략 변화 때문에 장시간 인터넷 이용이 지연되는 피해를 입었다. 이는 5G 초연결 시대의 정책이 국내 이슈로 한정되지 않고 글로벌 규제 이슈로 전환되었음을 단적으로 보여준다. 이 외에도 음란물 공급처 등이 해외 사이트가 출처인 경우(한국이 아닌 URL을 지닌 사이트)에 다른 국가와 공동 대처가 없다면 문제 해결이 불가능한 상황이다.

마지막으로 규제 체계의 전환과 합리적 갈등조정 체계가 필요하다. 문재인 정부는 복잡하게 얽혀 있는 각종 인허가 규제 등을 완화하기 위해 규제 샌드박스를 도입하고, 데이터의 활용을 위한 개인정보 규제 정비를 위해 노력하고 있다. 정부는 5G를 핵심 기반으로 한 4차 산업혁명을 효과적으로 추진하는 데 걸림돌이 될 수 있는 다양한 규제 요인들을 해소하기 위해 지속적으로 노력해야 한다. 이 과정에서 중요한 것이 합리적 갈등 관리이다. 새로운 기술 혁신을 위한 규제·제도 개선에 대해서는 다양한 이해관계의 충돌이 발생하므로 반드시 체계적인 갈등 관리가 필요하다. 이에 따라 어떤 규제가 불합리한 것인지를 밝히는 규제 혁신 논의 과정에서, 합리와 불합리의 기준이 무엇인지에 대한 시민적 공감대를 확보할 필요가 있다.

2) 디지털 포용 정책의 대표적인 사례

디지털이 일상화하고 우리가 생활하는 모든 공간이 디지털화가 되면서 선진국에서는 중앙정부와 지자체가 협력하여 디지털을 사회 전반으로 확장하면서도 사회적 포용을 이루기 위한 디지털 포용 정책을 마련하고 적극적으로 추진하고 있다.

2017년 3월 영국 정부는 세계 최고 수준의 디지털 경제를 달성하기 위해 'UK Digital Strategy'를 발표하였다. 여기에는 주요 전략 중 하나로 정보 격차 해소를 위한 전 국민 대상 디지털 역량 강화를 포함하고 있다. 디지털 사회에서 소외당하는 사람이 없도록 다양한 주체의 협력을 통해 디지털 역량을 강화하여 디지털 정보 격차라는 새로운 형태의 차별과 배제를 해소해야 한다는 인식에서 비롯된 정책이다. 일례로 영국 런던시는 디지털 환경에서 소외되는 시민이 없도록 디지털 포용 정책을 꾸준히 펼칠 것을 강조하며, 고령자·장애인·취약계층 등 디지털 소외계층에게 모바일 인터넷을 이용한 기본적 디지털 기술(Basic Digital Skill)을 가르쳐주는 '미 와이파이(Mi Wifi)' 사업을 시범적으로 시행하여 좋은 성과를 거두고 있다.[2]

프랑스 파리시도 디지털 정보에서 배제되는 사람이 없도록 하는 디지털 포용(inclusion numerique) 전략을 추진하고 있다. 프랑스 파리시는 디지털 정보 격차의 현황을 나타내는 디지털 정보 격차 지도를 구축하여 정확한 상황을 진단하고, 이를 기반으로 파리시와 시민단체가 협력하여 모든 사람이 디지털 기술과 도구(컴퓨터와 연결망 등)

---

2 http://www.si.re.kr/node/60926. 서울연구원 홈페이지 자료 참조.

에 접근하고, 외부의 도움 없이 스스로 그 도구를 활용할 수 있는 능력을 갖추도록 디지털 역량 강화를 추진하고 있다. 또한 관련 사업을 지정하여 시민단체에 보조금을 지급하고 있다.

우리나라는 혁신 성장 실현을 위한 5G+ 전략을 추진하며 취약계층의 모바일·지능정보 서비스 활용 역량을 강화하기 위한 정책을 실행하고 있다. 예를 들어 고령층이 불편을 느끼는 교통, 금융, 소비 분야에 대한 모바일 활용 교육을 확대하고, 사회적 기업, 소셜 벤처와 연계하여 취약계층의 생활 편의를 개선하기 위한 기술 개발에도 정부 보조금을 지원하고 있다. 그러나 사회적 포용을 위한 정책 중에 가장 혁신적 방안은 초고속 인터넷을 보편적 서비스로 제공하기로 한 것이다.

2019년 4월 과학기술정보통신부는 소외 지역 정보 격차 해소와 국민 편의 증진을 위해 초고속 인터넷을 보편적 역무로 지정하였다. 이는 초고속인터넷이 일상생활에 없어서는 안 될 필수재가 되었다는 것을 의미하며, 경제성이 낮아 통신사업자가 인프라 구축을 꺼리는 도서·산간 등 오지의 국민들도 동일하게 정보 접근을 보장한 것이다.

지자체 단위에서 대표적인 성공 사례는 서울시이다. 서울시는 시민이 체감하는 스마트시티 서비스를 위해 적극적인 시민 참여를 계속 지원하고, 지역사회 문제에 관심이 있는 시민이 자신의 역량과 기술을 통해 해결 아이디어를 자유롭게 제시하는 기회의 장을 지속해서 제공한다는 방침이다. 현재 서울시에서는 서울시민이 제안한 ICT 기술 아이디어가 '스마트시티 서울'의 도시문제 해결 솔루션이 되도록 하는 사회적 포용 프로젝트를 추진하고 있다.

혁신적 포용국가에서 정부의 역할: 촉진자, 조력자, 조정자

5G 기반 경제 성장은 디지털 기술이 내재한 특성에 의해 불가피하게 사회적 양극화와 계층 간 정보 격차를 심화할 우려가 크다. 지속 가능한 성장을 위해 미디어 리터러시, 정보 격차, 시민의식 함양, 개인 정보보호 등에서 국가의 적극적 역할이 필요하다. 디지털 포용을 구현하는 국가는 성장을 중요시하면서도 그 기술적 혁신의 결과가 따뜻하게 사회를 감싸 안는 포용적 성장이 필수적이므로 시장 기능에 대한 일정 수준의 개입이 불가피하다. 다시 말해서, 혁신적 포용국가에서 국가는 정책적 상황에 따라 촉진자, 조력자, 조정자의 역할을 수행해야 할 것이다.

사실 정부의 역할은 그간 경제 성장이 '시장 중심 메커니즘'에서 기인하는 것이라는 인식에 따라 '시장 교정자'에 국한되어 왔다. 대부분 경제학과에서 가르치는 신고전주의(neoclassical) 경제 이론에 따르면 정부 정책의 목표는 단순히 시장의 실패를 바로잡기 위한 것이다. 이 견해에 따르면, 시장 실패의 원인을 바로잡으면 보이지 않는 손에 의해 시장 참가자들이 효율적으로 자원을 배분해 경제가 성장을 위한 길을 따르게 만든다고 한다. 대표적 사례가 시장주의의 본산인 미국의 경험으로 인식되고 있다.

그러나 영국 서식스대학교의 마리아나 마추카토(Mariana Ma-zzucato)[3] 교수는 이론적으로 혁신적 성장 과정에서 국가의 역할에 대한 연구를 수행하고, 『기업가형 국가』라는 저서에서 혁신 성장이 민간에 의해서 창출될 것으로 보는 것은 환상이며, 실제 미국의 성공도 정부의 과감한 공공투자가 밑바탕이 된 것이라고 말한다. 일반적 인식과 달리 미국의 경제적 성공은 정부의 과감한 '임무 지향적(mission-oriented)' 공공투자가 밑바탕이 된 것으로 분석하고 있다. 정부가 관리나 규제를 담당하는 역할에 그치지 않고 새로운 시장을 창출하는 과정에서 주요 행위자의 역할을 하였다는 의미이다.

정부의 역할은 기초 연구에서부터 응용 연구, 상업화, 회사들에 대한 초기 자금 투자에 이르기까지 혁신의 모든 분야에 걸쳐 이루어졌다. 이러한 공공투자는 경제 성장에 기여했고 완전히 새로운 시장과 분야를 만들어내기도 했다. 여기에는 인터넷, 나노 기술, 생명과학, 청정에너지 등이 포함된다. 실제로 정부의 투자는 경험적으로 종종 민간투자를 '끌어들이는' 효과를 낸다. 즉, 정부의 투자가 없었다면 일어나지 않았을 민간 부문의 투자를 정부가 투자함으로써 촉진한다는 것이다. 또한 이런 과정에서 국가의 전반적인 생산을 확대한다. 미국에서는 공급 부문만이 아닌 새로운 기술을 도입(deployment)하고 확산

---

3 영국 서식스대학교의 과학기술정책대학원(SPRU) 교수다. 2013년 지식인을 대상으로 하는 영국의 정치학예주간지 〈뉴스테이츠먼〉에서 정치경제학 부문 'SPERI' 상을 수상했으며, 미국의 종합시사주간지 〈뉴 퍼블릭〉에서 '가장 중요한 3대 혁신 사상가'로 선정되기도 했다. 영국 정부와 유럽연합 집행위원회에서 정책 자문으로 활동하고 있으며, 스코틀랜드 경제 자문 정부위원회의 구성원으로 일하고 있다. 또한, 세계 경제 포럼의 의원이며 성장을 위한 혁신에 관한 유럽위원회의 전문가 그룹(RISE)의 상임위원이다. 차세대 경제학자로서 활발한 활동을 이어가고 있다.

(diffusion)하기 위한 수요 측면의 국가 역할도 주효했다. 사실 역사적으로 인터넷에서 최근 전기차 등 대부분의 기술적 혁명들이 전폭적인 국가 주도의 기술 개발 프로젝트를 통해 추진된 것이다. 혁신의 아이콘인 아이폰 핵심 기술(인터넷, GPS, 터치스크린, Siri 등)도 정부 주도 프로젝트의 산물이다.

이에 따라 혁신과 경제 발전을 위한 정부의 역할과 비전 등에 대해 생각하는 방식을 근본적으로 재정립할 시기가 되었다. 정부의 가장 중요한 역할은 현재는 아무도 하고 있지 않은 일을 하는 것이고, 이를 위해서는 공공 부문이 비전과 확신을 가져야 한다. 혁신에 있어서 국가는 민간 투자를 끌어들일 뿐만 아니라 이를 더욱 역동적으로 만들면서 비전, 임무, 계획을 만들어내야 할 것이다. 따라서 4차 산업혁명의 기반이 되는 5G 기술의 활용을 위한 디지털 포용 정책의 개념에서 국가는 혁신 성장을 위한 자신의 역할을 다하지 않고 시장 기능에 모든 걸 위임해서도 곤란하며, 전능자로서 모든 정책을 추진해서도 안 된다.

정리해 보면, 혁신 성장의 과정에서 요구되는 정부의 역할은 크게 촉진자, 조력자, 조정자로 구분할 수 있다.

가장 먼저 5G 초연결 혁명의 과정에서 정부는 촉진자이어야 한다. 촉진자로서 정부의 역할은 4차 산업혁명의 성공을 위해 5G 상용화가 산업적 성과로 이어질 수 있도록 공공투자를 선도적으로 하는 것이다. 우리나라가 세계 최초로 5G 통신망을 상용화하였지만, 불확실한 사업성으로 민간이 투자를 주저하는 초기 시장에 정부가 과감히 마중물을 넣으며 선도 R&D 투자, 공공시장을 활용한 유효수요 창출 등을 견인해야 한다. 정부의 촉진 정책을 통해 먼저 구축한 필수 인프라, 제품·서비스 활성화 경험 등을 민간 기업이 다양한 산업에 전방위적으로 접목하여 전 산업 지능정보화를 추진함으로써 기술 혁신에 의한 성장이 가능한 것이다.

촉진자로서 정부의 또 다른 역할은 다른 국가들과의 경쟁에서 앞서기 위해 기술 혁신의 속도를 높이는 것이다. 즉, 정부의 촉진자 역할이 없으면 5년이 걸리는 기술 혁신을 단 1년이라도 앞당기는 것이다. 바로 그 1년이 다른 국가에 대한 결정적 경쟁 우위가 된다. 특히 초기 시점에는 핵심 분야를 중심으로 기술 주도(Technology Push)의 공급 정책이 요구되므로 핵심 인프라인 5G 통신망을 다른 나라보다 선점하여 지능정보 기술 기반의 정보 통신망과 분야별 핵심 산업을 연계해 조기에 융·복합 산업을 발전시키는 전략이 효과적일 것이다. 그리고 핵심 융·복합 산업으로 평가되는 전기자동차, 자율주행차, 신재생에너지, 인공지능, 3D프린팅, 빅데이터, 산업 로봇 등에 대해서도 전략적 우선순위에 따라 선택과 집중을 통해 세밀한 정책 지원이 필요하다.

다음으로 정부는 조력자여야 한다. 조력자로서 가장 중요한 일은 기술 격차를 줄이는 일과 적절한 제도 개선을 하는 일이다. 5G 초연결 시대의 혁신은 지능정보 기술의 기술 동인에 의해 견인되므로 기술 기반의 경쟁력 확보가 국가 경쟁력 확보의 선결요인이다. 하지만 우리나라는 5G 초연결 혁명에 필수적인 지능정보 기술 수준에서도 미국과 독일을 비롯한 선진국과 상당한 격차를 보이는 것으로 나타났다.

정보통신진흥기술센터(2017)에 의하면, 사물인터넷은 미국을 100% 기준으로 할 때 기술 수준 80.9%, 기술 격차가 1.2년으로, 클라우드 컴퓨팅에서도 기술 수준 77.0%, 기술 격차가 1.8년으로 조사되었고, 빅데이터 기술도 기술 수준 76.3%, 기술 격차 1.6년으로 분석되었다. 게다가 중국을 비롯한 신흥국들도 자본을 바탕으로 빠른 속도로 추격하면서 이미 첨단 기술 분야에서 우리나라를 앞지르거나 기술 격차를 상당히 좁힌 상황으로 평가된다. 이에 따라 5G 초연결 시대의 정부는 민간이 필요하나 하지 못하는 기술투자 등 기술 격차를 획기적으로 해소하기 위한 체계적 국가 R&D 정책 방안을 조속히 마련해야 한다.

또한 5G 초연결 시대에 효과적으로 대응하기 위해 혁신 성장을 제한하는 법·제도적 애로사항이 있다면, 새로운 산업 육성을 위한 시의성(Time-to-Market)을 보장할 수 있도록 적시의 선제적인 규제·제도 개선이 추진되어야 한다. 4차 산업혁명 환경에서 다양한 분야의 융·복합 산업 육성 및 벤처 창업 활성화를 위해 신규 서비스의 도입에 대해서는 원칙적으로 허용하는 관점으로 규제 체계를 정비해야 한다.

처음으로 시도되는 혁신적인 아이디어가 추진조차 못 해보고 사장되지 않도록 일단 사업 시행을 허용하고 문제점이 발생하면 사후적으로 규제하는 방식을 고민해야 할 것이다. 또한 모든 산업의 지능정보화를 효과적으로 추진하기 위해서 해당 분야별로 적용되는 칸막이 규제를 지양하고 핵심 범용 기술인 지능정보 기술과 연관 산업의 시스템·플랫폼을 연계할 수 있도록 규제 체계를 정비해야 한다.

마지막으로 정부는 조정자여야 한다. 조정자로서 가장 중요한 역할은 사회적 갈등을 줄이는 일이다. 5G 초연결 시대의 혁명적 변화에서는 사회적 이해가 상충하는 수많은 변혁이 추진될 가능성이 크다. 또한 5G 기술이 내재하는 특성에서 초래되는 정보 격차, 디지털 리터러시, 정보화 접근권 등 사회적 포용의 이슈도 계층 분화로 이어지지 않도록 정책적 고려가 필요하다. 혁신 사업에 대한 대기업과 중소기업의 갈등, 지능정보화에 대한 지자체 간의 갈등과 같이 다양한 조정 이슈가 발생한다.

국가의 합리적 조정 역할의 대표적인 사례로 과거 스웨덴 총리 페르 알빈 한손(Per Albin Hansson)은 1930년대에 '국민의 집'이라고 불리는 사회적 대타협을 통해 대공황이라는 사회적 변혁기를 극복하고 새로운 복지국가의 성공 모델을 제시하였다. 2017년 2월에 EU 의회에서도 기계로 인한 일자리 손실 대가를 보전하기 위하여 로봇세(robot tax) 도입을 표결하였는데, 이러한 입법 추진도 사회적 조정자로서 정부 혹은 정책기관의 중요한 역할이다.

동일한 맥락에서 국내에서도 5G 초연결 혁명으로 인한 고용 불확실성과 양극화 발생이 우려되는 상황이다. 따라서 기본소득 보장, 사회적 안전망 강화 등을 비롯한 사회적 경제의 병행과 더불어 안전·편의성 증대, 노약자 보호 등 사회 문제 해결에 5G 기술을 직접적으로 활용하는 방안에 대해서도 고민이 필요하다.

5G 초연결사회, 완전히 새로운 미래가 온다

5G는 기존 통신 기술의 한계를 극복함으로써 다양한 분야에서 혁신적 서비스를 창출하며 4차 산업혁명의 실질적 시발점이 될 전망이다. 디지털 포용 정책의 한 축인 디지털 기술을 활용한 혁신 성장의 성패는 바로 5G를 어떻게 효과적으로 활용하는가에 달려 있다고 해도 과언이 아니다. 이러한 디지털 혁신 성장이 성공하기 위해서는 구체적으로 다음과 같은 정책 방향을 전향적으로 검토해야 한다.

1) 디지털 혁신 성장의 성공을 위한 정책 방향

첫째, 혁신 성장의 신경망이라 할 데이터 고속도로를 구축하는 것이다. 데이터 고속도로는 데이터의 생성과 수집에서부터 유통(거래)과 분석, 그리고 활용에 이르기까지 데이터 경제의 가장 핵심적인 인프라다. 정보화 시대 우리나라가 인터넷을 가장 잘 쓰는 국가였다면, 데이터 고속도로가 구축되는 초연결 시대에는 데이터를 가장 안전하게 잘 쓰는 나라가 될 것이다. 과거에는 초고속 정보통신망 같은 ICT 인프라 구축이 중요했지만, 지금은 그 인프라 위에 데이터가 얼마나 잘 흐르게 할 것인지, AI를 활용하여 얼마나 스마트한 서비스를 만들어낼 것인지가 중요하다. 김대중 대통령 재임 시 정보고속도로를 구축하고 정보화에 성공해 IT 강국의 길을 열었다면, 문재인 대통령 임기 중에는 데이터 고속도로 구축으로 지능정보화에 성공해 추격국가에서 선도국가로 도약할 수 있는 기반을 마련해야 한다.

다른 국가보다 앞서서 데이터 고속도로를 구축하면 우리는 5G 초연결 혁명을 선도하는 혁신 국가가 될 수 있다. 특히 초기 시점에는 핵심 범용 기술을 중심으로 기술 주도(Technology Push)의 공급 정책이 요구되므로 핵심 인프라인 5G 네트워크를 중심으로 연계될 사물인터넷(IoT) 전용망, 자율주행 전용망 등 핵심 융·복합 플랫폼을 다른 나라보다 선점하는 것이 중요하다. 경쟁우위를 지닌 초연결 네트워크 인프라(5G, IoT 망 등)를 최단기간에 구축하여 의료, 제조, 금융 등 다양한 산업 분야 연관 시스템, 플랫폼과 연계하여 제품 및 서비스 활성화를 추진해야 한다. 빠른 추격자(Fast Follower)에서 선도형 전략가(First Mover)로의 전략 전환, 다른 국가와의 차별화 및 선택적 집중으로 경쟁우위를 유지하는 것이 중요하다.

둘째, 우리가 잘 할 수 있는 분야에 대한 선택과 집중이 필요하며, 5G 활성화를 위해 정책적으로 공공 선도 투자를 활용할 필요가 있다. 5G 환경의 데이터 고속도로에서 4차 산업혁명을 견인할 다양한 융·복합 서비스가 추진되고 구현될 것이다. 그러나 우리나라가 세계 최초로 상용화한 5G 통신망이란 기술적 기반에 모든 분야의 융·복합 서비스를 다 할 수는 없다. 5G 통신망 위에서 세계적 경쟁력을 갖출 관련 사업의 제품·서비스 혁신을 선택적으로 모색해야 한다는 것이다.

이러한 초기 기술 혁신의 선택과 집중이 성공하려면 정부의 역할이 중요하다. 5G의 적용·확산이 조기에 이루어지도록 5G 융합 서비스 비즈니스 발굴을 지원하고 핵심 서비스를 선택적으로 발굴하여 실증단지 등으로 점검해야 한다. 현재 정부에서는 5대 5G+ 핵심 서비스 분야로 실감 콘텐츠, 스마트 공장, 자율주행차, 스마트시티, 디지털 헬스케어를 선정하였는데, 지속적으로 그 성과를 모니터링해야 한다. 5G 초기 육성을 위한 핵심 서비스별 보급 확산은 비용 효율성을 고려할 때 각 핵심 서비스 분야와 연관된 기존 혁신 거점을 우선 활용하여 구축하는 것이 효과적이다. 예를 들어 실감 콘텐츠는 한국 VR·AR 콤플렉스(상암), 자율주행차는 K-City(화성)와 판교 제로시티 등이 적합할 것이다.

이와 더불어 공공 선도 투자로 초기 시장을 확보하는 것이 중요하다. 초기 시점에 공공 선도 투자는 기반·노후시설의 안전하고 효율적인 관리를 지원하는 방안을 강구해야 한다. 예를 들어 도로·항만·공항 등에 5G 기반 실시간 지능형 모니터링 체계를 구축하거나, 교육·문화시설 등 건물 내 센서 데이터(균열, 온도 등)를 5G 기반으로 실시간 수집하여 안전사고를 예방하고, 전국 2천여 개 소규모 시설 대상으로 5G 기반 CCTV 무인감시를 시행하는 방안 등도 고려해볼 수 있다. 서울 목동 빗물펌프장의 근로자 3명이 사망한 사고(2019.7)의 경우, 지하 시설물의 근로자 유무를 확인할 수 있는 모니터링 시스템이 구축되었다면 사전에 충분히 예방이 가능했던 사고였다.

또한 교육·농업·환경 분야 등 국민 생활 개선 및 지역사회 문제 해결을 위한 공공 수요 기반 5G 솔루션 보급, 5G 기반 실시간 원격 협진 도입, 현장 중심 복지행정 및 장애인 돌봄 개선도 추진해볼 수 있다. 5G 기반 지능형 스마트시티 기반 구축도 고려해야 한다.

추가로 주목해야 할 것은 포스트 스마트폰(post-smartphone) 전략에 대한 고민이다. 최근 들어서 ICT 산업의 성장을 주도했던 스마트폰 시장의 성장률이 급속히 정체되는 현상이 나타나고 있다. 주요 선진국 시장을 중심으로 이동통신 가입자의 대부분이 이미 스마트폰으로 전환되면서 성장률이 점차 감소하고 있는 것이다.

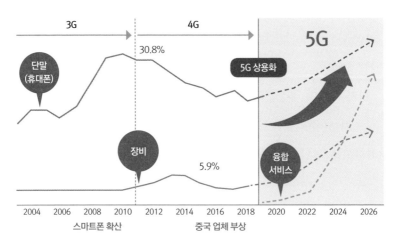

[그림 5-1] 시기별 휴대폰 시장점유율 변화 추이

2019년 1분기 세계 스마트폰 출하량은 3억 3,040만 대로 전년도의 3억 4,540만 대보다 4.3% 감소하였고, 대다수 선발업체들이 성장 정체로 인해 경영의 어려움을 겪고 있다. 삼성전자는 7,180만 대를 판매하여 전년도의 7,820만 대보다 0.9% 감소한 것으로 나타났으며, 애플은 13.0%의 시장점유율로 17.9%를 기록한 화훼이에게 2위 자리를 내줬다. 다만, 화웨이, 오포, 샤오미 등 중국 업체들만이 중·저가폰을 자국의 내수 시장에 판매하며 지속적으로 성장세를 유지하고 있

5G 초연결사회, 완전히 새로운 미래가 온다

는 상황이다.

이처럼 스마트폰의 시장 상황이 급속히 어려워짐에 따라, 글로벌 선발업체들은 이동통신의 시장 포화라는 위기를 극복하기 위하여 스마트폰에 새로운 미래 기술을 융합하는 기술 혁신을 다각적으로 모색하고 있다. 즉, 기존 스마트폰에 새로운 혁신 기술을 융합하여 새로운 기능과 형태를 갖춘 포스트 스마트폰을 개발하고자 시도하고 있다. 현재 포스트 스마트폰을 만들어낼 것으로 평가되는 혁신적 기술로는 가상현실, 자율주행, 사물인터넷, 인공지능, 드론, 웨어러블 디바이스 등이 언급되고 있다.

이러한 가운데, 우리나라에서 세계 최초로 5G가 상용화되면서 포

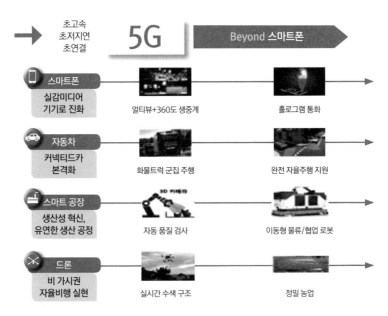

[그림 5-2] 5G 초연결 시대의 포스트 스마트폰의 대안 기술

스트 스마트폰의 개발에 대한 산업적 관심이 커지는 동시에, 포스트 스마트폰을 만들어낼 대안 기술(Alternative Technology)이 무엇인지에 대해서도 다양한 가능성이 제기되고 있다. 즉, 우리나라는 5G 환경하에서 포스트 스마트폰을 개발하기 위한 테스트베드로서 중요한 역할을 할 수 있다.

셋째, 글로벌 경쟁력을 갖추기 위한 플랫폼 관점의 협업 구조를 만들어야 한다. 5G는 개념적으로 기존과 같은 인프라를 기반으로 하는 서비스 산업이 아니라 다양한 생산 주체가 협업하는 대표적인 플랫폼 비즈니스라고 볼 수 있다. 뉴욕시립대학교 저널리즘 경영대학원 교수인 제프 자비스는 자신의 저서 『구글노믹스』에서 플랫폼 경제의 경쟁력에 영향을 미치는 판단 기준으로 ①기술 기반(독자적인 기술 표준과 유통 방식) 핵심적인 플랫폼의 보유, ②지속적 혁신성(스스로 제시한 혁신에 외부 사업자들이 얼마나 참여하는가와 보완적 혁신 작업의 정도), ③ 신뢰와 시장연결에 의존(전략적 제휴 및 규모의 경제), ④기타(수익성 및 성장성 등)를 제시하였다. 즉, 플랫폼의 특성을 지니는 산업에서는 글로벌 관점의 협업 없이는 성공하기 어렵다는 의미이다. 이에 따라 5G 조기 상용화가 글로벌 경쟁력 확보로 이어지도록 하기 위해서는, 단말·장비 산업의 도약, 융합서비스·디바이스 신시장 창출 등 글로벌 시장 선점 기회를 제공할 수 있도록 글로벌 플랫폼의 관점에서 정책을 추천해나가야 한다.

마지막으로 내수의 한계 극복을 위해 연관 산업의 해외수요를 발굴할 필요성이 있다. 한정된 내수 시장의 한계를 극복하기 위해 5G

초연결 혁명 연관 산업의 수출을 증대하고, 시장 다변화와 같은 해외 수요의 발굴을 반드시 병행해야 한다. 대표적으로 LH공사가 사업 총괄을 맡은 쿠웨이트 압둘라 신도시 건설 사업은 40억 달러(약 4조 4천억 원) 규모의 국내의 첫 스마트시티 수출 건으로 64.4km² 면적에 주택 2만 5천~4만 호를 건립할 예정이다. 이와 같이 각종 도시 데이터 분석에 기반한 도시 자원(에너지·물·교통 등)관리 최적화, 가사(housework) 자동화 시스템 확산 등과 같은 스마트시티를 수출한 것은 매우 중요한 의미가 있다.

2) 사회적 문제 해결과 공감대 형성

디지털 포용의 중요한 다른 축은 사회적 포용이다. 4차 산업혁명을 성공시킬 5G 활성화는 디지털에 기초한 혁신 성장에서 출발하여 사회적 포용에서 완성된다. 5G 기술 환경하에서 4차 산업혁명으로 인한 생산성 향상 및 효율화에 의해 초래될 가장 심각한 사회 문제는 일자리가 감소할 것이라는 전망이다. 즉, 기술 진보에 의해 지속적으로 경제가 성장해도 일자리가 증가하지 않는 이른바 '고용 없는 성장'이 현실화될 것이라는 우려이다. 이에 따라 고용 없는 성장에 어떻게 대응할 것인지에 대한 대안을 시급히 마련해야 한다.

현실적으로 선진국에서는 근로시간 단축, 기본소득 보장(핀란드 지급, 프랑스 대선공약) 등 사회적 안전망 강화 정책 추진 등이 모색되고 있다. 다만 사회 전체에 영향을 미치는 경제 정책은 종합적인 산업 정책과 병행되어 협력이 필요하므로 정부 부처 간의 긴밀한 협력 및 추진 체계가 필요할 것이다.

다음으로 정책적으로 정보통신 기술을 활용하여 안전·편의성 증대, 노약자 보호 등 사회 문제를 해결할 수 있는 방안을 깊이 고민해야 한다. 가령 지능형 교통 시스템을 도입한다면 교통정체 감소, 에너지 절약 등과 같은 효과를 얻을 수 있을 것이다. 다만 급속한 사회적 변혁이 수반되는 기술 혁신은 정책 수요자인 국민의 공감대 없이는 성공할 수 없다.

디지털 포용 기조의 확산을 위해서는 5G 초연결 혁명이 소수 대기업의 독주가 아닌 생태계 전체가 함께 성장하고 이종 간 결합과 경쟁자 간 협력이 가능한 공존의 산업 구조 및 창업 생태계를 통해 전에 없던 새로운 신산업과 혁신적 비즈니스 모델을 창출하도록 해야 한다. 즉, 다양성을 기반으로 지속 가능한 산업 경쟁력을 확보하고, 이를 위해 대기업과 중소기업의 관계 및 인식을 전환하는 노력이 필요하다. 중소기업도 동반자라는 인식의 전환이 나타나도록 디지털 기술의 혁신 성장 과정에서 정책적 배려가 필요하다.

단적인 사례가 2016년 월마트가 벌인 캠페인이다. 월마트는 'Buy America' 캠페인을 통해 협력 중소기업에 무려 290조 원의 자금을 집행하며 미국 내 중소기업과의 협력을 강화하였는데, 이는 단기적으로는 이익을 추구하는 것도 유리하지만 장기적인 성장은 상리공생이 가장 중요한 가치라고 보는 인식의 변화에 기초한다.

디지털 포용이 지향하는 성장은 대기업과 중소기업이 상생하며 공존하는 것이다. 그런 측면에서 5G 초연결 혁명으로 인한 플랫폼 구축

과정에서 대기업, 중소벤처기업의 유기적 상생 시스템이 정립되어 대기업의 중소기업에 대한 자본 참여를 확대하고 지역별로 '기업 간 전략적 지원센터'를 설치·운영할 필요가 있다. 5G 초연결 혁명을 중소 IT 업체의 자생력을 키울 수 있는 기반으로 활용해야 하며, 핵심 서비스 선정 시에 공유 기반시설 지원 확대, 구매·판로 지원, 애로기술 개발, 인력수급 및 자금 지원 등을 통해 IT 중소부품업체를 육성하는 방안도 고민해야 할 것이다.

이용자들을 대상으로 디지털 포용을 위한 디지털 시민교육도 전향적으로 실시해야 한다. 이미 디지털이 대세인 세상이다. 실제로 디지털 활용 능력이 떨어지면 모바일을 활용한 열차 승차권 예매나 금융서비스 이용, 심지어 식당에서 음식을 주문하는 것도 어렵다. 이런 예시에서 보듯이 디지털 포용 없이 문재인 정부가 추구하는 포용 국가를 이룩하는 것은 불가능하다.

과거 김대중 대통령 시절에 '세계에서 컴퓨터를 가장 잘 쓰는 나라를 만들자'는 슬로건 아래 1,000만 명 정보화 교육을 했다면 지금은 5,000만 명 국민 모두 디지털 세상을 잘 살아갈 수 있도록 소양과 능력을 길러주는 디지털 시민교육이 필요하다. 국민들에게 평생교육 차원에서 디지털 시민교육을 제공하는 것은 디지털 포용 국가로 가기 위한 토대를 다지는 일이 될 것이다.

마지막으로 스마트하게 일하는 정부를 만들기 위해 디지털 정부를 구축해야 한다. 지금까지 우리나라는 전자정부 1등 국가였지만, 이제는 전자정부 프레임을 뛰어넘어야 한다. 기존의 전자정부 프레임은 아날로그 방식의 업무 시스템과 프로세스를 유지한 채 이를 온라인화하는 것이었다. 디지털 정부는 정부 업무 시스템과 프로세스 자체를 디지털 관점에서 근본부터 다시 설계하는 것이다. 이것이 OECD에서 디지털 정부를 정의할 때 첫 번째로 거론되는 '디지털 바이 디자인'의 핵심 내용이다. 전자정부에서는 민원서류를 온라인으로 편하게 발급받는 게 자랑이지만, 디지털 정부에서는 아예 민원서류 발급이 필요하지 않도록 행정 프로세스를 혁신하는 것이 목표다.

정부가 일방적으로 주도하는 행정으로는 이제 급속한 기술 발전을 따라갈 수 없다. 기존의 전자정부가 정부 주도로 국민에게 서비스를 제공하는 방식이었다면, 앞으로 디지털 정부는 민간 주도로 민간의 창의성을 혁신 기제로 활용하는 플랫폼 정부가 될 것이다. 사실 디지털 정부와 같은 행정개혁은 국민들이 일상의 생활에서 느끼는 편의성이 획기적으로 개선된다는 점에서 정책적 의미가 매우 크다.

R&D 정책과 예산 운용에 대한 제언

5G시대 대한민국의 미래를 준비할 수 있는 국가 차원의 5G 초연결 시대의 구체적인 정책방향으로 첨단 디지털 기술 기반의 혁신 성장과 사회적 포용에 관한 정책방안을 살펴보았다. 디지털 포용 정책의 두 범주에 속하지는 않으나 반드시 고려해야 할 사안은 R&D 정책과 예산 운용이다. 국가의 정책도 결국 막대한 재원이 소요되므로 디

지털 포용으로의 패러다임 전환을 위해서는 이에 적합한 국가 R&D 정책과 예산 운용 방안이 마련되어야 한다.

R&D 정책과 예산 운용에 있어서 전통적인 정부의 역할을 근본적으로 다시 생각해보아야 한다. 즉, 과거의 R&D 정책과 예산 운용이 실패 시의 두려움 때문에 보수적으로 운영되었다면, 이제는 정부가 기술혁신을 위해 과감하게 R&D 방향을 계획하고 해당 분야에 투자할 수 있도록 필요한 재량권을 주어야 한다는 것을 의미한다. 다시 말해 성공할 만한 것을 알아보고 선택하려는 편협한 시도에서 벗어나야 하며, 정부가 공공-민간 부문 간의 파트너십을 통해 도전적인 참여자들로 구성된 협력적 네트워크를 만들고, 불확실성의 위험도 감수할 수 있는 투자가 가능해야 한다. 그래야 5G 초연결 시대의 기술 변화와 경제 발전이 실현될 수 있다.

5G 초연결 시대는 우리나라가 세계 최초로 나아가는 길이다. 5G 기술과 연계된 다양한 데이터 기반 기술들은 정적이라기보다는 매우 역동적인 성격을 지니므로, 기술의 발전 방향과 서비스 구현 양태를 사전에 예측하기 힘들고, 보편화된 기술이라도 한순간에 도태될 수 있다. 그러므로 근시안적으로 공적 지출을 평가하는 방식을 탈피하는 것이 중요하다.

앞으로는 공공투자의 성과를 얼마나 시장을 새로운 영역으로 이끌었는지를 기준으로 평가해야지, 공공 영역과 민간 영역이 각자의 영역을 침해(crowding-out)해서는 안 된다는 기존 시장에 대한 일반적인 가정을 바탕으로 평가하면 안 된다. 다시 말해, 공적 영역에서도 실험하고, 배우고, 심지어는 실패할 수 있도록 허용해야 한다는 의미이다.

결과적으로 디지털 포용으로 중대한 사회 문제를 해결해야 하는 상황에서는 정부의 합리적 R&D 정책과 예산 운용에서 적극적 역할이 더욱 중요해진다. 이러한 문제들을 다루는 데 있어서 국가는 단순히 시장 실패를 교정하는 방식만이 아닌 현존하는 시장을 규제하는 동시에 능동적으로 시장을 만들어내고 형성하는 방식으로 주도권을 가져야 한다. 이러한 방향은 시장의 힘(market forces)에 의해 자연발생적으로 생겨나지 않으며, 공공 부문의 정책을 '전략적으로' 결정하고 추진할 수 있는 체계를 만들어야 할 것이다.

갈등 극복을 위한
협력과 상생의 거버넌스 구축

02

세계 최초로 상용화한 5G 통신망을 기반으로 초연결 시대의 혁신 성장과 사회적 포용을 성공적으로 추진하기 위해서는 이를 제도적으로 지원할 합리적 거버넌스를 정립하는 것이 중요하다. 이러한 새로운 거버넌스는 4차 산업혁명의 기술적 변혁 과정에서 나타날 새로운 환경 변화를 효과적으로 수용할 수 있어야 하며, 지능형 플랫폼 생태계 중심의 새로운 산업 구조 형성, 융합 서비스의 급속한 확산 및 활성화 촉진, 데이터 경제로의 전환에 대한 체계적 준비 등에 관해서도 긴밀히 대응할 수 있는 구조여야 한다.

먼저 지능형 플랫폼 중심으로 전환되는 글로벌 산업 구조의 형성에 대비할 수 있어야 한다. 즉, 5G 초연결 시대의 핵심인 지능형 플랫폼 경쟁을 선도해 혁신 성장의 주체가 될 수 있는 거버넌스 구조여야 한다. 스마트폰의 등장 이후 전통적인 ICT 산업의 가치사슬(콘텐츠-운영체제(OS)-네트워크-단말기)이 붕괴하고, ICT 산업은 다양한 영역의 사업자들이 각자의 강점을 살려 새로운 지능형 플랫폼을 구축하면서 관련 비즈니스를 선점하고 있다.

온라인 상점인 아마존이 월마트를 추월하고, 호텔 없는 플랫폼인 에어비앤비가 힐튼 호텔을 능가하며, 자동차 없는 모빌리티 기업 우버가 현대차보다도 높은 시장가치를 인정받고 있다. 현재 우버는 세계 63국, 700여 도시에서 하루에 1,400만 건의 운행이 이루어지고 있으며, 누적 운행 건수도 100억 건, 월평균 활성 사용자(active user) 수는 1억 1천만 명에 달한다.

미국에서 이처럼 상상도 못 했던 새로운 형태의 기업이 출현할 수 있었던 배경에는 지능형 플랫폼 기반의 경영이라는 혁신을 바탕으로, 이러한 혁신을 지원하는 미국 정부의 합리적 거버넌스 체계가 있었다는 것이 대체적인 평가이다.

New ICT 거버넌스, 초연결 시대의 환경 변화를 수용해야

5G 초연결 시대의 지능형 플랫폼은 모든 사물을 연결하고 산업의 디지털 혁신을 촉발하는 게임 체인저인 동시에 기존 통신 기술의 한계 극복으로 다양한 분야에서 혁신적 서비스를 창출하는 도구이다. 즉, 4차 산업혁명의 진행은 산업 지능화를 통해 만들어지는 다양한 지능형 플랫폼을 통해서 국가와 기업 경쟁력의 우위가 판가름날 것이다. 지능형 플랫폼 중심의 새로운 산업 구조는 5G 통신망의 상용화와 더불어 더욱 빠르게 확산할 것으로 예측되므로, New ICT 거버넌스

는 경쟁력 있는 지능형 플랫폼을 발굴하고 형성하도록 지원할 수 있어야 한다.

경험적으로 글로벌 시장에서 경쟁우위를 확보한 지능형 플랫폼 기업들은 기존 주력 분야에서 모든 시장 성과를 독식한 후, 그 기반 위에서 지능형 플랫폼의 외연을 확장하는 전략을 추구한다. 즉, 디지털 경제의 승자 독식 원칙에 의해 경쟁우위에 기초한 경쟁 구조를 유지하기 때문에 후발 사업자들이 역전하기가 매우 어려운 상황이다. 대표적으로 검색엔진 업체인 구글은 유튜브, AI 스피커 등 핵심 사업을 혁신하는 동시에 인공지능, 빅데이터 기반의 신규 서비스로 무인자동차, 정밀진료 등의 신규 비즈니스를 추진하고 있으며, 클라우드 기반의 블록체인 서비스와 구글 글래스, 가상현실 지도 등으로 사업 영역을 다각화하는 추세이다.

5G 초연결 시대의 새로운 ICT 거버넌스는 융합 서비스 활성화를 저해하는 여러 제약 요인들을 효과적으로 극복할 수 있어야 한다. 이미 살펴본 바와 같이, 5G 통신망은 초연결사회의 정보고속도로와 같은 역할을 수행하며 다양한 분야에서 융합 서비스를 촉진할 것으로 보이나, 세계 최초로 5G 통신망을 상용화하여 최고의 인프라를 구축했다고 해서 저절로 융합 서비스가 활성화되는 것은 아니다. 과거 우리 정부에서도 세계 최고 수준의 ICT 인프라 고도화를 통해 융합 서비스를 확산하고자 하였으나 실패한 경험이 있다. 즉, 기술적 지원이 충분하다고 해도 법·제도적인 문제 및 관련 이해관계자들의 충돌이 발생하면, 고도화된 ICT 인프라를 기반으로 산업 간의 혁신적 융합

서비스를 창출하고 활성화하는 일이 아예 불가능하거나 일부 영역에서 제한된 서비스만 가능한 경우가 발생할 수 있다.

그렇기 때문에 초연결 시대 데이터 경제라는 새로운 패러다임 변화에 대응하는 효율적 거버넌스가 필요하다. 4차 산업혁명의 성공은 양질의 데이터 시장 형성, 고도의 인공지능 기술 확보 및 데이터와 인공지능 간 유기적인 융합에 달려 있다. 주요 국가에서는 데이터와 AI가 가져올 변화에 주목하고 이를 선도하기 위해 국가적 차원에서 대책 마련을 추진하고 있다.[4] 즉, 앞으로 개별 국가의 산업경쟁력을 좌우하는 핵심 요소는 대규모 데이터와 인공지능 역량 확보 여부라고 해도 과언이 아니다.

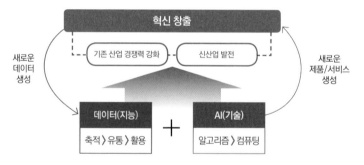

[그림 5-3] 데이터·AI 경제 활성화 계획('19~'23년). 관계부처 합동(2019.1.16.)

5G 사물인터넷 환경에서 스마트폰과 같은 개인 미디어가 급속히 보급되고 사물과 기기가 연결되어 다양한 서비스가 제공되면서 대량

---

4 미국: AI R&D Strategic Plan('16.5). 일본: AI Technology Strategy('17.3). 중국: Next Generation AI Development Plan('17.7). 독일: AI made in Germany Plan('18.11).

의 데이터가 산업과 경제 활성화를 견인하는 원동력으로 작용할 전망이다. 실제 인터넷망에 많은 사람과 사물이 초연결되고, 인공지능의 발전과 함께 컴퓨팅 성능이 향상되면서 데이터가 기하급수적으로 증가하는 추세이다. 이처럼 데이터가 기존 생산 요소인 자본, 노동을 능가하는 경쟁 원천으로 부상하면서 데이터를 보유하고 활용을 잘하는 국가와 기업이 시장 혁신을 주도하는 산업 구조가 형성되고 있다.

우리나라는 데이터 경제와 관련한 대응이 더딘 편이다. 아직 데이터 가치사슬의 형성이 미진하고 선진국과의 인공지능 기술 수준 격차도 큰 우리나라는 최근에야 데이터 경제 활성화를 위한 전략인 '데이터·AI 경제활성화 계획'을 발표한 바 있다(2019년 1월). 데이터 경제 전략 수립과 더불어 데이터 경제 활성화의 장애 요인으로 평가되는 제도와 법규, 예를 들어 개인정보 관련법 처리에 대해서도 고민이 필요하다. 무엇보다 빠르게 변하는 기술 트렌드에 맞춰 데이터 경제의 중요성을 인식하고 국가적 차원에서 데이터를 개방하고 공유하면서 성장과 혁신을 촉진할 수 있는 환경을 구축하기 위한 효율적 ICT 거버넌스 환경을 조성해야 한다.

새로운 거버넌스 구조는 5G 초연결 기술 환경에서 발생할 수 있는 제반 사회적 이슈를 포괄할 수 있어야 한다. 디지털 기술로 인해 파생되는 고용 불확실성 및 양극화 해소는 가장 중요한 이슈이다. 정보통신기술을 활용하여 안전·편의성 증대, 노약자 보호 등 디지털 기술 기반의 사회문제 해결을 추진해야 하며, 급속한 혁신 성장 과정에서 대기업과 중소기업이 동반자라는 인식의 전환도 유도해야 한다.

또한 5G 초연결 시대의 그늘에 해당하는 정보 격차 문제에 대해서도 대응해야 한다. 정보 격차는 사회 불평등 구조를 심화함으로써 사회 통합을 저해함은 물론, 민주주의 발전에도 부정적 영향을 미치는 장애물로 작용할 가능성이 높다. 이에 따라 새로운 ICT 거버넌스 구조는 4차 산업혁명의 진행 과정에서 파생되는 제반 사회 정책적 문제를 해결하고 효과적 대응이 가능한 디지털 포용의 주체가 되어야 한다.

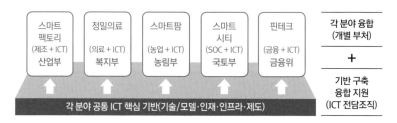

[그림 5-4] 5G 초연결 시대의 융·복합 서비스 추진 현황
(출처: '한국형 4차 산업혁명 변화와 대응', 글로벌ICT포럼 세미나 발표 자료, 곽정호(2017.6))

상이한 법 집행 발생, 현행 거버넌스의 한계

문재인정부의 ICT 거버넌스 구조를 보면, 5G 초연결 시대의 혁신 성장과 디지털 포용에 관한 정책 권한이 과학기술정보통신부(진흥)와 방송통신위원회(규제)로 분리, 이원화되어 있다. 특히 4차 산업혁명에 대한 종합적인 국가전략 수립 및 총괄 조정은 대통령 소속 4차 산업혁명위원회가 담당하고 있다.

5G 초연결사회, 완전히 새로운 미래가 온다

이러한 형태의 ICT 거버넌스 구조는 적절한 분리와 균형, 그리고 조정이라는 관점에서 환경 변화가 빠르게 나타나지 않는 산업에서는 매우 유용하나, 지능형 플랫폼 경쟁, 산업지능화를 통한 융합 서비스의 확산, 데이터 경제의 촉진, 제반 사회적 이슈를 포괄하는 디지털 포용이라는 환경 변화에 대응할 수 있는 효과적 구조인지에 대해서는 논란이 있다. 즉, 5G 기술 환경하의 합리적 ICT 거버넌스 구조는 새로운 산업 및 경쟁 환경에서 신속한 변화를 견인하여 글로벌 경쟁우위를 확보하도록 도울 수 있는 통합적이면서 개방적인 구조가 요구된다.

특히 ICT 부처 간의 상이한 법 집행 발생은 현재의 ICT 거버넌스가 지니는 한계를 보여주는 단적인 사례이다. 이원화된 거버넌스 구조하에서 과학기술정보통신부와 방송통신위원회는 방송통신 이용자 보호 관련 업무, 인터넷 분야 진흥과 규제, 네트워크 관련 기본 정책 및 사업자 간 공정 경쟁, 지상파방송 재송신 및 종합유선방송(SO) 재허가 등 여러 사안에 걸쳐 양 기관이 각각의 근거 법령에 의거하여 독자적인 정책결정을 함으로써 국가 차원의 효율적인 전략 수립 및 집행을 저해하고 있다.

또한 급속히 성장하고 있는 미디어와 방송의 융합 서비스인 온라인 동영상 서비스(OTT)에 대해서도 이분법적 규제 체계로 대응 자체가 어려운 상황이다. 즉, 새로운 미디어 플랫폼인 온라인 동영상 서비스를 정책적으로 방송법에 포함하거나 전기통신사업법 상의 분류 체계를 개선하고 적절한 금지 행위의 규제 집행이 긴밀히 연계될 필요성이 있으나, 관련 법 조항이 미비하거나 권한이 각각 분리되어 있어 통합적 시각으로 판단하기에 한계가 있다.

이처럼 동일한 사안에 대해 상이한 법 집행이 이루어지면 정책 수요자 입장에서는 혼선이 불가피하며, 특히나 적시성이 중요한 5G 초연결 시대의 지능형 플랫폼의 산업 지능화 경쟁에서는 정책적 대응에 한계를 드러낼 수밖에 없다.

4차산업혁명위원회의 총괄 조정 기능에서도 어려움이 나타나고 있다. 위원회의 정책 추진력이 미흡한 것은 정책과 예산에 대한 결정권이 없어 실질적인 정책 조정 권한이 없기 때문이다. 물론 심의조정 권한이 있으나 민간 위원들을 중심으로 구성된 위원회의 심의조정 결과를 정부 부처가 적극적으로 수용·이행하기란 쉽지 않은 상황이다. 과거 정부의 녹색성장, 창조경제 등 융합형 국가전략 추진의 사례를 보면, 범정부 차원의 통합적 사업을 위원회-지원단 구조로 이끌어가는 데는 한계가 있다.[5]

초연결 시대 거버넌스, 지속적 혁신이 가능한 조직이어야

급변하는 5G 초연결 시대에서 새로운 ICT 거버넌스는 4차 산업혁명의 성공을 책임지는 핵심적인 역할을 수행해야 한다. 앞에서 기술

---

5 '4차 산업혁명 시대의 ICT 정책-진흥, 규제 그리고 거버넌스', 한국지역정보학회 2018 하계학술대회 발표자료, 정준하

5G 초연결사회, 완전히 새로운 미래가 온다

한 환경 변화를 종합적으로 고려할 때 가장 핵심적인 역할은 지속적 혁신을 성공적으로 추진해내는 것이다. 즉, 4차 산업혁명은 지속적 혁신 없이는 불가능하며, ICT 거버넌스는 무엇보다도 혁신 성장 추진에 국가적 역량을 집중해야 한다. 그러나 현재의 거버넌스 구조로는 지속적 혁신 추진에 한계가 있다는 것은 앞서 지적한 바 있다. 때문에 정부 차원의 거시적 대응 전략을 마련하고, 효과적 갈등 조정을 위해 공론장을 마련하며, 파편화된 담론을 정리함으로써 사회적 합의를 도출한 수 있는 새로운 ICT 거버넌스 체계가 반드시 필요하다.

5G 초연결 시대에 지속적 혁신을 창출하고 디지털 포용을 견인할 수 있는 합리적 ICT 거버넌스는 최소한 다음과 같은 사항을 신중히 검토해야 한다.

먼저 5G 초연결 시대에 4차 산업혁명을 효과적으로 견인할 수 있도록 규제와 진흥을 일원화해야 한다. 현재의 ICT 거버넌스는 규제와 진흥의 권한이 분리된 것은 물론이고 주파수 배정, 사업자 인허가, 공공성 부여, 이용자 보호 등 방송통신의 규제 업무조차 분리된 상태이다. 이처럼 파편화된 거버넌스가 5G 초연결 시대의 혁신 성장을 지연하지 못하도록 진흥과 규제의 분리, 규제 권한의 이원화 등과 같은 거버넌스의 불확실성을 조속히 해결해야 한다.

해외 ICT 규제기관의 운영 사례에서도 5G 초연결 시대의 혁신 성장을 강조하는 미국, 일본 등에서는 ICT 거버넌스를 통합형으로 운영하고 있다. 미국은 1934년 통신법 제정 이후로 통신·방송 단일법 체계에서 FCC가 진흥과 규제를 총괄하고 있고, 일본도 독임제 정부부처인 총무성에서 정책 및 규제 업무를 통합하여 운영하고 있다. 국가별 시장 성과 평가에서도 진흥과 규제를 일원화하고 설비 기반 경쟁에 기초하여 ICT 생태계의 선순환적인 구조와 글로벌 경쟁력을 확보한 미국이나 일본의 성과가 EU를 비롯한 다른 국가보다 높은 것으로 분석된다.

무엇보다 급변하는 환경을 고려하여 신속한 의사결정과 정책적 적시성 확보가 가능한 거버넌스 구조를 고민해야 한다. 포용적 성장을 제한하는 법·제도적 애로사항이 있다면, 적시에 제도 개선이 가능하도록 선제적인 규제 완화가 필요하다. 즉, 5G 초연결 시대의 4차 산업혁명을 속도감 있게 추진하려면 폭넓은 분야의 지능형 플랫폼의 창출, 다양한 융합 서비스 활성화, 데이터의 공유 및 활용에 기초한 신규 서비스의 도입 등에 대해서 규제, 진흥을 포괄할 수 있는 거버넌스를 고민해야 한다.

5G 통신망이 상용화된 이후 다양한 분야에서 산업 지능화가 본격적으로 추진되면 이러한 정책적 적시성은 더욱 중요해질 이슈이다. 왜냐하면 해당 시장에서는 디지털 경제의 특성상 선점하지 못하고는 생존할 수 없기 때문에 시장의 정책니즈에 대해 ICT 거버넌스는 신속하게 대응할 수 있어야 하기 때문이다.

부처 간 갈등과 정책 혼선을 최소화하는 거버넌스 구조가 마련되어야 제조, 서비스, 연구개발, 콘텐츠 및 진흥과 관련한 규제 관할 이슈를 효과적으로 해결할 수 있다. 5G 초연결 시대에 여러 산업의 효과적인 지능정보화를 추진하기 위해서는 분야별 칸막이 규제를 지양하고 지능정보 기술과 연관 산업의 시스템·플랫폼을 종합적으로 파악하는 규제 체계가 필수적이다. 현재도 지능정보 기술과 연관 산업의 조정 기능을 위해 신설된 4차산업혁명위원회가 있으나, 총괄 조정을 실질적으로 지원할 수 있는 정부 부처 없이 효과적으로 기능하는 데는 한계가 있다.

세계 최초로 5G 상용화를 달성한 만큼 의료, 금융, 개인정보 등 새로운 혁신 서비스의 출현 및 기술 혁신이 추진되는 상황에서, 관련 서비스 활성화를 저해하는 규제를 해소하기 위한 부처 간 협력이 중요하다. 이러한 거버넌스 구조는 중복 투자 방지를 비롯해 효율적인 예산 집행도 가능하다는 장점이 있다.

마지막으로 광범위한 주체가 참여할 수 있는 개방형 거버넌스를 구축해야 한다. 5G 초연결 시대는 혁신 기술이 패권을 좌우하는 기술혁명 시대로서, 핵심 분야별 이해관계자들이 함께 참여하고 대응할 수 있는 시스템을 마련해야 한다. 정부는 기업, 일반 대중, 기타 전문가 조직 등 광범위한 이해관계자들의 참여를 유도하고 갈등 중재 역할을 지원하는 방안을 모색해야 한다. 즉, 빠르게 변하는 환경 변화에 맞춰 민간의 신속한 변화와 주도를 받아들이고 많은 전문가와 시민 참여를 통해 합리적 의견을 수렴하여 정책 대응을 할 수 있도록 개방형 거버넌스 구조를 만들어야 한다.

4차 산업혁명은 지속적 혁신의 과정이라고 할 수 있다. 새로운 혁신의 과정에는 늘 갈등이 수반된다. 이해를 둘러싼 대립이 발생하기 때문이다. 이러한 대립은 많은 사회적 비용을 유발하기 때문에 정책적으로 사회적 갈등을 조정하는 것은 매우 중요하다.

대표적인 사례가 공유 경제의 모빌리티 비즈니스이다. 카카오택시가 자가용 유상운송행위의 예외규정을 이용하여 서비스를 출시하면서, 시민들은 편리하게 출퇴근이 가능하고 택시업계 독점으로 인한 승차 거부, 불친절 등도 방지할 수 있는 장점에 만족하고 있다. 그러나 택시업계에서는 카카오택시의 카풀 서비스 시행에 대해 극단적인 반대 의사를 표명한 바 있다. 또한 렌터카 기사 알선 허용 예외규정을 활용한 타다 운송 서비스에 대해서도 강한 반대 입장을 표명하고 있다.

유사한 논란이 다른 국가에서도 발생했다. 미국의 우버가 대표적이다. 우버는 2009년 개릿 캠프와 트래비스 캘러닉에 의해 UberCab이라는 이름으로 설립된 기업인데, 공식적으로 우버 서비스는 2010년 6월 샌프란시스코에서 출시된 플랫폼 기반 서비스로 볼 수 있다. 우버도 출시될 때부터 뉴욕의 택시 산업에 부정적인 영향을 끼친다는 우려가 지속적으로 제기되었고, 기사의 여성승객 성폭행, 강도, 무면허 등과 같은 사회적 이슈도 등장했다.

미국에서는 신기술이 등장하고 이에 대해 규제할 때 신기술 발전에 해를 입히면 안 된다는 규제 혁신(Do No Harm) 기조를 적용하여 일단 서비스를 시행하고 이후에 보완하도록 정책적으로 결정하였다. 반면에 우리 정부는 기존 택시업계의 반발을 고려해 우버의 국내 영업을 불허하고 있다.

여기에서 보듯이 5G 초연결 시대의 지속적인 혁신 성장을 달성하기 위해서는 사회적 갈등 해결을 포용적으로 논의하기 위한 체계적 시스템이 반드시 마련되어야 한다. 즉, 혁신 성장을 달성하면서도 이해관계의 충돌을 해결할 수 있는 합리적 절차가 필요하다. 물론 쉽지 않은 일이지만 선진국의 경험을 토대로 볼 때, 현안 이슈를 이해관계자를 중심으로 직접 논의하는 과정보다는 규제 원칙을 마련하고 해당 이슈를 논의하는 2단계 접근이 적합한 것으로 판단된다.

◆ 미국
- 신기술이 등장하고 규제할 때 신기술 발전에 해를 입히면 안 됨(Do No Harm)
- 미국은 성장기에 플랫폼 사업자들을 전달자(Carrier)로 보고 이용자의 불법행위에 대해 면책 (사례: 유튜브)

◆ 중국
- ICT 분야에선 외국 기업 진출 제한, 자국 기업엔 규제 없어(사전규제보다 사후규제 대처)
- 사례: ICT, 핀테크 분야에서 2017년 퀄컴 반독점 제소, 정보 조달에서 애플 제외, 알리바바 결제 시스템 허용 등

[표 5-2] 주요 국가의 신기술 규제 원칙
(출처: '4차 산업혁명과 인터넷산업 위기론', 김성수 의원 간담회 발표자료. 곽정호(2018.8.))

여기서 1단계는 기술 혁신을 방해하지 않는 규제 혁신의 원칙을 수립하고, 사회적 갈등에 대해서는 규제를 중화시키는 방식보다는 '혁

신을 우선한다'는 접근 방식과 사회적 합의가 필요하다. 즉, 규제 샌드박스, 규제 프리존과 같은 제도적 장치를 적극 활용함으로써 기존 규제 장벽을 뛰어넘어 적극적으로 혁신하려는 접근이 필요하다. 2단계는 혁신에 소외되는 계층의 목소리와 그에 대한 보완책을 마련하는 것이다. 이해관계자 간 갈등은 불가피한 것으로 사전에 충분한 정보의 전달, 이해관계 조정의 원칙에 대한 합의가 필요하다.

5G 시대처럼 기술혁신 속도가 빠르고, 이로 인한 사회 변화의 불확실성이 큰 상황에서 혁신 친화적인 유연한 규제 체계를 마련하는 것은 생존에 있어서 불가피한 요소이다. 통상 혁신에 대한 규제는 기술혁신 속도를 못 따라가 혁신을 지연하거나, 혁신 기술에 맞는 적정 규제 수단에 대한 정보 부족 문제를 내포할 수 있다. 혁신 친화적 규제는 다양한 혁신적 변화에 맞춰 신속하게 규제를 변화시키고, 안전을 비롯한 중대한 리스크로부터 사회를 보호할 수 있어야 한다.

예를 들면, 혁신 친화적인 규제 수단으로 일몰 규제나 실험적 법제화 등 한시적 규제를 활용할 수 있을 것이다. 또한 기술 변화가 빠른 환경에서는 명백한 위법 행위를 나열하되 이에 준하는 다른 행위들을 포섭할 수 있는 포괄 규정을 두고, 사후규제를 사안별 규제로 적용하는 방법도 검토해야 한다. 다만 로봇, 자율주행차 등의 경우처럼 이용자를 위협할 수 있는 기술과 서비스에 대해서는 안전의무를 부과하는 등 적절한 사전규제로 보완해야 할 것이다.

다음으로 2단계는 혁신에 소외되는 계층의 목소리와 그에 대한 보완책을 마련해야 한다. 이를 위해서는 시민 참여 갈등 해결 방안 등

5G 초연결사회, 완전히 새로운 미래가 온다

사회적 합의가 중요하며, 상호 간의 신뢰를 갖고 실질적 논의가 가능한 구조를 만드는 노력이 수반되어야 한다. 실제로 정부는 택시·카풀, 탄력근로제 단위 기간 확대 등 첨예한 대립이 발생하는 사안에 대해서는 사회적 합의기구를 통해 해결 방안을 모색하고 있다.

그러나 어렵게 사회적 합의를 이룬 사안들조차 이해관계자들의 반발이 이어지고 있다. 논의 시간을 미리 제한하고 표결하는 방식으로 찬반 여부를 결정하는 '성과 중시형' 논의 방식으로는 사회 갈등을 근본적으로 해소하는 사회적 대화의 순기능을 살리는 데 한계가 있다는 지적이 있다. 적절한 지적이다.

탄력근로제 기간 연장, 택시 카풀제 등과 같은 사회적 합의가 후유증에 시달리는 이유는 두 가지다. 하나는 시한에 쫓겨 이해관계자들을 설득할 충분한 시간적 여유가 없었다는 점이다. 2018년 말 국회는 탄력근로제 단위 기간을 현행 3개월에서 6개월로 확대하는 내용을 골자로 한 근로기준법 개정안을 여야 합의로 마련했다. 그러나 여당이 경사노위에서 합의 결과를 지켜보자며 법안 처리를 미뤘으며, 정부는 주 52시간 근무제 계도기간을 한정하였다.

2019년 2월 19일 경사노위 산하 노동시간제도개선위원회는 탄력근로제 최장 '단위 기간'을 현행 3개월에서 6개월로 늘리기로 합의하여, 정해진 시간 내에 정해진 답변을 내놓았다. 이에 본위원회 불참을 선언, 의결을 무산시킨 계층별 대표위원은 정부가 경사노위를 고충처리기구처럼 활용하고 있다는 문제를 제기하였다.

택시·카풀 대타협 역시 성급하게 중재를 성사하는 데에 집중한 사례라고 할 수 있다. 2019년 2월 7일, 모든 이해관계자가 참여하여 '택시·카풀 사회적 대타협기구 합의안'을 담은 합의문을 발표했다. 이는 대타협기구 출범 45일 만에 도출한 결과다. 이에 서울개인택시운송사업조합은 개인택시 기사의 동의 없는 합의를 인정할 수 없다며 반발했고, 카풀 스타트업인 위츠모빌리티·위풀·풀러스 등 다른 카풀 업체들도 카카오모빌리티와 택시업계 간의 합의일 뿐이라며 대타협기구 합의안에 맞서 단체행동을 계획한 바 있다.

다음으로 대표성의 문제이다. 경사노위에서는 논의 과정에 참여하는 인사의 폭을 다양화하는 방안을 고민하고 있다. 청년, 여성, 비정규직 대표 3명은 본위원회 불참 사유를 탄력근로제 기간 연장과 관련한 논의 과정에서 직접 이해관계가 얽혀 있는 자신들이 배제된 것에 대한 항의라고 밝히며, 향후 의제별 논의에서 참여를 보장할 것을 요구했다.

이러한 대표성의 문제점을 해결하기 위해서는 단기간 내 결과를 내야 하는 과제는 국회에서 입법 절차를 통해 마무리하고, 사회적 대화에서는 큰 방향성을 두고 의제를 설정하는 데 집중하는 것이 효과적이다. 특히 합의안을 도출하겠다는 성과에 매몰될 경우, 오히려 사회적 대화가 이루어지기 어려우며, 합의를 위해 한쪽에서 밀어붙일 경우 논의 자체가 충분히 이뤄지기 힘들 수 있다.

결과적으로 정부는 5G를 중요한 기술정책적 수단으로 활용하여 4차 산업혁명을 효과적으로 추진하는 데 걸림돌이 될 수 있는 다양한 규제 요인들을 해소하기 위해 지속적으로 노력해야 하며, 이 과정에서 중요한 것이 합리적 갈등 관리이다. 규제 체계의 전환과 합리적 갈등 조정을 위한 사회적 대타협을 위해서는 단기적 성과에 치중하지 않아야 하며, 적정한 대표성을 지닌 주체가 참여하는지에 대해 신중히 판단하고 참여 주체의 대표성을 높일 수 있는 방안을 마련해야 한다. 또한 사회적 대타협을 위한 협의체 운영과 더불어 이해관계자들이 수시로 대화할 수 있는 채널도 마련되어야 중요한 이슈를 놓고 다자간 합의가 이뤄질 수 있다.

초연결 시대의 시민, 스마트 시티즌 육성

5G 초연결 시대에 우려되는 성장의 그늘은 디지털 정보 격차 (Digital Divide)의 문제이다. 2018년 디지털 정보 격차 실태조사에 의하면, 우리나라의 인터넷 이용률은 91.5%, 스마트폰 보유율은 91%로 정보통신 이용률은 세계 최고 수준이라고 볼 수 있다. 그러나 취약계층별 디지털정보화 수준은 일반 국민 대비 저소득층이 86.8%, 장애인이 74.6%, 농어민이 69.8%, 장노년층이 63.1%로 나타났다.[6] 즉, 계층별로 정보기술을 활용할 수 있는 역량에 상당한 차이가 발생하고 있다.

이러한 정보 격차로 인해 야기될 수 있는 문제[7]들은 부의 양극화, 정보 비대칭성 등의 이슈이다. 부의 양극화는 정보 활용 능력(미디어 리터러시)과 밀접한 상관관계가 있다. 이를 개인 역량의 차이로 볼 수도 있지만, 부의 양극화가 사회적 갈등을 야기할 수 있는 만큼 정책적

---

6 2018 디지털 정보격차 실태조사, 한국정보화진흥원.

7 「정부 3.0시대 정보격차의 재해석과 전망」, 명승환, 서형준(2013).

방안이 마련되어야 한다. 또한 정보를 생산자(제공자)만 알고 이용하는 사람은 알 수 없는 정보 불균형으로 인해 잘못된 선택이 발생하는 정보 비대칭성의 문제가 나타날 수 있다. 이러한 사례는 보험 가입이나 중고차 시장 등에서 종종 겪을 수 있는데, 정보를 지닌 측에서 핵심 정보를 제공하지 않아 발생한다.

실제로 기업은 제품이나 서비스의 생산 과정에서 발생하는 모든 정보를 소비자에게 공개하지 않는다. 어떤 문제가 발생하면 그 영역에 한해서 최소한의 정보만을 공개한다. 기업의 이익 추구에 도움이 되지 않고, 공개할수록 자신에 불리하기 때문이다. 따라서 소비자들은 제한된 정보를 가지고 많은 경제적 자원을 지닌 기업에 대응하는 데 어려움을 느끼게 된다.

기술이 내재화되고 고도화되면 될수록 소비자들은 관련 제품 및 서비스의 불편함이나 피해가 어떤 요인에 의해 발생하는지 파악하기가 점점 어려워질 것이다. 이처럼 정보 비대칭성을 유발하는 정보 독점 현상은 지능형 플랫폼 서비스를 제공하는 다국적 기업들이 수많은 정보를 수집, 이용하면서 더 큰 사회적 문제를 유발하고 있다. 소수의 거대 기업이 고객 서비스를 근거로 정보 수집 및 활용을 정당화할 경우, 이는 또 다른 정보 격차의 양상으로 이어질 수 있다.

대표적으로 구글, 페이스북 등과 같은 글로벌 기업의 독점적인 개인정보 수집이 문제가 되어 철회한 사례가 있다. 구글은 스크린와이즈 미터(Screenwise Meter)라는 프로그램으로, 페이스북은 페이스북 리서치(Facebook Research)라는 프로그램을 통해 개인정보를 수집하였으나, 사용자들은 자신의 개인정보가 수집된다는 점을 사전에 충분히 인지하지 못했고, 개인정보 유출 피해 발생 시 어떠한 대응도 할 수 없었다. 이러한 정보 비대칭성을 해결하기 위해서는 정보의 투명한 공개가 필수적이지만, 기업의 영업비밀과 충돌 문제도 있어 그 범위의 적정성은 신중히 판단해야 한다.

왜 스마트 시티즌인가?

정보통신과 미디어 분야에서 정보 활용 능력을 미디어 리터러시라고 한다. 여기서 '리터러시(literacy)'란 문자를 쓰고, 읽는 능력을 의미하는데, 커뮤니케이션 기술의 발달이 가져온 언어 형태의 변화에 따라 개념이 확장되어 왔다. 즉, 문자 매체의 시대에는 문자 언어를 분석하기 위한 능력이, 영상 매체의 시대에는 영상 언어를 분석하기 위한 미디어 리터러시 능력이 요구되었다. 한편, 디지털 시대에는 디지털 언어가 구성하는 메시지를 분석할 수 있는 미디어 리터러시 역량이 모든 사람이 갖추어야 할 중요한 역량(UNESCO, 2014)으로 강조되고 있다.

5G 초연결 환경에서 4차 산업혁명은 새로운 미디어 및 서비스를 탄생시키고, 이러한 새로운 미디어의 출현은 기존의 정보 파악 능력뿐만 아니라 정보의 수집, 활용과 이를 토대로 하는 생산 능력을 요구하게 될 것이다. 이때 발생할 수 있는 문제점은 개인 간 정보를 이해

하고 활용하는 능력(미디어 리터러시)의 차이로 인해 정보 격차가 발생할 수 있으며, 이러한 미디어 리터러시의 개인차는 경제적 불평등으로 이어질 가능성이 높다는 것이다.

정보기술의 보급에 따른 불평등 문제의 해소 및 효과적인 이용자 보호를 위한 정책을 수립하려면 시민 자체에 깊은 관심을 가져야 한다. 오래전부터 학계에서는 5G 초연결 사회와 같은 네트워크 사회의 도래로 정보기술이 시민들에게 정치·사회적으로 어떠한 영향을 미치는지 관심을 가져왔다.

이와 관련해서 정보사회학의 거장 마누엘 카스텔(Manuel Castells)은 네트워크로 연결된 현명한 군중(smart mobs)이 집단행동과 정보기술을 이용한 시민운동으로 사회를 변화시킨다고 하였으며, 『블록체인 혁명』의 저자 돈 탭스콧(Don Tapscott)은 새로운 디지털 네이티브(digital native)들이 전통적 커뮤니티보다 네트워크에서 공동체를 구성하는 패턴을 가진다고 보았다. 또 다른 학자들은 네트워크로 연계된 세대들이 환경, 소비자운동, 젠더, 글로벌 정의 등의 영역에서 활동하고 있다는 것과 시민들이 정보기술로 연결되는 직접 참여 정치의 가능성 등을 제기하였다.[8]

스마트 시티즌은 워싱턴대학교의 정치학 교수인 싱클레어(Sinclair)가 정의한 개념에 가장 잘 부합한다. 그는 미디어 같은 네트워크가 복잡해짐에 따라 전통적인 공동체 사회와 달리 친구, 직장, 이웃 등의 새로운 네트워크 커뮤니티가 형성되고 취미와 이해를 같이 하는 집단

---

8 〈네트워크 사회, 소셜시티즌의 사회적 자본〉, 송경재(2015)

이 새롭게 구성된다고 보았다.

즉, 스마트 시티즌은 오프라인 관계와는 차별적인 집단을 형성하면서 온라인으로 정치적 네트워크를 구성한 시민들을 지칭한다. 이들은 사이버 공간에서의 정보 수집이나 이용 등 시민들의 현실 참여를 이끌어낼 수 있는 다양한 미디어 활용능력을 갖추고 있으며, 오프라인에서 주변 지인들에게 투표 독려와 정보 전달 등 직접적인 참여 활동에도 나서기도 한다.

5G 초연결 시대의 기술 환경에서는, 시민들이 직접 정책에 참여할 수 있고 정보의 활용 주체가 되는 스마트 시티즌의 개념이 정말 중요하다. 왜냐하면 스마트 시대가 진전될수록 이용자 스스로 자체적인 역량을 갖추지 못하면 그 어떤 정부의 정책도 이용자를 효과적으로 보호할 수 없기 때문이다. 이에 따라 계층 간의 사회적 불평등을 유발하는 5G 환경하의 정보 격차, 예상치 못한 이용자 피해를 스스로 예방할 수 있도록 이용자의 역량을 강화하는 노력이 반드시 필요하다. 즉, 시민들이 스스로의 능력으로 5G 환경하의 정보기술의 주인이 되도록 정책적 지원이 뒷받침되어야 한다. 바로 그것이 정보기술의 활용 주체인 스마트 시티즌을 육성하는 것이다.

실제로 전통적 방송통신 산업에서의 이용자의 개념은 일방적 수용자(taker)의 특성이 강했으나, 5G 초연결 혁명 시대의 이용자는 생산자이자 소비자이며, 매개자 역할까지 수행하는 매우 복합적인 주체이다. 다시 말해, 5G 초연결 시대 기술 환경에서의 이용자는 콘텐츠를 소비하는 소비자이면서 생산자가 되는 소위 프로슈머(prosumer)로 전환되고 있다.

특히, 소셜미디어의 확대로 이용자가 직접 생산하거나 또는 재생산한 콘텐츠들이 빠르게 확산되면서, 소비자들은 콘텐츠의 유통까지도 직접 참여할 수 있게 되었다. 소위 '가짜뉴스'라 불리는 인터넷 상의 허위 정보와 유튜브 속의 유해 콘텐츠 문제의 등장도 소비자가 생산자가 되는 변화와 밀접한 연관성을 가지고 있다.

5G 초연결 시대의 기술 환경에서 정보기술의 진화에 따른 어두운 그늘을 따뜻한 양지로 만드는 방법은 시민들을 기술의 노예가 아닌 주인으로 만드는 것이 가장 핵심이다. 그것이 스마트 시티즌을 초연결 시대의 시민으로 보는 이유이다. 미디어 생산과 소비양식이 급속히 변화하는 초연결 환경에서 시민들이 참여와 표현의 수단으로 다양한 미디어를 능동적으로 활용하는 것에서 스마트 시티즌의 가능성을 발견할 수 있다.

따라서 초연결 시대에 정보기술 진화의 어두운 그늘인 정보 격차와 새로운 유형의 이용자 피해를 효과적으로 예방할 수 있는 최적의 대안은 정부의 정책적 지원이다. 정부는 사전 및 사후적 보호조치를 시행하는 동시에 시민 스스로의 역량을 제고하여 스마트 시티즌으로 육성하는 방안을 강구해야 한다. 즉, 정부는 정보 격차, 미디어 리터러시를 해소하기 위한 여러 이용자 보호 정책을 시행하는 것과 더불어 시민들이 자발적으로 스마트 시티즌으로 성장할 수 있도록 역량을 강화하는 데 힘을 기울여야 한다. 깨어있는 시민의 힘이 디지털 사회를 변화시킨다.

스마트 시티즌 육성과 디지털 통합

　스마트 시티즌 육성을 위해서는 디지털 통합을 정책 방향으로 먼저 정립해야 한다. 디지털 통합은 기본적으로 초연결사회에서 시민들이 정보기술의 접근 및 활용에서 배제되는 것을 방지하는 것이 주된 목적인 정책을 의미한다. 이러한 목적에 따라 디지털 통합은 정보 접근권과 더불어 디지털 미디어 리터러시가 반드시 전제되는 것이 핵심이라고 할 수 있다. 즉, 정보에 대해 접근할 수 있는 권리를 보장하고, 그러한 권리를 실질적으로 누릴 수 있도록 시민들의 역량을 제고하는 일이 반드시 보장되어야 한다.

　디지털 미디어 리터러시 개념은 미디어에 대한 이해와 활용 역량을 넘어서, 스마트 혹은 모바일 미디어 환경에 부응하여 소셜미디어를 통해 타인과 공공의 의제를 공유하는 의지와 상호작용(협업), 그리고 사회의 공적 영역에 참여할 수 있는 능력까지도 포함한다. 이러한 관점에서 보면 디지털 미디어 리터러시의 최종 목표는 초연결 사회에 참여하여 바람직한 삶을 살아갈 수 있는 책임 있는 민주시민을 양성하는 것이 되어야 한다. 이를 위한 정책 방안이 획기적으로 마련될 필요가 있다.

　먼저 디지털 미디어 리터러시의 증진과 관련된 정책의 추진을 위해서는 일차적으로 미디어 리터러시의 증진에 필요한 법적 근거를 명확히 하고, 관련 기관의 역할과 업무에 대해서도 구체적으로 명문화해야 할 것이다. 즉, 스마트 시티즌 육성을 위한 디지털 통합 정책이

제도적으로 힘을 갖고 추진되기 위해서는 법적 근거가 있어야 한다. 물론 법 없이도 제한적으로 교육이 이루어지고는 있으나, 법적 근거가 마련되어야 공식화되어 적절한 예산의 배정·집행 및 부처 간 협력이 가능해진다.

스마트 시티즌 육성은 시민 역량을 제고하는 것으로 종합적인 국가 차원의 관점이 필요하므로 전문 역량을 갖춘 주무기관의 지정이 필수적이다. 초연결사회의 미디어 리터러시는 디지털 시민 역량 강화를 위한 주무기관이 마련되고, 그 기관을 중심으로 중앙부처, 지자체, 민간을 아우르는 개방적 거버넌스를 구성하여 협력하는 것이 중요하다. 다시 말해 스마트 시티즌을 육성하기 위해서는 적합한 거버넌스 구조를 만들어 해결하는 것이 출발점이 될 수 있다.

무엇보다 디지털 미디어 리터러시의 주무기관의 부재로 인한 가장 심각한 문제점은 통합적 관점의 교육이 시행되지 못하고 있다는 것이다. 이를 구체적으로 살펴보면, 우리나라에서는 기관별로 목적에 맞추어 각자 미디어 리터러시 교육을 시행한다. 방송통신위원회 산하 시청자미디어재단은 전국의 시청자미디어센터를 거점으로 학교와 연계하고 각계각층을 대상으로 미디어 교육을 진행하고, 한국언론진흥재단은 신문활용교육(NIE)을 뉴스 리터러시 교육으로 전환해 일선 학교와 연계해 자유학기·학년제, 동아리 활동 등 교육을 지원한다. 이 외에도 문화체육관광부, 지방자치단체가 지역 시민미디어센터를 통해 학교, 시민을 대상으로 교육한다. 한국정보화진흥원은 정보화 역기능 해소와 디지털 포용 정책의 일환으로 중장년층과 취약계층을 대상으로 디지털 교육을 한다.

 디지털 통합 정책을 추진하기 위한 법적 근거와 주무기관이 지정되면 이용자 역량 강화를 위한 미디어 리터러시 사업을 종합적으로 검토하여 체계적으로 시행해야 한다. 현재는 통합적 관점이 정리되지 못하다 보니, '미디어 교육'과 '미디어 리터러시'의 개념이 정립되지 못하고 있고, 여러 기관에서 '리터러시'라는 용어를 쓰지만, 교육 대상 매체가 신문, 방송, 인터넷 서비스 등으로 다양하고 '비판적 사고' '체험' '제작' '기술 이해' 등의 개념도 혼재되어 있어 종합적인 정리가 필요하다.

 또한 스마트 시티즌 육성을 위한 정책 지원도 정보 취약계층의 스마트미디어 교육, 피해 예방 교육 콘텐츠 제작 및 보급, 합리적 선택을 위한 정보 제공 강화 등 파편적으로 시행되는 한계가 있다. 스마트 시티즌을 육성하기 위한 국가 차원의 미디어 리터러시의 종합적 비전을 수립해야 한다.

 끝으로 디지털 통합을 위한 미디어 리터러시의 교육 인프라를 획기적으로 확대하는 방안을 강구해야 한다. 방송통신위원회, 문화체육관광부, 지방자치단체 등에 소속된 전국 50여 개 미디어센터는 대부분 대도시에 설치된 반면 도서·산간 지역은 배제되어 있다. 부산시청자미디어센터의 경우, 최근 자유학기·학년제 교육에 19개 학교에서만 교육이 가능한데 신청 학교는 69곳에 달해 수요를 충족하지 못했다. 실제 현장에서도 교육을 받는 시민들은 노후화된 장비와 시설을 문제로 지적하고 있다. 이에 따라 우체국·도서관을 취약계층 5G 정보화 교육의 장으로 활용하고, 시청자미디어센터를 취약지역 중심으로 확대하는 방안도 모색해야 한다.

결과적으로 초연결 시대 정보기술의 그늘인 정보 격차와 이용자 피해를 효과적으로 예방하기 위한 정책은 다양하게 접근할 수 있지만, 그 핵심은 자발적인 시민 역량을 높이는 방향이라야 한다. 즉, 스마트 시티즌을 육성하는 것이 핵심이다. 그래야 지속 가능하다. 그동안 정부 주도로 수많은 정보 격차 해소 방안이 논의되었으나, 매번 실패한 이유도 시민들의 자발적인 역량을 높이는 데 실패하였기 때문이다. 깨어있는 시민이 자발적으로 활동하며 디지털 기술을 따뜻하게 활용한다면 우리 사회는 더욱 건강하고 행복하게 변화할 것이다.

초연결 시대의 국민 기본권, 디지털 복지

우리나라가 세계 최초로 5G를 상용화한 이후에 항상 연결된 네트워크를 통해 교육·여행·쇼핑 등 모든 일상을 손안의 스마트 서비스로 누리는 풍요로운 사회가 될 것이라는 낙관적 전망이 제시되고 있다. 그러나 문제는 초연결사회의 이러한 기회와 혜택이 모든 이용자에게 공평하게 배분되지 않는다는 것이다. 즉, 각종 스마트 미디어와 서비스에 대한 접근과 활용에 있어서 성별, 학력, 소득, 직업, 거주지 등 이른바 사회경제적 계층요인(SES)에 따른 이용자 간의 디지털 정보 격차 현상이 여전히 존재하고 있다.

초연결사회의 도래에도 불구하고, 다양한 스마트 미디어와 서비스의 등장으로 인해 이용자 간 격차와 사회적 불평등이 해소되는 것이 아니라 오히려 심화한다면, 정보기술의 진전은 혁신 성장의 혜택을 받지 못하는 취약계층에게는 또 다른 사회적 장벽으로 작용할 위험성이 있다. 또한 풍요로운 스마트 라이프의 확산을 통한 디지털 복지사회의 실현은 공허한 정책구호에 그칠 가능성이 크다고 하겠다.

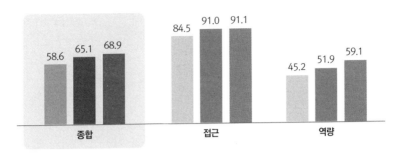

[그림 5-5] 정보 취약계층의 부분별 디지털정보화 수준 추이[9](단위 %)

그러므로 정보기술이 진전될수록 더욱 복잡한 형태로 나타나고 있는 사회경제적 계층 요인 간의 디지털 정보 격차 문제를 해결하는 것은 개인적 차원의 자아실현은 물론, 계층 간 갈등과 불평등 해소를 통한 사회 통합 및 국민들의 삶의 질 제고와 같은 사회복지의 실현 등 정책적 차원에서도 대단히 중요하고 시급한 과제이다.

디지털 복지의 개념과 정책 방안

디지털 정보 격차의 문제를 해결하는 가장 좋은 방안은 스마트 시티즌을 육성하여 시민들의 자발적 역량으로 해결하도록 하는 정책 방안이다. 그러나 디지털사회에서 발생하는 정보 격차의 모든 문제를

---

9 일반 국민의 정보화 수준을 100으로 할 때, 정보 취약계층의 정보화 수준을 의미함. 출처: 2018 디지털 정보격차 실태조사, 한국정보화진흥원(2018.12)

시민들의 자발적 역량만으로 해결한다는 것은 불가능하며 사회적·제도적 접근에서 정책적 지원이 필요한 부분이 반드시 존재한다. 이 영역이 바로 디지털 복지이다. 즉, 디지털 복지란 초연결 시대의 정보격차와 사회적 불평등을 해결하기 위해 디지털 정부에게 요구되는 복지 정책을 포괄하는 개념이라고 할 수 있다.

정보기술의 발달에 따른 디지털 정보 격차가 여전히 복잡하게 나타나고 있고, 그 차이가 계층 간 사회 통합을 어렵게 하고 삶의 질을 높이는 일을 저해하기 때문에 디지털 복지는 매우 중요한 의미를 지닌다. 초연결 시대에 디지털 복지의 중요성이 더욱 강조되는 것은 스마트 기기의 속성이 사회적 필수재로 변하는 현상과 밀접한 연관성이 있다.

현대사회는 정보통신사회를 거쳐 디지털 트랜스포메이션을 통해 4차 산업혁명이 진행되고 있다. 모든 산업이 ICT 인프라를 통해 하나의 네트워크로 융합되고 있고, 스마트폰 등 디지털 기기가 필수적인 재화로 인식되고 있다. 디지털 기기가 없으면 회사 업무도 개인 생활도 영위하기 힘든 시대다. 언제 어디서나 인터넷에 접속할 수 있는 환경이 구축되어야만 사람들은 다양한 정보와 문화적 혜택을 받을 수 있다.

4차 산업혁명 시대의 핵심 기반인 통신망은 사람과 사물의 데이터가 교환(소통)되는 사회 전반의 신경망과 같은 역할을 수행할 것으로 보이며, 초연결사회로의 전환이 가속화될수록 디지털 복지의 개념이 더욱 중요해질 것으로 보인다.

이에 각국에서는 '최소한의 국민 기본권'으로 디지털 서비스를 누릴 수 있도록 디지털 복지 정책을 도입하여 시행하고 있으며, 여기에는 기본적인 인터넷 인프라 구축을 비롯하여 최첨단 기술 교육까지를 망라하고 있다. 미국 정부는 계층 간 디지털 격차를 해소하기 위해 저소득층에 인터넷 서비스 보조금을 지원한다.

미국 연방통신위원회(FCC)는 최근 저소득층도 광대역 인터넷 서비스를 이용할 수 있도록 보조금을 지원하는 방안을 마련했다. 보조금액은 가구당 월 9.25달러로 저소득층 디지털 불평등을 해소하기 위한 것이다. 정부는 저소득층에 통신비를 지원하는 '라이프라인(Lifeline)' 프로그램에 광대역 인터넷 서비스를 포함했다. 라이프라인 프로그램은 1985년 유선전화 이용료를 지원하기 위해 도입된 프로그램이다. 2008년에는 휴대폰 서비스가 보조금 대상에 포함됐다.

EU(유럽연합)에서는 지리적으로 남부·중부·동부 유럽은 북서유럽보다 디지털 접근권이 제한되어 있고 교육 수준, 문화, 시장 조건, 비즈니스, 일자리 창출, 그리고 도서 지역 개발 등에서 정보 격차가 나타나서 단일한 유럽 시장의 형성을 어렵게 한다. 이 문제를 해결하기 위해 EU는 공동으로 5G 네트워크, 사물인터넷, 클라우드 컴퓨팅 등의 잠재적 혜택을 모든 유럽 시민이 골고루 누릴 수 있도록 디지털 단일시장(Digital Single Market) 정책을 통해 디지털 복지를 구현하고자 시도하고 있다.

이미 살펴본 바와 같이, 디지털 복지를 실현하기 위해서는 정보 취약계층의 정보 격차가 무엇인지 명확히 파악해야 하는데, 정보기술 발달과 확산으로 나타나는 수용자 간의 정보 격차는 '정보 접근'과 '정보 이용'으로 구분할 수 있으며, 이 차이에 의해 경제적·사회적 불평등이 초래될 우려가 있다. 여기서 정보 접근은 새로운 정보기술에 접근할 수 있는 사회·경제적 여건을 말하며, 정보 이용은 정보기술을 통해 원하는 정보를 획득하고 처리해서 새로운 부가가치를 창출할 수 있는 환경 및 능력을 의미한다.

결과적으로 초연결 시대의 디지털 복지 개념은 단순히 새로운 정보기술에 접근할 수 있는 정보 접근의 제공(보편적 통신 기본권)뿐만 아니라, 정보기술을 통해 원하는 정보를 획득한 후 객관적으로 분석하고 공정성과 정확성을 변별할 수 있도록 하는 교육까지를 포괄하는 적극적인 개념으로 이해되고 정책 방안이 수립되어야 한다.

디지털 복지 정책의 실질적 확대, 정보 접근과 이용의 균형

5G 초연결 시대의 정보 격차 문제는 기존의 사회 불평등 구조를 심화해서 사회 통합의 저해는 물론, 민주주의 발전에도 부정적 영향을 미치는 장애물로 작용할 가능성이 농후하다. 이에 따라 국내에서도 이를 해결하기 위한 사회·정책적 차원의 적극적 대응이 요구되고 있다. 디지털 복지 정책은 정보 격차의 발생 유형에 따라 정보 접근과 정보 이용으로 구분하여 접근하는 방안과 더불어, 사회의 필수적 재화를 기본권 차원에서 제공하기 위한 사회복지의 관점까지도 적극적

5G 초연결사회, 완전히 새로운 미래가 온다

으로 반영하여야 한다.

이러한 맥락에서 디지털 복지 정책은 정보의 접근과 이용을 동시에 고려하되 정보에 대한 접근 및 이용 자체가 사회복지라는 확장된 개념에 기초하여 정책 비전을 수립해야 한다. 정부는 정보 격차 해소 정책을 미디어에 대한 접근과 이용 및 질적 활용이라는 측면에서 소위 '정보 부자'와 '정보 빈자' 간의 격차를 해결하는 수준을 뛰어넘어 초연결 시대의 디지털 복지나 디지털 사회 통합을 선제적으로 추구할 필요가 있다.

정부는 초연결 시대의 정보 격차 문제를 단순한 기술·경제적 격차로 국한해서 보기보다는 사회·문화적 격차로 인식할 필요가 있다. 이러한 인식 전환이야말로 디지털 정보 복지의 확대를 통해 시민 개개인의 삶의 질을 향상하고, 사회적 참여와 통합을 제고하는 정책의 출발점이 될 것이다.

앞선 미국과 EU 사례를 보면 디지털 복지 정책은 정보 격차 해소라는 사후적 대응보다는 디지털 정보 복지, 디지털 통합과 같은 사전적이고 예방적인 정책 대응으로 발전해가고 있다. 여기서 디지털 정보 복지 정책의 본질은 ICT 이용 및 활용의 격차에서 비롯되는 사회적 불평등에 대한 보완이라기보다는 평등을 지향하는 기제의 사회적 적용을 선제적으로 모색하는 것이다.

디지털 복지 정책의 범위에서 정보 접근은 초연결 시대 이용자들이 미디어에 접근할 보편적 접근(Universal Access)을 권리로 인정하는 것이다. 즉, ICT 인프라가 필수적인 재화로 인식되는 상황에서 모든 국민들에게 이에 접근할 수 있는 권리를 사회적으로 인정하고 보장하는 방안이다. 이러한 정보 접근의 정책으로는 보편적 통신 서비스를 제공하는 보편적 서비스 지정, 노년층에 대한 이동통신 요금 감면 제도, 정보통신 보조기기의 개발 및 보급, 정보 소외계층에 대한 PC 보급 사업 등 다양한 제도들이 포함될 수 있다.

여기서 알 수 있듯이 초연결 시대에 정보 접근을 위해 가장 주목해야 할 정책은 보편적 서비스(Universal Service)이다. 보편적 서비스란 인간다운 삶을 영위하기 위해 필요한 최소한의 통신 이용권을 의미하며, 정책적인 비용 보전을 통해 국민들에게 적정한 통신 서비스에 대해 국가가 이용 권리를 보장하는 제도이다. 보편적 서비스는 사실상 시장 메커니즘 내에서 시행되는 디지털 복지 정책의 핵심으로 막대한 비용이 소요되는 정책이다.

보편적 서비스는 국가별로 입법 취지 및 제공 범위에 따라 상이하게 운영되나, 주요 국가에서는 초연결 시대의 정보 접근의 관점에서 보편적 서비스의 제공 범위를 인터넷을 포함하는 방향으로 적극적으로 확장하고 있다.

해외의 주요 국가에서 정보 접근을 초고속 인터넷까지 강화하면서 우리나라도 보편적 서비스 제공 범위를 초고속 인터넷으로 확장할 것을 정책적으로 결정하였다. 초연결 시대에 부합하도록 디지털 복지를 확장한 것이다. 그 내용을 살펴보면, 2020년 1월 1일부터 전국 어디서나 이용자가 원하면 초고속 인터넷을 제공받을 수 있게 되며, 농어촌과 산간 지역 등 고비용을 이유로 사업자가 초고속 인터넷 제공을 거부하는 것이 전면 금지된다.

초고속 인터넷 보편적 역무 지정은 초고속 인터넷이 일상생활에 없어서는 안 될 필수재가 되었다는 것을 의미한다. 경제성이 낮아 통신사업자가 인프라 구축을 꺼리는 도서 지방과 산간 등 오지에 거주하는 국민들도 동일하게 정보 접근을 보장받으므로 초고속 인터넷의 보편화로 인해 소외 지역의 정보 격차 해소와 국민 편익 증진이 가능할 것이다.

사실 보편적 서비스는 모든 이용자가 언제 어디서나 적절한 요금으로 제공받을 수 있는 기본 역무로, 일종의 '기본권'이다. 이에 따라 5G 초연결 시대에 급속히 변화하는 기술 환경에 부합하도록 실질적인 정보 접근이 가능한 보편적 서비스 제도를 운영해야 한다. 향후에는 보편적 서비스의 제공 범위에서 초고속 인터넷의 전송 속도가 정보 접근을 실질적으로 보장하는지 검토하여 속도를 더 높이는 방안이나 필요하다면 이동전화에 대해서도 보편적 서비스를 확대하는 방안도 정책적으로 고민해야 한다.

디지털 복지 정책의 범위에서 정보 이용 측면의 계층 간 격차는 시민 자신의 역량을 통해 해결하도록 스마트 시티즌을 육성하는 방안이 가장 적합하다. 즉, 초연결사회로 불리는 지능정보사회에 참여하여 바람직한 삶을 살아갈 수 있는 책임 있는 민주시민을 양성하는 정책 방향이 필요하다는 것이다. 이처럼 스마트 시티즌을 육성하기 위한 정책 방향을 디지털 통합이라고 한다. 디지털 통합이란 기본적으로 초연결사회에서 시민들이 정보기술의 접근 및 활용에서 배제되는 것을 방지하는 것을 의미한다.

앞에서 살펴본 바와 같이, 스마트 시티즌을 육성하기 위해서는 미디어 리터러시의 증진에 필요한 법적 근거 마련, 전문역량을 갖춘 주무기관의 지정, 국가 전반의 종합적 비전 및 계획 수립, 획기적인 인프라 확대와 같은 디지털 통합의 관점이 적극적으로 요구된다.

주목할 것은 이러한 디지털 통합의 정책 방향에서 잘못된 정보 취득으로 인한 갈등 관리와 사회 통합을 위해 정보 취약계층에 대한 정보 이용 능력을 향상할 수 있는 교육이 매우 중요하다는 사실이다. 특히 근래에는 편향적 정보 이용으로 인해 갈등의 심화를 우려하는 목소리가 높아지고 있다.

온라인 공간이 인종주의, 증오, 스팸 등 유해 정보로 인해 불신과 갈등의 온상으로 지목되고 있으며, 미국, 유럽, 한국 등의 대선에서 인터넷과 소셜미디어가 허위 정보의 통로이고, 개인정보, 포스팅, 검색 등이 선거 캠페인에 악용되며 민주주의를 위협하였다는 주장도 나타나고 있다. 데이터 유통과 알고리즘 설계에 정치적·상업적 의도나 조작이 개입할 수 있다는 우려가 제기되고 있다.

최근 한국언론진흥재단은 실제 기사에서 발췌한 진짜 뉴스 문장 2개와 인터넷 루머에서 발췌한 가짜 뉴스 문장 4개를 섞은 6개의 문항을 20~50대 성인 남녀 응답자 1,084명을 대상으로 조사한 결과, 진위를 맞춘 응답자가 1.8%(19명)에 불과하며, 76.2%는 가짜 뉴스를 들어본 적이 있다고 응답하였다. 이 수치는 우리나라 성인 100명 중 76명이 가짜 뉴스에 노출되었으며, 그중 2명만이 진위를 파악할 수 있다는 것이다. 허위 정보가 미디어를 통해 광범위하게 전파되면서 사회적 갈등을 초래하거나 언론 불신을 조장하는 등 각종 문제가 발생하고 있다.

이처럼 편향적 정보 이용이나 허위 정보의 유통 등과 같은 사례가 5G 초연결사회의 새로운 문제점으로 나타남에 따라 이를 방지하고 급변하는 미디어 환경에서도 안전하고 윤리적이며 생산적인 정보이용을 할 수 있는 방향으로 디지털 복지 정책을 마련해야 한다. 즉, 편향된 정보 확산으로 인한 세대 간 갈등, 공론장의 왜곡 등과 같은 문제를 해결하기 위한 효과적인 정책이 수립되어야 할 것이다. 이와 관련하여 미국에서는 가짜 뉴스가 사회적 문제로 대두되자 미디어 교육을 정규 교육에 편성하기 위해 준비 중이다.

미국 워싱턴주에서는 미디어 리터러시, 디지털 시민의식, 인터넷 안전 교육 강화 법안을 통과시켰으며, 캘리포니아주 역시 인터넷 뉴스를 읽고 평가하는 리터러시 교육을 도입한 데 이어 미디어 리터러시 교육을 정규 교육 과정에 포함하는 법안 제정이 추진되고 있다.[10]

마지막으로 디지털 복지 관련 정책의 효율적 재구조화가 추진되어야 한다. 과거와 같이 디지털 복지를 단순히 정보 접근, 정보 이용의 어려움을 해결하는 관점이 아니라 사회복지적 관점에서 필요한 부분을 포괄하는 방안을 고려해야 한다.

초연결 시대는 기존과 다른 새로운 디바이스와 서비스가 확산하면서 정보 격차의 양상과 그것의 영향이 이전과는 다르게 전개되고 있

---

10 오세욱·정세훈·박아란, '2017 가짜뉴스 현황과 문제점', 한국언론진흥재단(2017).

고, 단기간에 걸친 스마트 디바이스 이용의 급속한 증가 및 압축적 성장 과정에서 전통적인 접근 격차뿐만 아니라, 질적 활용, 의식의 격차까지 동시에 표출되는 문제점이 나타나고 있다. 이러한 상황에서 정보 접근, 정보 이용과 같이 전통적인 관점에서 물리적 접근 및 이용 격차 해소에 초점을 맞춘 정책으로는 시민들의 디지털 복지 수요를 제대로 충족하기가 어려울 것이다.

이에 따라 디지털 복지 정책의 범주를 ICT에 대한 접근이나 이용률 제고에 한정하지 말고, 경제·사회·문화 등 다른 부문의 정책과 연계하여 시민들의 통신 기본권을 보장하는 실질적인 디지털 통합이라는 거시적 관점에서 정책을 추진해야 한다.[11]

서울시의 성인 문해 교육 활성화 계획 중 '디지털 생활문해 교육', '디지털 문해학습장 신설' 등이 유사한 사례라고 볼 수 있다. 디지털 생활문해 교육은 디지털 소외계층이 스마트 기기와 무인 기기 활용법을 습득할 수 있는 콘텐츠를 개발·보급하는 사업이며, 디지털 문해학습장 신설은 디지털 문해교육 실습을 위해 2022년까지 자치구별로 26개소의 교육장을 확보한다는 계획이다. 이러한 디지털 복지 사업은 전북 군산, 부산 남구·사하구·동구 등 다양한 지자체로도 확산하고 있다.

이 외에도 지역 통합 콘텐츠를 지자체 중심으로 개발 및 보급하고 중앙정부가 지원하는 프로그램이나 주민 복지 서비스 기관과 연계하

---

11 이윤희 외, '디지털시대의 사회통합을 위한 전략 및 시사점', 〈IT & Society〉 20권, 한국정보화진흥원, 2010.

여 디지털 복지 제공을 유도하는 생산적 복지 실현, 기초연금 수급자 (65세 이상)에 대한 통신요금 감면 확대, 정보 접근을 확대하기 위해 종합사회복지관·어르신·장애인복지관·청소년 쉼터를 비롯해 마을 공동체와 지역 커뮤니티 공간에 공공 와이파이 설치 등의 방안, 출산 과 실직 등을 경험하면 정부가 소득, 재산 등 데이터를 바탕으로 수급 가능한 서비스를 찾아주는 '복지 멤버십' 등도 정보 이용과 직접적으 로 연계되지는 않더라도 디지털 복지의 관점에서는 매우 긴요한 사업 이라고 할 수 있다.[12]

---

12 보건복지부, 차세대 사회보장정보시스템 보도자료
  http://www.mohw.go.kr/react/al/sal0301vw.jsp?PAR_MENU_ID=04&MENU_
  ID=0403&CONT_SEQ=349027

데이터 경제 활성화를 위한 제언   05

    5G 사물인터넷 환경에서 스마트폰과 같은 개인 미디어가 급속히 보급되고 사물과 기기가 연결되어 다양한 서비스가 제공되면서 대량의 데이터가 산업과 경제 활성화를 견인하는 원동력으로 작용할 전망이다. 실제 인터넷망에 많은 사람과 사물이 초연결되고, 인공지능의 발전과 함께 컴퓨팅 성능이 향상하면서 데이터가 기하급수적으로 증가하는 추세이다.

    전 세계적으로 생성되는 데이터의 양은 2016년 16ZB에서[13]에서 2025년 163ZB로 10배 이상 증가할 것으로 예측된다. 데이터뿐만 아니라 데이터 기술·서비스 관련 시장의 규모도 지속적으로 성장하여 2011년~2018년 빅데이터 기술·서비스와 관련된 글로벌 시장 규모는 연평균 성장률 28%를 기록하며, 약 420억 달러(46.2조 원) 규모에 도달할 것으로 예상했다.[14]

---

13 1ZB는 1조 1천 억 GB로 고화질 영화(2GB) 약 5천억 편에 해당하는 데이터 양이다.

14 Statista(2018), Forecast of Big Data market size, based on revenue.

인터넷 연결 기기   데이터 양   컴퓨팅 성능   인공지능 기술

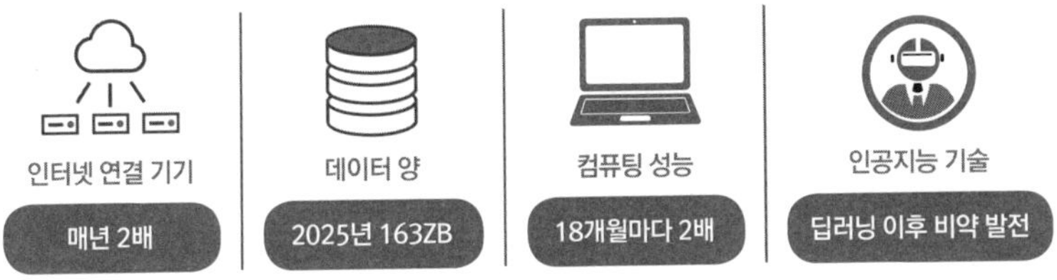

매년 2배   2025년 163ZB   18개월마다 2배   딥러닝 이후 비약 발전

[그림 5-6] 세계 데이터 양의 변화 추이

이처럼 초연결사회에서 데이터가 혁신적 서비스에 투입자본으로 활용되면서 데이터는 석유나 금융에 비견되는 21세기 경제의 필수 자본으로 인식되고 있다. 이코노미스트(2017.5)에서는 '세계에서 가장 영향력 있는 자원은 데이터'라고 말하고 있고, 신자본인 데이터 생산·활용 방법을 잘 적용해야 지속적 가치 창출이 가능할 것으로 예상하고 있다.

특히 다른 자원들과 달리 데이터는 고갈되지 않는 자원으로, 물적 자원 없이도 창의성과 아이디어로 고부가가치와 일자리를 창출하는 신자본의 특징을 지니고 있어 더욱 중요시되고 있다. ICT 기업인 아마존과 신시내티 동물원, 정유회사 코노코필리스의 사례는 데이터가 산업자본이 될 수 있음을 잘 보여주고 있다.

◈ **미국 아마존**
- 아마존은 재고관리 정보 공유(Amazon Web Services, AWS) 클라우딩 서비스를 통해 이미 2016년에 아마존 창고에서 자체 재고는 절반에도 미치지 못하는 수준. 이를 활용하는 독립 상인의 수익은 2016년에 230억 달러에 이르렀고 이는 2014년 대비 두 배(판매자는 아마존의 마켓플레이스 등 솔루션을 공유하고, 아마존은 핵심 역량인 물류와 재고관리에 투자를 늘릴 수 있는 명분과 여력을 확보하여 지속적인 경쟁우위).
- 이를 토대로 아마존은 2012년부터 디지털 광고를 시작하여 매우 빠른 속도로 성장하고 있으며, 시장조사기관인 eMarketer에 따르면 2021년 아마존은 클라우딩보다 광고에서 더 많은 수익을 올릴 것이라고 예상.

◈ **미국의 신시내티 동물원**
- 미국의 신시내티 동물원(Cincinnati Zoo)은 6개월간 동물원을 방문한 고객들의 행동 데이터를 분석.
- 신시내티 동물원은 아이스크림이 해 질 무렵에 가장 많이 판매된다는 것을 알아내고 운영시간을 2시간 연장하는 등 축적되어 있던 거래 데이터에 기반하여 상품별 마케팅 전략을 새로 수립(식음료와 유통 상품 판매도 35% 이상 증가하는 효과).

◈ **미국 정유회사 코노코필립스**
- 미국 정유회사 코노코필립스(ConocoPhillips)는 시추선 고장이 날 때마다 장애 부품을 파악하고 대체품으로 교체해 수리하기까지 많은 시간과 비용을 낭비.
- 코노코필립스는 방대한 부품 데이터를 분석하여 시추선 고장이 발생하기 전에 나타나는 일관된 패턴을 발견한 후, 시추선 가동 중단 발생률을 80% 줄여 매년 7억 달러를 절감.

[표 5-3] 데이터의 산업자본화 사례
(출처: 〈빅데이터의 현실, 기대와 큰 격차〉, LG경제연구원(2015.3))

데이터 경제의 개념과 경쟁력 패러다임 변화

    데이터가 산업의 발전과 가치 창출의 촉매 역할을 하게 되는 데이터 경제 시대가 도래하고 있다. 데이터 경제(Data Economy)란 데이터를 수집·생성·축적하는 단계에서 데이터를 공유·유통하며, 상호교환 또는 활용하여 경제적 효과를 창출하는 것을 말한다.[15] 〈월스트리

---

15 'The Rise of the Data Economy', IBM(2016.2),

트저널)에서는 데이터가 자동차나 플라스틱 같은 중요 존재로 부각되고 있으며(2017), 향후 사회는 데이터 센터를 통해 온갖 종류의 서비스에 연결되어 데이터 경제를 창출할 것으로 전망하고 있다.

그러나 데이터 경제의 개념은 데이터 기술과 서비스 발전에 따라 학술적으로 그 정의와 범위에 관한 논의가 계속되고 있는 상황이다. 몇 가지 사례를 살펴보면, 2011년 데이비드 뉴먼(David Newman)이 쓴 가트너(Gartner) 보고서에서 '데이터 경제'개념이 등장하였으며, 이후 유럽 집행위원회(EC)의 디지털 싱글 마켓(Digital Single Market) 전략 내용에 데이터 경제 용어가 들어가면서 집중 조명되기 시작했다. 현재는 데이터 경제, 데이터 주도 경제(Data-Driven Economy) 등으로 다양한 용어가 혼용되고 있으며, 의미나 개념의 해석도 조금씩 차이가 있다.

- (가트너, 2011) 응용 프로그램, SW, HW의 경제가 아닌 빅데이터, 오픈 데이터, 연결 데이터 등 데이터로 파생되는 경제가 경쟁 우위를 이끌어가는 시대
- (EC, 2014) 데이터를 다루는 구성원이 만들어내고 있는 생태계를 말하며, 데이터의 생성·수집·저장·처리·분배·전달 등을 모두 포괄하는 개념
- (MIT, 2016) 데이터 자본은 재화·서비스를 생산하는데 필요한 저장된 정보로, 기존의 물리적 자산처럼 장기적인 경제적 가치를 보유
- (IBM, 2016) 데이터를 내·외부적으로 가치를 창출하는 데 사용하는 것을 의미하며, 이러한 현상은 이용 가능한 데이터와 데이터 기반의 의사결정이 증가하면서 기업들 사이에서 더 많은 데이터가 교환됨으로써 발생
- (Digital Reality, 2018) 조직이나 비즈니스의 방대한 데이터를 저장·검색·분석해서 생성되는 금융이나 경제적 가치

[표 5-4] 다양하게 논의되는 데이터 경제 개념.
(출처: '데이터 경제의 부상과 사회경제적 영향', 한국정보화진흥원(2018.11.19.))

데이터 경제로 성장 패러다임이 전환되기 시작하며 데이터 기업이 기존 산업 구조를 변화시키고 산업 생태계의 대변혁을 촉발하여 글로벌 시장을 주도하고 있다. 데이터 기업이란 시장에 데이터를 공급하고 생산, 유통 및 활용을 담당하는 기업으로 정의된다. 즉 데이터 관련 제품과 서비스, 기술을 공급하는 기업을 말하며, 데이터 시장이 성장함에 따라 데이터 기업 수도 지역에 따라 점진적 또는 폭발적으로 증가하고 있다.

미국, EU, 일본, 브라질의 데이터 기업 수[16]는 데이터 종사자 수와 마찬가지로 2014년부터 꾸준히 증가하고 있다. 미국의 데이터 기업 수는 2014년 27만 7,821개에서 2017년에는 30만 개 이상으로 늘어났다. EU의 데이터 기업 수는 2014년 약 24만 3,000개였으나 이후 꾸준히 증가해 2017년에는 약 27만 6,450개를 돌파했다.[17]

데이터 기업의 경제적 성과도 주목할 만하다. 데이터가 제품과 서비스 경쟁력을 좌우하는 핵심 요소로 부상하면서 기존 산업 구조를 변화시키는 것은 물론 산업 생태계를 전면적으로 개편하면서, 데이터 기업이 기존 시장의 초대형 기업을 넘어서 세계 최고의 기업으로 성장하는 사례가 나타나고 있다. 온라인 상점인 아마존, 호텔 없는 플랫폼 에어비앤비, 자동차 없는 자동차 회사 우버 등이 대표적인 사례다. 최근 유럽브랜드연구소(EBI)가 선정한 2018년 세계 100대 브랜드에

---

16 'How the Power of Data will Drive EU Economy', 〈The European Data Market Monitoring Tool Report〉, IDC(2018.4.20.).

17 『2018 데이터산업 백서』, 한국데이터진흥원.

서 고객 데이터 수집 및 분석에 집중하고 있는 구글, 아마존, 페이스북 등을 비롯한 미국 IT 기업들이 글로벌 '톱 5'를 석권한 것으로 나타났다.

데이터가 핵심적인 경쟁우위 요소로 작용하는 데이터 경제로의 전환이 중요해지고 있지만, 국내 데이터 경제는 아직 시장 초기인 것으로 나타나고 있다. 한국데이터산업진흥원의 데이터 산업 현황 조사에 의하면, 2018년 데이터 산업 전체 시장 규모는 15조 1,545억 원이며, 전년 대비 5.6% 성장한 것으로 조사되었고, 데이터 산업에 종사하는 인력은 약 32만 명으로 전년 대비 7.2% 증가하였다. 또한 국내 데이터 산업도 지속적으로 성장하고는 있으나, 데이터 구축 용역 매출, 광고 매출 등을 제외한 데이터 서비스 매출은 6조 5,642억 원으로, 세계 데이터 시장 규모 999억 달러에 비교하면 0.55% 수준에 불과하다.[18]

국내 데이터 경제 활성화를 저해하는 요인 중에서 가장 쟁점이 되는 것은 산업 활성화와 개인정보 보호의 가치 충돌에 관한 문제이다. 그동안 국내에서도 공유 경제 플랫폼을 비롯하여 데이터 기반의 혁신 성장을 위해 개인정보 보호를 완화하고자 하는 법·제도적 시도가 있었으나 아직까지 사회적 합의를 이루지 못하고 공전하는 상황이다. 특히 국내 데이터 활용의 활성화를 위하여 일명 데이터 경제3법이라고 불리는 '개인정보 보호법', '정보통신망 이용촉진 및 정보보호 등에 관한 법률', '신용정보 보호법'의 개정안이 2018년 11월 발의되었으나, 국회 통과 여부는 여전히 불확실한 상황이다.

---

18 『2018년 데이터 산업백서』, 한국정보화진흥원(2018).

법안	개정안 대표 발의	주요 내용
개인정보 보호법	인재근 의원·행안위	• 가명 정보 데이터를 제품·서비스 개발에 활용 • 개인정보 관리감독 기능 '개인정보 보호위원회'로 일원화
정보통신망법	노웅래 의원·과방위	• 온라인상 개인정보 보호 규제·감독 권한 • 개인정보보호위원회로 변경
신용정보 보호법	김병욱 의원·정무위	• 가명 정보 금융 분야 빅데이터 분석·이용 • 통계 작성, 연구 등 위해 가명 정보 주체 동의 없이 이용·제공 허용

[표 5-5] 데이터 규제 완화 3법의 주요 내용[19]

데이터 활성화 정책, 국가전략적 관점에서 추진해야

데이터가 국가와 기업 혁신의 키워드가 되면서 데이터 경제를 활성화하기 위한 전 세계 기업과 국가의 관심이 고조되고 있다. 무엇보다 미국, 중국, EU, 일본 등 주요국은 데이터 경제로 전환하기 위한 전략 수립과 함께 21세기의 데이터 패권 경쟁에 돌입한 상황이다. 세계 주요국은 데이터 경제 선도를 위해 범부처 차원에서 주요 데이터의 확보, 산업 전반에 데이터 활용 확대, 데이터 분석 인재 양성 등과 함께 안전한 데이터 활용 제도 정비 등을 포함한 종합적인 대책을 마련하고 있다.

구체적으로 미국은 투명한 데이터 거래를 위해 데이터법(Data Act)을 제정하고 범부처 차원에서 빅데이터 기술 개발과 의사결정 도구

---

19 "데이터3법 향방에 달린 금융혁신", 〈뉴스웨이〉, 2019.9.18.

R&D 지원, 빅데이터 인프라 강화, 개인정보 보호와 윤리적 접근 추구, 빅데이터 인력 확충과 협력 생태계 구축 등의 과제에 적극적으로 대응하고 있다. EU에서도 2017년도에 데이터 경제 육성 전략을 발표하여 유럽 내 통합 디지털 플랫폼(Digital European)을 기반으로 데이터 접근 및 활용을 강화하여 다른 국가에 비해 경쟁력을 지니는 새로운 데이터 비즈니스를 창출하고자 시도하고 있다.

중국은 10개 이상 글로벌 빅데이터 선도 기업, 500개 응용 서비스 기업 육성이라는 구체적인 목표를 정하고 데이터 개방 확대, 플랫폼·오픈소스 기술 지원, 전문 인재의 공급, 데이터 거래소 조성 등을 통해 선순환적인 데이터 생태계를 구축 중이다. 일본 역시 새로운 사회 인프라로 데이터 기반 플랫폼을 구축하고 데이터 활용을 향한 제도 정비, 교육·인재 역량 강화, 혁신벤처 출현의 선순환 시스템을 마련하기 위한 '미래투자전략-Society 5.0' 실현을 위해 개혁을 추진하고 있다.

1) 주요 국가의 개인정보 보호 제도

주요 국가에서 데이터 경제 활성화를 위한 정책 추진과 더불어 가장 중점을 두는 핵심 어젠다는 합법적으로 데이터 유통을 허용할 수 있는 방안이다. 먼저 미국의 경우에는 온라인 부문 등을 포함한 포괄적인 개인정보 보호법은 없으며, 개별 영역에서 다수의 법률을 통해 사생활 보호를 규제하고 있다. 즉, 미국은 기본적으로 산업에서의 자율규제를 원칙으로 하고 있으며, 개인정보 보호 사항을 포괄적인 개인정보 보호기본법을 제정하여 규제하는 방식을 취하지 않고 있다. 그러므로 미국은 개인정보 보호 침해의 사례가 발생할 경우, 보통법 상의 불법 행위로 간주하여 규제를 하며, 특정적인 사회적 이슈를 일 으키거나 심각한 개인정보 침해를 야기할 수 있는 문제에 대해 개별 법을 제정하여 이를 규율하는 구조를 지니고 있다.[20]

미국과 달리 EU는 개인정보 보호와 관련하여 통일적인 기준을 제 정하고 엄격한 개인정보 보호 정책을 가지고 있다. 특히 EU는 2018 년 5월 25일부터 시행된 일반정보보호규정(General Data Protection Regulation, GDPR)을 통해 역내 자유로운 데이터 흐름을 보장하되, 최 적화된 규제 설계로 개인정보 보호의 실효성 또한 높였다. 새로운 개 인정보 보호 지침은 클라우드 컴퓨팅, SNS 등의 대두에 따라 온라인 상에서 개인정보 보호를 더욱 강화하고 디지털 경제를 촉진하기 위한 것으로, 통계 처리, 과학 연구, 역사 기술 등의 목적을 위한 개인정보 처리에 대하여 폭넓은 예외를 인정하여 빅데이터의 활용과 사생활 보 호를 비교적 균형 있게 조화시키기 위한 것으로 평가되었다.

이러한 EU의 개인정보 보호 지침이 전 세계적인 주목을 받고 있는 건 적용 대상 때문인데, EU 회원국은 물론 EU에 역내 사업장을 두거 나 온라인 서비스로 재화나 서비스를 제공하는 모든 해외 기업들이 해당된다.

일본의 개인정보 보호는 유럽보다는 미국과 유사한 접근을 보이는 것으로 평가된다. 일본은 개인정보 보호법 개정(2017년 시행)을 통해

---

20 「마국의 개인정보 보호 규제 동향」, 임창균(2013).

데이터 활용을 촉진하고자 하였는데, 이 법에서는 개인정보의 활용은 목적 외 처리 규정이 아니라 '익명가공정보' 규정에 의하여 허용되고 있다. 즉, 개인정보에 해당하지 않도록 데이터를 가공하여 '익명화'함으로써 정보 주체의 프라이버시를 보호하면서 활용할 수 있도록 규정한 것이다. 일본에서는 가공된 정보를 '익명가공정보'로 정의하여, 정보 주체의 동의 없이도 해당 정보를 이용하고 제공할 수 있도록 제도를 새롭게 개선하였다.[21]

2) 데이터 경제 활성화를 위한 종합 계획

현재 5G 초연결 시대의 경쟁 패러다임이 데이터 경제 중심으로 전환되는 과정에 있으므로 이에 대한 대응 방식에 따라 4차 산업혁명의 성공 여부가 걸려 있다. 성공적인 데이터 경제 생태계를 위해서 가장 시급한 것은 데이터 경제 활성화를 위한 범정부 차원의 전략을 수립하고 체계적으로 준비하는 것이다. 4차 산업혁명의 성공은 양질의 데이터 시장 형성, 고도의 인공지능 기술 확보 및 데이터와 인공지능 간 유기적인 융합에 달려 있다. 앞에서 서술한 바와 같이, 주요 국가에서는 데이터와 AI가 가져올 변화에 주목하고 이를 선도하기 위해 국가적 차원의 대책을 마련 및 추진 중이다. 즉, 미래의 산업 경쟁은 대규모 데이터 확보와 활용 중심의 지능정보화가 핵심이라고 할 수 있다.

이러한 배경하에 2019년 1월에 데이터 경제를 활성화하기 위한 종합적 정책 방안으로 정부는 제1차 혁신성장전략회의에서 '데이

---

21 「EU 개인정보 보호법제 분석 및 개인정보 보호법제 개선 입법수요 연구」, 박노형(2016).

터·AI 경제 활성화 계획'을 발표했다. 즉, 국가 혁신 성장의 미래가 데이터를 활용하는 데이터 경제에 있음을 강조하고, 국가 차원에서 '데이터 경제'를 대비하기 위한 정책이 수립·실행된 것이라고 볼 수 있다. 구체적 내용을 살펴보면, 데이터 가치사슬의 전주기 활성화, 세계적 수준의 AI 혁신 생태계 조성, 데이터·AI 융합촉진 등 3개 전략을

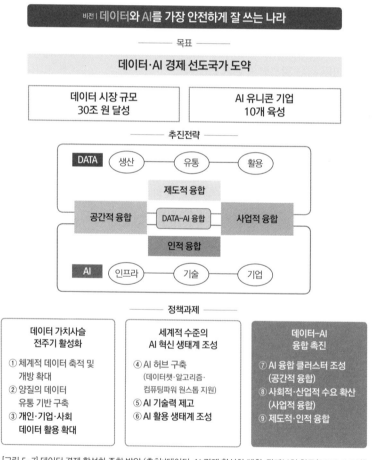

[그림 5-7] 데이터 경제 활성화 종합 방안 (출처: '데이터·AI 경제 활성화 계획, 관계부처 합동(2019.1.16.))

5G 초연결사회, 완전히 새로운 미래가 온다

마련하였으며, 데이터 경제와 관련해서는 세부적으로 양질의 데이터 축적 및 개방 확대, 연구 데이터 공유·활용 체계의 구축, 공공 데이터 개방 및 효율적 관리, 양질의 데이터 구매·활용 지원, 정보 주체 중심의 데이터 활용 사업(마이데이터) 확대, 중소기업 활용 지원 등을 종합적으로 계획하였다.

데이터 경제 활성화를 위한 종합 계획은 산업계, 학계의 수요에 상당히 부합하고 있다고 판단된다. 한국데이터진흥원에서 2018년에 발간한 『데이터 산업 백서』에 의하면, 데이터 경제 활성화를 위해서 필요하다고 응답한 정책들 대부분이 종합 전략에 포함되어 있다. 즉, 산업계, 학계에 필요한 데이터 비즈니스 모델의 확산, 마이데이터 제도 도입, 데이터 거래소 수요 증가, 공공 부문 데이터 전면 개방 등이 정부 정책에 반영되어 있다.

이처럼 데이터 경제 활성화를 위한 종합 계획의 수립은 이제 데이터 경제가 시동을 걸었다는 것을 의미하지 성공을 담보하는 것은 아니다. 국내 데이터 경제는 여전히 시장 초기인 상황으로 주요 선진국보다 기술, 규모 면에서 현저하게 경쟁열위인 상황이다. 이에 따라 데이터 경제 활성화의 추진 과정을 효과적으로 관리하고 체계적으로 실행하면서, 이해관계자 간 첨예하게 대립하는 쟁점 사안에 대해서는 사회적 합의를 도출하여 정책성과로 이어지도록 해야 할 것이다. 가령 공공 데이터 개방 및 효율적 관리처럼 공공 데이터를 개방해도 '양은 많은데 쓸 게 없다'는 논란을 방지할 수 있도록 세밀한 관리가 필요하다. 즉, 시장에서 필요하다면 공공기관 데이터를 전수 조사해 '데이터 맵'을 구축하고 수요가 높은 데이터를 국가 중점 데이터로 지정하고 개방해야 할 것이다.

데이터 경제의 성장과 개인정보 보호의 균형 찾기

데이터 경제 기반 국가 혁신 성장 전략을 추진하기 위해서는 종합계획의 수립 및 추진 과정에 대한 체계적 관리가 필요한 것은 사실이다. 그러나 데이터 경제가 성장하기 위해서 이보다 선행되어 반드시 전제되어야 하는 것은 데이터를 합법적으로 사용할 수 있는 권리를 제도적으로 보장하는 일이다. 즉, 데이터 경제 활성화의 필수요건으로 개인정보를 산업적으로 활용할 수 있도록 법령 마련이 시급하다.

특히 5G 관련 산업 활성화를 위해서는 원칙적으로 개인을 특정할 수 없는 가명정보는 활용할 수 있도록 해야 한다. 실제 대다수 주요 국가에서는 데이터 경제 활성화를 위해 합법적으로 정보 유통을 허용하고 있으며, 원천적으로 금지하는 경우는 찾아보기 어렵다. 다만, 허용한 가명정보에 대해 이용자 보호가 우려된다면 개인을 식별하고자 하는 불법 행위를 금지하고 더욱 엄격한 처벌규정을 도입해 이용자 보호를 확실하게 해야 한다.

왜냐하면 과거의 정책 경험에 의하면 합법적 정보 유통이 논의되다가도 사회적으로 심대한 이용자 피해 사례가 발생하면 오히려 규제 강화로 이어진 경험이 반복되어 왔기 때문이다.

5G 초연결사회, 완전히 새로운 미래가 온다

이에 따라 5G 초연결사회의 데이터 활용을 위한 법·제도 정립이 추진되는 과정에서 심대한 이용자 피해를 예방하기 위한 정책적 노력이 반드시 수반되어야 한다. 구체적으로 데이터 해킹을 통한 개인정보 침해 사고 예방을 위해 관련 제품 및 서비스의 보안 수준을 크게 강화할 필요가 있다.

대규모 개인정보 침해 사고는 상당 부분 해킹 등 외부적인 요인으로 발생한다. 따라서 안전한 사물인터넷의 이용 환경 조성을 위해서 핵심 기술 개발 및 정보 보안 산업의 경쟁력 강화를 추진해야 하며, 소비자가 안심하고 이용할 수 있도록 사물인터넷 보안 인증 제도를 구체적으로 마련하는 방안도 검토할 수 있다. 또한 제품 및 서비스를 안전하게 사용할 수 있도록 이용자 맞춤형 교육 강화 등을 비롯해 소비자 역량을 강화하는 데도 지속적으로 관심을 기울여야 한다.

결과적으로 5G 초연결사회로의 이행 과정에서 데이터 경제가 성공하기 위해서는 안전하면서도 효과적으로 데이터를 활용할 수 있어야 한다. 사용자가 신뢰하는 정보 보호를 토대로 자유로운 데이터의 활용이 양립될 수 있어야 데이터 경제의 선도국이 될 수 있다. 데이터 경제가 중심이 되는 혁신 성장을 위해 산업 활성화와 개인정보 보호의 가치 충돌 문제를 조속히 해결할 수 있도록 개인정보 활용에 대한 사회적 합의를 도출하는 것이 무엇보다 시급하다.

끝은 언제나 또 다른 시작

포용성장 없는 혁신성장은 모두의 불행,

격차 좁히고 승자독식 한계 뛰어 넘어야

디지털 경제 혹은 플랫폼 경제로 표현되는 신경제의 가장 큰 특징이자, 가장 큰 약점은 승자가 모든 것을 독차지 하는 이른바 '승자독식의 경제'라는 점이다. 특정 1위 기업이 플랫폼 비즈니스 세계를 장악하면서 규모가 커질수록 투자와 이용자가 집중되고, 그에 따라 매출과 이익을 독점하게 된다.

2000년대 초반 이른바 '닷컴버블' 시대 수만 개에 달했던 인터넷 기업은 대부분 사라지고 지금은 미국계 기업으로 구글·아마존·페이스북이, 중국계 기업으로 텐센트·바이두·알리바바가, 그리고 국내 기업으로는 네이버·카카오 같은 소수 기업이 사실상 시장을 독차지하고 있다. 맥킨지 컨설팅 조사보고서(2019)에 따르면 주요 글로벌 인터넷 기업을 포함하여 전 세계 최상위 1%에 속한 58개의 기업들(이른바 슈퍼스타기업)이 무려 전 세계 기업 매출의 8%, 경제적 이익의

36%를 창출하고 있는 것으로 나타났다.

이 책에서도 살펴보았지만, 문제는 4차 산업혁명의 확산, 5G의 도입 등 첨단기술을 기반으로 하는 혁명적 변화가 가속화될수록 소수에 대한 부의 집중과 이로 인한 격차의 확대는 더욱 심화될 것이라는 점이다. 때문에 세계적인 석학들은 공통적으로 기술혁신, 혁신성장 과정에서 '인간과 공동체'에 보다 많은 관심을 기울이지 않으면 지금보다 훨씬 더 불행한 상황이 초래할 것이라고 경고한다.

세계적인 베스트셀러 『사피엔스』를 쓴 유발 하라리(Yuval Noah Harari) 교수는 자신의 책에서 "인간은 풍요로워졌으나 행복해졌다고는 할 수 없다"고 했다. 또 그는 "인류는 힘을 얻는 데 뛰어난 소질이 있으나 힘을 행복으로 전환할 줄 모른다"고 지적했다.

혁신·포용 성장의 최종 목표는 인간 행복

"지금 우리에게 필요한 것은 컴퓨터를 이기는 것도, 컴퓨터 자체가 되는 것도 아닙니다. 진정 필요한 것은 컴퓨터를 수단으로 충분히 활용하면서 우리의 인간성이 확보된 미래라고 생각합니다."

이것은 자크 아탈리와 함께 프랑스를 대표하는 경제학자이자 세계적 사상가인 다니엘 코엔(Daniel Cohen)이 한 말이다. 4차 산업혁명이나 5G 상용화 등 기술혁신과 혁신성장으로 인해 경제가 비약적으로 발전하고 세상이 풍요로워지면서 동시에 인간성이 회복되고, 인간이 더욱 행복하게 되려면 어떻게 해야 할까? 이 책에서는 초연결 시대 기술혁신을 통한 혁신성장을 고민하고, 그 과정에서 디지털 포용성장 방안을 함께 검토함으로써 충분하지는 않지만 해답의 단초라도 제공하고자 노력하였다.

포용성장 담론에 따르면 한 사회공동체, 인류공동체의 지속 가능성은 포용 없이는 불가능하다. 특히 개인·기업·정부가 모두 연결된 초연결 생태계에서 각 주체들 간의 포용과 협력 없이 지속적인 성장과 사회통합, 그리고 궁극적으로 이용자의 삶의 질 향상, 즉 행복의 증진으로 이어지는 선순환 구조가 만들어지기를 기대하는 것은 말 그대로 '연목구어'이다.

그런 측면에서 이 책은 4차 산업혁명의 핵심 기술과 5G 네트워크의 결합으로 인해 나타나는 기술과 기업, 산업의 혁명적 변화뿐만 아니라 함께 살아가고 있는 사람과 우리 공동체에 보다 주목하면서, 그 변화가 미치는 영향을 종합적으로 살펴보고자 했다. 최종적으로 '모두가 함께 잘 사는' 포용적 성장의 비전을 공유하는 보다 나은 초연결 사회의 미래상을 제시하고자 하였다. 책을 읽으면서 독자들께서 이 점을 발견하였다면 책을 쓴 소기의 목적은 달성되었다고 생각한다.

박수 칠 때 떠나라! 끝은 새로운 시작

"배우에게 무대는 인생 그 자체입니다. 배우는 자신의 모든 것을 무

5G 초연결사회, 완전히 새로운 미래가 온다

대 위에서 쏟아냅니다. 공연이 끝나면 배우는 무대를 조용히 떠납니다. 그에게는 한번의 커튼콜이면 충분합니다. 관객들이 뜨거운 환성과 박수를 보낼 때 약간의 아쉬움이 남더라도 무대를 내려가야 합니다. 올라갈 무대가 있고, 기다리는 관객이 있는 한 배우의 공연은 다시 이어질 것입니다. 배우가 해야 할 일은 또 다른 역할을 맡게 될 것을 기대하면서 부단히 연습하는 것뿐… 연극이든, 인생이든 마찬가지입니다."

2019년 10월 21일 방송통신위원회에 대한 국회 국정감사가 모두 끝난 직후 SNS에 올린 글의 일부이다. 방통위 상임위원의 역할을 이제는 매듭지어야 할 때라고 생각했고, 밤늦은 시간 그 결심을 공개적으로 밝혔다. 방통위 상임위원으로 자리를 지킨 5년 5개월의 시간, 끊임없는 긴장과 격무의 연속이었지만 참으로 행복했다.

2016년 6월 9일 국회 추천으로 방통위 상임위원의 임기를 시작했다. 그리고 2019년 6월 14일, 3년의 임기를 마치고 6일 만에 이번에는 대통령 몫 상임위원으로 다시 임명되었다. 개인적으로 차관급 정무직에 임명된다는 것은 더 없는 영광이지만, 그 자리는 권한에 비례하는 무거운 책임도 감당해내야 한다. 사의를 공개 표명한 순간 무거운 짐을 내려놓아서 그런지 마음은 홀가분해졌다.

방통위 상임위원직을 수행할 때나 이 책을 쓸 때 정말 많은 분들의 도움이 있었기에 무난하게 마무리할 수 있었던 것 같다. 한 사람의 인생이라는 것이 평생을 갚아도 다 갚을 수 없을 정도로 많은 분들의 관심과 사랑으로 만들어지는 것 같다.

먼저 공직을 무탈하게 수행할 수 있도록 도와주신 방통위 선배 상임위원들과 사무처 직원들에게 감사드린다. 열악한 조건 속에서 고군분투하는 동료들을 남겨두고 먼저 떠나는 것에 대해서 미안한 마음도 함께 전한다.

이 책 표지에는 '단독 저자'로 표기되었지만 결코 나 혼자만의 창작물이 아님을 밝힌다. 이 책이 처음 구상된 것은 2019년 어느 봄날 메디치미디어 김현종 대표님와 배소라 실장님과의 만남에서였다. 두 분은 나에게 방송통신 정책결정자 시각에서 제4차 산업혁명과 5G 상용화 등의 물결을 타고 새롭게 다가오는 미래 사회의 모습을 한번 정리해볼 것을 제안하였다. 나의 능력을 벗어나는 방대한 작업이었지만, 두 분의 격려에 힘입어 '무모한 도전'을 시작하였다. 책을 마무리하면서 먼저 두 분께 감사인사를 드린다.

책의 뼈대를 세우는 데는 기존 연구자들의 연구가 큰 힘이 되었다. 국내 최고의 방송통신 국책연구소인 정보통신정책연구원(KISDI)의 4차 산업혁명 관련 선행연구를 보면서 책의 토대를 쌓았다. 이름을 일일이 밝히지는 못하지만 연구보고서를 발표한 KISDI 소속 박사님들께 감사의 마음을 전한다. SKT와 KT 경제경영연구소에서 발간된 연구보고서는 국내외 최신 기술 및 서비스 트렌드를 직접 조사하는 수고를 덜어준 것은 물론, 작업 시간을 대폭 단축하는 데 큰 도움이 되었다. SKT와 KT 연구자들께 심심한 감사를 드린다.

이 책에 살을 붙이는 과정에서도 많은 분들의 도움이 있었다. 김국진 (사)미디어미래연구소 소장님, 곽정호 호서대 빅데이터경영공학부 교수님, 이종관 법무법인 세종 전문위원님께 감사 말씀을 드린다. 방송통신 분야 국내 최고 전문가인 세 분에게 시시때때로 많은 질문을 드리고 자료를 부탁했지만, 언제나 친절하게 나의 고민을 해결해주셨다. 세 분의 도움이 있었기에 길을 잃지 않고 목적지에 잘 도착할 수 있었다. 그리고 지난 2년 반 동안 상임위원직을 잘 수행할 수 있도록 곁에서 빈틈없이 보좌해준 이기훈 비서관에게 특별한 감사의 마음을 전한다.

마지막으로 사랑하는 가족에게 말로 다 표현할 수 없는 고마움과 사랑의 마음을 전한다. 지난 5년 반 동안 가장의 역할을 제대로 하지 못했지만, 가족들의 든든한 지원과 이해, 무한한 사랑이 있었기에 국가와 국민들을 위해 헌신할 수 있었다. 그리고 멀리 고향 광주에서 주야로 아들을 위해 기도하고 계시는 부모님께 진심으로 감사하고 사랑한다는 말씀을 드린다.

지금까지 살아오면서 큰 사랑을 받은 만큼 앞으로도 국민, 그리고 우리 사회를 위해 봉사하면서 살아가겠다고 다짐한다. 덧붙여 책을 읽어주신 독자들께 감사의 말씀을 드린다.

단행본

『구글노믹스』, 제프 지비스, 21세기북스(2010)

『기업가형 국가』, 마리아나 마추카토, 매일경제신문사(2016)

『노인과 미디어』, 홍명신, 커뮤니케이션북스(2013)

『데이터 자본주의』, 빅토어 마이어 쇤버거, 21세기북스(2018)

『제4차 산업혁명』, 클라우스 슈밥, 새로운 현재(2016)

『혁신 기업의 딜레마』, 클레이턴 크리스텐슨, 세종서적(2009)

『Theorie der Wirtschaftlichen Entwicklung(The Theory of Economic Development)』, Schumpeter, Josef, Leibzig: Dunker & Humblot(1912)

기관 발행 및 세미나 발표 자료

가짜뉴스(fake news)와 언론·미디어의 공적 책무 세미나 토론문, 정일권, '가짜뉴스와 언론, 미디어의 공적책임: 어떻게 바른 뉴스를 정립할 것인가?', 2017.4.20.

경제사회발전 노사정위원회, '4차 산업혁명과 고용의 미래', 2017.11

과학기술정보통신부, '드론은 해킹에 얼마나 취약할까', 2016.12.20.

　　　　　　　'정보통신서비스 통계 DB'

관계부처 합동, '혁신성장 실현을 위한 5G+ 전략', 2019.4.8.

　　　　'혁신성장을 위한 사람 중심의 4차 산업혁명 대응계획', 2017.11.

글로벌ICT포럼 세미나 발표자료, 곽정호, '한국형 4차 산업혁명 변화와 대응', 2017.

기획재정부, '혁신성장 확산, 가속화를 위한 2020 전략투자방향', 2019.8.

대한민국 국회 변재일 의원실, 박용완, '5G 기술적 특성 및 융합 서비스. 5G 융합시대, 새로운 망중립성 정책방향 토론회', 2018.3.21

미래창조과학부, '5G 이동통신산업 발전전략', 제8차 정보통신전략위원회, 2016.12.27.

방송통신위원회, ICT 생태계 진화에 따른 이용자보호 프레임워크 연구, 2014.

　　　　　'통신 이용자 보호 종합계획('19~'21), 2019.2.

산업연구원, '초연결 시대 사물인터넷(IoT)의 창조적 융합 활성화 방안', 2014.

소프트웨어정책연구소, '디지털 혁명과 사회적 갈등', 2019.1.

정보통신산업진흥원, '1인 가구 시대, 진화하는 스마트홈 서비스', 〈제4차 산업혁명과 소프트파워 이슈 리포트〉 2018-제6호, 2018.2.

정보통신산업진흥원, 'VR·AR을 활용한 실감형 교육 콘텐츠 정책동향 및 사례분석', 〈정보통신산업진흥원 이슈리포트〉 2019-15호, 2019.6.

정보통신정책연구원, '4차 산업혁명 시대 OTT 동영상 산업 활성화를 위한 당면과제', 〈KISDI Premium Report〉, 곽동균, 2017.6.

　　　　　'4차 산업혁명 시대 산업별 인공지능 윤리의 이슈분석 및 정책적 대응방안 연구', 2018.10.

정보통신정책연구원, '5G 이동통신의 시장 확산 방안 연구', 2018.10.

한국고용정보원 직업연구 특별세미나 발표자료, 김한준, '4차 산업혁명이 미래 직업세계에 미치는 영향'

한국데이터산업진흥원, '2018 데이터 산업 현황 조사', 2019.3.

　　　　　『2018 데이터산업 백서』, 2018.

한국디자인진흥원, '2025 FUTURE VISION CODE SMART HOME', 2016.12.

한국무역보험공사, '5G 및 이동통신산업 동향 분석', 2018.11.

한국무역협회, '중국 스마트 의료시장 현황 및 시사점', 2019.6.20.

한국방송통신전파진흥원, '유럽의 데이터주도 경제 실현을 위한 움직임 본격화', 2014.1.

한국보건사회연구원, '정보통신기술(ICT)과 보건의료서비스 융합 활성화를 위한 정책과제', 2016

한국산업기술평가관리원, '2017 산업기술수준조사', 2018.2.

한국언론진흥재단, '실버세대를 위한 미디어 리터러시 실천 매뉴얼', 2018.12.

　　　　　'가짜뉴스 현황과 문제점', 오세욱·정세훈·박아란, 2017.

한국인터넷자율정책기구, 주윤경, '지능정보사회와 정보불평등', 〈KISO 저널〉, 2018.

한국정보화진흥원, '2018 디지털 정보격차 실태조사', 2018.12.

　　　　　'4차 산업혁명과 사이버 보안대책', 2016.

　　　　　'4차 산업혁명과 인터넷산업 위기론', 김성수의원 간담회 발표자료, 곽정호, 2018.8.

　　　　　'데이터 경제의 부상과 사회경제적 영향', 2018.11.19.

　　　　　'복지 패러다임 변화에 따른 新복지 이슈와 스마트 복지 전략', 〈IT & Future Strategy〉 제10호, 2011.12.

　　　　　이윤희 외, '디지털시대의 사회통합을 위한 전략 및 시사점', 〈IT & Society〉 20권, 2010.

　　　　　'지능정보사회의 새로운 과제와 대응 방안', 2017.

　　　　　'지능정보사회의 신뢰 구축과 정보문화 발전 방향', 〈정보문화 이슈리포트〉, 2016.

　　　　　『정보화백서』, 2017.

　　　　　황성수·신윤호, '모빌리티 신산업 동향 및 쟁점, 그리고 정부의 역할', 〈정보화정책 저널〉, 2019.7.

　　　　　'OECD 국가의 농어촌 지역 인터넷 격차 해소에 관한 요약보고서', 〈AI Network Lab 이슈리포트〉, 2018.6.

Automotive electronics, '미국의 자율차 정책 및 전략', 2016.9.

KB경영연구소, '5G시대를 준비하는 플레이어들', 2017.

KT경제경영연구소, '5G의 사회경제적 파급효과 분석', 2018.

LG경제연구원, '빅데이터의 현실, 기대와 큰 격차', 2015.3.

논문

고삼석, 「디지털 컨버전스 시대 정보격차와 디지털 정보복지」, 〈디지털 미디어 트렌드〉, (2013).

고삼석·노창희·성동규, 「디지털 전환에 따른 방송에서의 정보격차에 대한 연구: 접근격차, 이용격차, 성과격차를 중심으로」, 〈한국방송학보〉, 제25권 3호 (2011).

곽정호, 「방송의 보편적 서비스제도 도입방안 분석」, 〈정보통신정책〉17(1), (2005).

권기창, 「정보격차 해소정책의 성과분석」, 〈정책분석평가학회보〉, 18권 4호, (2008).

권성호·김성미, 「소셜 미디어 시대의 디지털 리터러시 재개념화, 미디어와 교육」, 1(1), (2011).

김미경·안재현·박창희·정회경, 「국내 거주 외국인의 커뮤니케이션 격차에 대한 연구」, 〈한국방송학보〉, 23권 2호, (2009).

김미경·안재현·박창희·정회경, 「국내 거주 외국인의 커뮤니케이션 격차에 대한 연구」, 〈한국방송학보〉, 23권 2호, (2009).

김천석, 「세대 간 정보격차 방안에 관한 연구」, 〈한국전자통신학회 학술대회지〉, 7(2), (2013).

명승환·서형준「정부 3.0시대 정보격차의 재해석과 전망」, (2013),

민 영, 「인터넷 이용과 정보격차 : 접근, 활용, 참여를 중심으로」, 〈언론정보연구〉, 제48권 제1호, (2011).

박노형, 「EU 개인정보보호법제 분석 및 개인정보보호법제 개선 입법수요 연구」, (2016).

박영민, 「지역정보화 추진을 위한 현황분석 및 과제」, 한국행정학회 학술발표논문집, 1085-1101 (2018).

박해광, 「정보격차의 새로운 경향」, 〈경제와 사회〉, 59호, (2003).

백기훈·봉진숙·신용태, 「노년층의 스마트 정보격차 요인 및 해소방안에 관한 실증적 연구」, 정보과학회 논문지, 42(10), (2015).

서이종, 「디지털 정보격차의 구조화와 사회문제화」, 〈정보와사회〉, 제2권, (2000).

송경재, 「네트워크 사회, 소셜시티즌의 사회적 자본」, (2015).

송효진, 「질적 정보격차와 인터넷 정보이용의 영향요인 고찰」, 한국정책과학학회보, 18(2), 2014

안정임·김양은·전경란·최진호, 「미디어 리터러시 역량 인식의 전문가 집단간 동질성과 차별성」, 사이버커뮤니케이션학보, 36(1), (2019).

우지영, 「제4차 산업혁명:데이터 경제를 준비하며」, 한국콘텐츠학회지, 15(1), (2017).

유철규, 「저성장과 4차 산업혁명에 대한 대응과제」, 동향과 전망, 213-225 2016), (2017).

이종관, 「4차 산업혁명 시대 도래에 대응한 건전한 콘텐츠 생태계 조성 정책 방향」, 〈방송문화〉, 여름호, (2017).

이진호·이민화, 「4차 산업혁명과 국가정책 방향 연구」, 한국경영학회 통합학술발표논문집, (2017)

이호규, 「정보 격차 논의에 대한 비판적 고찰: 집단 수준의 논의에서 개인 수준의 논의로」, 〈한국언론학보〉, 제53권 6호, (2009).

임창균, 「미국의 개인정보보호 규제동향」, Journal of Communications & Radio Spectrum, (2013),

전영평, 「제4차 산업혁명시대:리더십과 국가개혁전략」, 한국행정포럼, (2017),

정준하, 「4차 산업혁명 시대의 ICT 정책 - 진흥, 규제 그리고 거버넌스」, 한국지역정보학회 2018 하계학술대회 발표자료 (2018)

조남민, 「비판적 인지와 자기표현 능력 향상을 위한 미디어 리터러시 교육방안 연구, 교양교육연구」, 12(6), (2018).

조명임, 「4차 산업혁명 시대의 정보격차 해소」, (2017).

최경진 외, 「통신시장 이용자보호를 위한 법제분석」, 법제분석지원 연구 15-21-10, (2015).
최해옥·최병삼·김석관, 「일본의 제4차 산업혁명 대응 정책과 시사점. 동향과 이슈(30)」, (2017).

신문 잡지

"강원도 내 일자리 정보시스템 통합 운영…맞춤형 정보 제공", 〈연합뉴스〉, 2019.8.24.
"글로벌 車업계, 소유→공유 속도 내는데… 한국만 기득권·규제에 발목 잡혀 '공회전'", 〈한국경제〉, 2019.2.12.
"뉴질랜드 총격 영상 '일파만파'… SNS, 테러 확산창구 되나", 〈매일경제〉, 2019.3.18.
"닥터 왓슨과 의료진 항암 처방 엇갈리면… 환자 "왓슨 따를게요", 〈조선일보〉, 2017.1.12.
"데이터3법 향방에 달린 금융혁신", 〈뉴스웨이〉, 2019.9.18
"로봇·인공지능 '4차 산업혁명', 부익부 빈익빈 부추길 것", 〈연합뉴스〉, 2016.1.20.
"마른 하늘에 드론 날벼락… 드론 인구 늘면서 사고도 급증", 〈중앙일보〉, 2019.5.8.
"미래 땅-하늘 뒤덮을 자율주행차-드론… 충돌사고 어떻게 막지", 동아닷컴, 2017.6.16.
"벼랑 끝 '온라인 폐차견적 비교서비스', '규제 샌드박스'로 기사회생 노린다, 〈교통신문〉, 2019.1.24.
"빚더미 뉴욕 택시기사들 자살 잇달아", 〈교통경제〉, 2018.6.26.
"성큼 다가온 인공지능 시대 '오류·해킹 가능성… 의료사고 결국 의사책임' 반대", 〈이투데이〉, 2017.2.13.
"스위스 포스트, 2차 사고 후 드론 배송 서비스 중단", 〈테크월드〉, 2019.7.30.
"시신 셀카 20시간 공유됐다… '살인 전시장'된 인스타그램, 〈중앙일보〉, 2019.7.23.
"안방 CCTV를 누군가 훔쳐본다… 스마트홈 파고드는 IoT 해킹", 동아닷컴, 2019.7.31.
"안전 지키미 로봇이 2살배기 치어… AI의 잇따른 실수", YTN, 2016.7.14.
"오류·해킹 가능성… 의료사고 결국 의사책임 반대", 〈이투데이〉, 2017.2.13.
"온라인 대출 금리 비교 서비스 봇물… 토스·핀다·페이코 차별점은", 블로터닷넷, 2019.8.16 .
"온라인 대출 비교 플랫폼 상시화된다", 〈한겨레〉, 2019.7.9.
"인공지능 왓슨, 의사의 추정적 표현이나 의학 약어 인식 못해 임상적용 한계", 〈메디게이트뉴스〉, 2018.12.1.
"인공지능과 로봇으로 대체되는 직업 순위는", 〈로봇신문〉, 2016.3.24.
"인공지능이 지배하는 포털뉴스의 위험성", 〈미디어오늘〉, 2019.7.14.
"자율주행중인 자동차가 대형 사고냈는데, 누구 책임?", 〈소비자가 만드는 신문〉, 2018.10.2.
"정부, 식품 기능성 표시 규제 혁신·전동 킥보드 규제 그레이존 해소 등 추진", 〈쿠키뉴스〉, 2019.3.18.
"첨단기술도 '차이나 쇼크'", 〈조선일보〉, 2019.1.
"최근 4년간 개인정보 유출 80.5%가 해킹 등 외부공격이 원인", 〈데일리시큐〉, 2019.4.13.
"탄근제·카풀 대타협 잡음 왜?", 〈이데일리〉, 2019.03.20.
"혁신으로 도약하는 중국", 〈포춘코리아〉, 2018.3.
"10년간 유출된 개인정보 2억 3,000만 건… 일상화된 사이버 범죄", 〈보안뉴스〉, 2019.6.25.
"AI 시대 사라질 직업 탄생할 직업", 〈매일경제〉, 2016.5.2.
"'EBS 다큐시선' 셀프계산대, 키오스크, 모바일뱅킹… 디지털 소외가 불러온 정보격차", 〈Queen〉, 2019.8.

"IoT기기, 2022년에 2.5배 증가", 〈The Science Times〉, 2018.12.20.

해외 문헌

A survey: Internet of Things (IOT) technologies, applications and challenges. 2016 IEEE Smart Energy Grid Engineering(SEGE), Oshawa, ON, 381-385., Shah, S. H. & Yaqoob, I., 2016.

'Amazon Makes Foray Into Edge Computing With AWS Greengrass,' 〈Forbes〉, 2017.6.

Cisco Visual Networking Index: Forecast and Trends, 2017-2022 White Paper, Cisco, 2019.

'Communication from the Commission to the European Parliament, the Council, the European Economic and Social Committee and the Committee of the Regions, Towards a thriving data-driven economy', EC COM 442 final, 2014.7.2.

EU, Identification and quantification of key socio-economic data to support strategic planning for the introduction of 5G in Europe, 2016.EU, Universal Service Directive, 2016.

Key feature and requirements of 5G/IMT-2020 networks, Marco Carugi, ITU. 2018.02. (https://www.itu.int/en/ITU-D/Regional-Presence/ArabStates/Documents/events/2018/RDF/Workshop%20Presentations/Session1/5G-%20IMT2020-presentation-Marco-Carugi-final-reduced.pdf)

'Global Smart Speaker Vendor & OS Shipment and Installed Base Market Share by Region: Q2 2019', Strategy Analytics, 2019.

'How to Plan, Participate and Prosper in the Data Economy', Gartner, 2011.

'How the Power of Data will Drive EU Economy', 〈The European Data Market Mass media flow and differential growth in knowledge. Public Opinion Quarterly, 34, 159-170, Tichenor, P. J., Donohue, G. A., & Olien, C. N., 1970.

〈MIT Technology Review〉, 2019.2.

〈Monitoring Tool Report〉, IDC, 2018.4.20.

Statista, Forecast of Big Data market size, based on revenue, 2018.

The 5G Business Potential., Ericsson & Little, D., 2017.10. (https://cdn.ihs.com/www/pdf/IHS-Technology-5G-Economic-Impact-Study.pdf)

The 5G economy: How 5G technology will contribute to the global economy, IHS Markit, 2017.10.

'How the Power of Data will Drive EU Economy', 〈The European Data Market Monitoring Tool Report〉 IDC, 2018.4.20.

'The Rise of the Data Economy', IBM, 2016.2.

'Worldwide Smart Home Devices Forecast to Maintain Steady Growth Through 2023, Says IDC', IDC, 2019.9.